浜田糸衛 生と著作

戦後初期の女性運動と日中友好運動

上

高良真木
高良留美子
吉良森子 編

ドメス出版

真鶴にて　（馬場明子撮影）

浜田糸衛　生と著作　上巻　戦後初期の女性運動と日中友好運動／もくじ

友好のあゆみ40年

IV

カバー絵　高良真木「日月」
（平塚市美術館蔵）
装丁　市川美野里

凡例

1 執筆年月日、発表誌紙、発表年月日、筆名のあるものは筆名を文末に記した。
2 数字はほぼ原文通りにした。巻末の執筆・発表年月日は著者によるものと編者によるものとを問わず、現代の表記に統一した。
3 旧字・旧仮名づかいは新字・新仮名づかいに改め、送り仮名は現代式に統一した。
4 くり返し記号をやめ、使用度の高い副詞・接続詞等の一部の漢字表記は最小限平仮名に改めた。
5 誤字、脱字、または誤植と認められるものは検討の上、訂正した。
6 〔中断〕は、文章などがここで途切れていることを示すために編者が入れた。
7 読めない字は□、著者が空けておいたところは○、著者自身が塗りつぶしたところは◎で示した。
8 亀甲パーレン〔 〕でくくったものは編者が付加した補足ないし説明である。中島〔岸田〕など。
9 題名のないものには適当なタイトルをつけ、＊（アステリスク）を付した。
10 文中の個人名は統一した。平塚雷鳥→平塚らいてう、高田なほ子→高田なお子、など。
11 現代においては不適当と思われる語彙や差別語とされている言葉もあるが、当時の言葉としてそのままとした。
12 編注は『岩波西洋人名辞典』岩波書店、三井禮子編『現代婦人運動史年表』三一書房、『世界大百科事典』平凡社、『広辞苑』第四版、岩波書店、『近代日本総合年表』第三版、同、ジャネット・K・ボールスほか編著『フェミニズム歴史事典』明石書店、井上輝子ほか編『岩波女性学辞典』岩波書店、『日本女性史大辞典』吉川弘文館、フリー百科辞典 Wikipedia などによった。

I

幼年時代

捨てネコ

むかし、東北地方では、冷害その他で飢饉が起こると、貧しい農家が一家心中したり、幼い子供を山に捨てたり、川へ流したりした、と悲しい話を母からきかされて、幼な心にも胸がつまって、涙をポロポロこぼして泣いたことをおぼえている。

つぎの話は、小学校の読本にあったのか、それとも先生から直接きかされたか、はっきりとしないが、〝獅子は子供を生むと、三日のうちに谷底へ落として、落ちても生命のある子供だけを育てる〟という話を、教訓のようにきかされた。

私は、谷底に落とされた獅子の子が哀れで、獅子の母親への怒りがわいた。自分は獅子の子に生まれずによかった、と胸をなでおろし、心のどこかで何かに反発したことを、何十年後のいまも忘れていない。

戦後の一時期、私の家を目あてに、生まれて間もない子ネコを捨ててゆく人が多く、どうして、私の家の近くだけに、子ネコを捨ててゆくのかと不思議に思ったが、よく考察してみると、家の前に幼稚園がある。

多くの子供は、子ネコや子イヌが好きである。彼らにとっては、愛する友だちでもある。それに毎日、お母さんが子供の送り迎えに集まる。やっと、私の家を目あてに、子ネコを捨てる人の気持が納得できた。

しかし、家事や育児に追いまくられている主婦が、子ネコのめんどうまで、みきれないのは当然かも知れない。私の家の庭は、捨てられた子ネコが自然と結集する場所となった。〝情けは人のためならず〟でもないが、つまりは、家族の中にネコ族が同居するはめとなってしまった。

それからは、たくさんのネコの世話や、成人ならぬ、成ネコともなれば、もらい手をさがすのに、ひと苦労という日がつづいた。

そのうちに、嫁ぎおくれた女ネコが、勝手にレンアイして、また新しいネコ家族をふやしてゆく。家の中はギャア、ギャアとネコ族に占領されて、家族は不平をもらす。しかし、幼稚園の子供たちは、帰りには必ず垣根ごしに、わが家のネコ族を、親愛な目でのぞいて、満足して帰ってゆく。

ある日、赤ん坊を抱いた母ネコを見ていると、どうしたことか、一ぴきの赤ん坊を邪険に足ではねのけて、乳をやろうとしない。赤ん坊は乳をさがしてもだえる。また、はねのける。私はフンゼンとして、母ネコの乳房に、赤ん坊をおしつけて、乳をのませた。

こんなことが数回つづいたあとで、母ネコもろとも子ネコが全部、姿を消してしまった。母ネコに嫌われた子ネコを一ぴきだけ残して。おどろいた私は家中をさがしまわった。すると、母ネコは二階の押入れの襖《ふすま》を破って入り込み、母子ともに仲良く暮らしているではないか。「自分の子を捨てるとは」私はカッと感情がたかぶった。

母に嫌われた子ネコを、あれこれと手をつくして面倒をみたが、結局は哀れに死んでいった。私は思った、人間の子供は、どんな悪い条件で生まれてきても、親はその子を生かすために、必死な思いをする。

動物園の先生に一度教えて欲しいと思っているが、動物は、きびしい生存競争の中で、とうてい生ききれず敗北してゆくわが子の運命を、本能で知っているのだろうか。

このごろは、捨てネコにもめったに出遇わず、東北地方の飢饉の悲劇もきかない。

（一九七九年二月一三日記『灯台』原稿）

共存の暮らし＊

明治生まれの私の小学時代には、自転車が田圃に転落したということが、一つの事件となって、大人たちは隣り近所の井戸端で、

「わき見運転か、ブレーキの故障か、ハンドルを切り損なったか、土堤が雨で崩れていたか、それとも体の調子でも悪かったか……」

などと、わがことのように話し合って、互いに注意しあい、怪我人に同情したものである。

小さい田舎町は一つの共同体的な共存の暮らしの中で相互に援助し合って生きてきた。

最近の新聞記事で私の心に強く残った二つの記事がある。

一つはネコの話である。そのネコはマンションの八階から鳥のように四肢を拡げて飛び落ちて大怪我をしたという。ネコは決行までに幾日も幾日も窓辺にじっと坐りこんで、窓外に遊ぶハトを飽きもせず熱心に観察？　し

ていたらしい。私は翅をもたないネコがどうして、そのような大冒険をする気持になったのかと考えた。

戦前のネコは家にいるよりか、隣近所を自分勝手に歩き廻り、大小便も自分の気の向いた場所で用をすませ、ときには思わぬ御馳走にもありつき、仲間と戯れていたものである。ネコにとっては家の中より無限に広い自然の世界が彼らの生きる場所であった。

新聞に出たこのネコ一匹の特殊な行為と思っていたら、家に来た数人の友人が、同じような話をして、ネコが七階、六階のマンションから飛びおりた話をいくつもしてくれた。一匹のネコはキズ一つせず元気であったという。

マンションという、ネコにとっては味もそっけもない殺風景な「箱」の中での生活に、彼（彼女）らは自分の生命の自然な躍動を禁止され、うつうつと日を送る中で、空中を自由に飛び遊ぶ小鳥の姿に冒険の自由を求めたのかも知れない。跳べば大地に足がつく、そして自由な世界へと。動物でも三食つきの孤独な、「箱」の中の生活より、少しぐらい腹をすかしても、黒、白、茶と色とりどりの毛並みのようにその性格も長短強弱さまざまな個性をもつ、友だちとの交流を求めるのは自然である。

現在の人間の子供の生活は、どうであろう。


もう一つの記事は、私たちの心を氷のように冷めたく戦慄させた、浮浪者たちを集団で襲い、その一人の生命を死に追いやったという、子供たちの行為である。

私はマンションから飛びおち《ママ》たネコと、この集団暴行の人間の子供たちの姿が重なり合ったり、離れたりする感情の流れをどうすることもできなかった。

「オチコボレ」

「お客さま」

「足きり」

「偏差値」

などなどの、子供たちにとって、大きく言うなら死刑宣告にも似た、怖ろしい冷酷な言葉を浴びせられ、周囲の者からなんの助けも理解もないとしたら、平和な若い心は傷つき、果ては異常な行動へと走り、自分で自分を確認しようと、無意識の内にそうなってゆくのではなかろうか。

徳川時代には、士、農、工、商という階級制をつくり、士は農民を見下し、農民は工人のうえ、工人は商人を下に見た。


「オチコボレ」と規定された子供の心理は、どのような流れの途をたどってゆくのであろうか。


日本人はいま、自らを大方の者が、「中産階級」と考えているらしい。

高度成長の波は、都会も農村も含めて一様に一つの方向に走らせた。開発開発で山々は伐採によって緑を失い、赤土の山肌をむき出しにし、鳥獣の住家を圧迫した。海も河も汚染され、町は、車の洪水で、老人と子供が日向ぼっこをして遊び語り合う場所を奪ってしまった。数えあげれば切りがない。

相互に助け合う気持など、大人の世界から先に失っていった。

私は、この地球を愛することでは人に負けない気持である。地球を大切にするということは、つまりは人間の生命を守るという道に通じる。人間も獣も鳥も魚も植物も共存できる世界！

地球を汚辱しては人間はいつかは自らを亡ぼすことになろう。

マンションから飛んだネコを私はホメて、エライといっているのではない。ネコをそこまで追いつめた、人間のつくった環境に私の想いは走るのである。

子供たちも、弱い浮浪者を襲って面白いと、心底からは思っていないであろう。きっと彼らにも自然な歓びが他にあったはずで、本来、心身ともに健康であるべき子供の生活が、その環境の中で、彼らを、はじき出してはいないか。

私たち大人はもっと真剣に考えなければと、つくづく思いを深くする。

（年代不明）

子供の風景*

もの心がついた頃から、私はよく夢をみる癖があり、大人になっても夢の世界はつづいている。

この頃の私の夢の中に現れる風景は、まことにそれは怪奇というより地上のどこにも存在しない生きものが、怖ろしい姿で私を威嚇し襲ってくる。


南国の田舎町に育った私は、大人になるまで豊かな自然の中で暮らした。

小学校への径は野草が茂り足許にもつれ、オオバコの花茎を結び相撲とり遊びに興じながら登校した。オオバコのことをスモトリグサとよんだ。ときにはノギクやオミナエシなどを摘み教室の花瓶にいっぱい活けて、先生に喜ばれた。

実ったイネの畦道を歩くとイナゴが体じゅうに跳び散り、摑《つか》まえては前掛けのポケットにねじこんで持ち帰り、ニワトリの餌にした。刈入れの終わった晩秋の田圃には百姓さんの足型がいっぱいついて、深くへこんだ跡にはタニシが三つも四つも棲み、友だちと採りごっこに夢中になった。あの甘からく煮つめたタニシの味は今でも舌に甦る。

着物をまくし上げて小川でドジョウを追っていると、ドジョウがチョロリと足をくすぐる。蹴とばして勢いあまって川底に尻餅をついたことも幾度かあった。

チョウやトンボを追っかけて休みの日を終日、野山で暮らすのは、その頃の子供の風景で、夏休みともなると、ハンモックを各々《めいめい》さげて近くの山へ行き、木々の間に吊るして互いに揺すり合い、セミの声を子守唄に睡りに入った。長い休みを宿題も気にせず、山や川や野原で自由奔放に遊び暮らしたが、いまの子供を見ていると胸が痛む思いがする。

ホタルのとぶ季節は、蚊帳《かや》に止まって明滅する小さい虫の神秘な水色の光を、睡い眼で追いながら幽玄な夢の世界へと誘われ、秋ともなれば、庭にすだく虫の合唱で、コオロギ、スズムシ、キリギリス、マツムシなど虫の名前を自然におぼえ、クツワムシの豪勢な歌声に、ふいと夢を破られオシッコを洩らした。いまでも夜尿症の子供に私は人並以上に同情する。

サルノコシカケに腰かけて、小さい町を見おろし、小手をかざして、

「あれは学校、向うは紙漉小屋、南の森は天神さん、半鐘を吊るした火の見櫓《やぐら》、赤い屋根の郵便局……」などと、県下第二の大きな川を目で追いながら、川の両側に展《ひら》けた、わが町、わが田畑を楽しそうに友だち仲間と語り合い教え合ったものである。

このように私の幼少年時代の日本の自然は、どこでも子供の楽園であった。自然は子供に生きた知識と、みずみずしい感性と、健康を恵み与えてくれた。

いまは野も山も川も海も、全国的に汚染と破壊が進み、人間の生活は根元から犯されている。年々に深刻化する生態系の破壊は、未来の人類の危機をも予想しなければならないほどの状態に追いつめられている。

旅の好きな私であるが、山へ行っても海へ行っても、もう過ぎし日の感激は旅するごとに殺《そ》がれ、自然破壊に目をつむりたくなる。そんなとき、私の心底に、未来の子供の姿が突如と浮かび恐怖が走りぬけてゆく。

このごろの夢の中では、

「万物の霊長などと、昔いばった人間どもよ、お前たちは、万物の敵ではないか」

と、山も海も川も私を嘲笑し、怒っている声がきこえ、幾百の山々が奇妙な悲鳴を叫びながらズシン、ズシンと、私にむけて襲って来るのである。また、あるときは、水平線の遥か向こうから、砂浜に立っている私に向かって、キラ、キラ光る大きな目を射込みながら、何千何万という魚群の大軍が、奇怪な姿で突進し、私を取りまく。私は恐怖で大声をあげて目がさめるが、薄明の空間にまだ、うっすらと山や海のバケモノが姿を残している。

宇宙のどこかに私たちの住む、この美しく妙なる地球のような星が、別に存在するのであろうか、星学者は幸か不幸かまだ発見してはいない。幾千万年の未来のことは誰にも解らない。生物の生命保存にとって、完全な条件を持つ、この神秘な地球という星、幾十億年もかけてやっと生まれた、この大切な星！　地球を人間はこれほどまでに破壊し、汚辱してもよいものであろうか、いま私たちは敬虔な反省に立ちかえる大切なときに向かい合っているのではないだろうか。

（年代不明）

II

評論・講演・エッセイほか

私のかかわった戦後初期の婦人運動（一九四五～五三年）

――平和のための統一戦線を求めて

I　敗戦・生きるためのたたかい（一九四五～四七年）

一

一九四五年八月、日本は無条件降伏をしましたが、それまでに食糧は国民の生活からすっかり姿を消していて、東京にいた私たちはワラをまぜた土団子で飢えをしのいでいました。燃料がなくて、私は小学校三年のときから書き続けた日記を燃やしたこともあります。今思うととても残念ですが、戦時下、どうせ焼けてしまうなら、役に立った方がいいと考えたのです。

戦後まず遭遇したことは、やはり食糧に関することと、膨大な数の戦災孤児という二つの事柄でした。私は食糧問題では、松谷天光光（一）さんの「餓死防衛同盟（二）」で、孤児問題では、吉岡弥生（三）女史の「同胞援護婦人連盟（四）」で活動しました。

東京では、米よこせ運動が空をおおい地をはうように、澎湃《ほうはい》として起こってきました。二重橋までおしよせたデモ隊のプラカードには、「朕はたらふく食っている。汝、臣民飢えて死ね」と書いたのもありました。

私たちも必死でデモをやり、また隠匿物資を摘発する運動もやりました。例えば、金持の家におしかけ闇の白米をとってくるのです。今では強盗そのものになってしまいますが、当時は、強盗ではなかったのです。とってきたものは飢えている人びとに分けました。配給制度があったものの、遅配、欠配は日常茶飯事で、ようやく配給があると聞いて行ってみても、豆かす程度のものしかありませんでした。ヤミ市には、占領軍が放出した物資があふれていましたが、とても高くて買えません。

「餓死防衛同盟」は、きたない旗をふりかざし、街頭で、食糧をよこせという運動を政府にむけてやっていました。松谷天光光さんが中心になってやっていました。彼女は今大臣の奥さんですが、当時は東京女子大を出たての、被選挙権をもらうのにぎりぎりの若さでした。

上野の地下道には、ぼろぼろの服をまとい虱《しらみ》だらけの戦災孤児があふれていました。そこで、大切な次代の国民をこのような状態に放っておいてはいけないということになり、吉岡弥生女史を理事長において、「同胞援護婦人連盟」を結成しました。これには、学習院女子部同窓会の理事の人びとも、参加していました。

「同胞援護婦人連盟」は、上野駅前にバラックの家を建て、事務所にしましたが、床にはござしかしいてありませんでした。理事たちは家にあるものを売って、資金にあてました。ある日、あまりにもみじめな事務所をみて、梨本宮妃殿下[五]が車でのりつけ、すばらしい火鉢を寄付してくれました。そのときは、涙が出るほどうれしかったことを覚えています。

私たちの活動は、最初、孤児の散髪をしたり、虱をとったりすることでした。しかし、彼らが元の生活の場にもどれば、元の木阿弥です。孤児たちを収容する建物がほしいと思っていたとき、ちょうど三菱の執事が、千葉の土地を提供すると申し出てくれたのです。これがとても広い土地だったので、私たちはさっそくこの土地をもらい、整地をし、バラックを建てました。孤児を一人、また一人とここに収容し、まわりには畑をつくり、孤児に畑仕事を教え、すいか、なす、きゅうり……といろいろな作物を育てました。

「同胞援護婦人連盟」の仕事は、以上のようなものでしたが、私はこの仕事を本当に一生懸命にやりました。今、思うと、この連盟は、天皇をまもる学習院の人びとによってささえられていたということが、とても面白いと思います。その中に一人だけ、ぽつんと私が入り、手足のように働きましたが、私自身はとても良い運動をしたと思っています。

そのうちに、街は外地から帰国した兵士たちであふれんばかりになってきました。この男たちの職業を保障するために、戦争中女子勤労動員令で働かされていた婦人が大量に首を切られるという事態に至りました。戦争中は、女もお国のために働けといい、終われば家庭にもどれとは、まったく身勝手な、人を愚弄した話です。

私は、戦中、「産業報国会」[六]に籍をおいて、赤松常子氏[七]の下で働いていました。全国各地の工場を訪れ、戦争協力をしていたのです。ですから、敗戦と同時に各地から、「この先どうしたら良いのか。一寸先がわからない」といった手紙をたくさんもらいました。私たちは責任を感じ、一九四五年十月に「日本女子勤労連盟」[八]を設立しました。赤松さんが委員長となり、照井愛子、嶋津千利世[九]氏らも一緒に活動しました。赤松さんは、十一月に結成された社会党の婦人部長の任に就くため、「勤労連盟」は、結局私がになっていくことになります。この団体は、婦人組織の中でも、戦後早い時期に創設されましたが、これは、私たちが戦時中の学徒動員や女子挺身隊に責任があったので、ここに属していた人びとの悩みをいち早くつかんだためと思われます。

一九四六年には、初の総選挙があり、三十九名もの婦人議員が当選しました。戦前、婦人が無権利だったことからすれば、天地がひっくりかえるような大変なことでした。

アメリカは、当時も現在も帝国主義でありますが、敗戦直後はなかなか良いこともやっています。今述べた選挙もそうですが、他に財閥解体、農地改革、戦争協力者の公職追放、戦争裁判、日本婦人の解放などもあげられるでしょう。天皇＝神様というイメージをこわしたのもアメリカです。天皇がマッカーサーに呼び出され、占領軍本部で二人が写真におさまった姿、天皇はモーニングで正装しているかたわら、長身のマッカーサーは、ただのワイシャツ姿だったのです。

II　婦人の平和運動　その一（一九四八〜五〇年）

米ソの対立がだんだんと明らかになってきて、人びとは第三次世界大戦の危機を心配しはじめました。アメリカの占領政策も変化して、日本人民の心配と戦争準備に向けられてきたのです。

一方婦人運動については、一九四六年から四八年にかけて、いろいろな団体が成立しました。市川房枝(一〇)氏らの「新日本婦人同盟」(一一)（四五年）、松岡洋子(一二)氏らの「婦人民主クラブ」(一三)、山川菊栄(一四)氏、神近市子(一五)氏の「民主婦人協会」、勝目テル(一六)氏らの「日本民主婦人協議会」(一七)などがあげられます。これにともない、いろいろな催しも開かれました。

政府にも、労働省婦人少年局（一八）が設置され、初代局長に山川菊栄氏が就任されました。婦人のめざめはすばらしく、一九四八年三月八日の国際婦人デー（一九）には五千人が、また翌年の三月八日（二〇）には一万五千人もの婦人が集まり、「国際民主婦人連盟（ＷＩＤＦ）（二一）」からメッセージが届きました。四八年八月十四日の「婦人平和大会」、十五日の「平和確立大会」なども盛大な催しでした。

一九四九年四月十日に、私たちは「婦人の日」中央大会を開くのですが、この準備段階で、大変面白い経験をしました。大会の実行委員会は、明治の堺ため子（二二）、大正の平塚らいてう（二三）、現代の市川房枝の各氏に感謝状を贈ることを決めました。右派の人も、左派の人も、満場一致で決定したのです。ところが、市川房枝氏は公職追放中であるにもかかわらず、それを表彰することは、アメリカの占領政策にたてつくことであるというクレームがマッカーサー司令部（ＧＨＱ）からつけられました。

みんなはこれですっかりおびえてしまいました。私は「日本の婦人が、日本の日比谷公会堂で、日本の婦人を表彰することは、アメリカと関係ない。みなさんは満場一致で決めたことをなぜ守らないのか。私は一歩もひかない」と宣言しました。このことで、渉外係は、毎日のようにＧＨＱの呼び出しを受け、事情をしつこくきかれるので、まわりの人びとは、私にあきらめさせようと、ずいぶん説得したものでした。私が説得に耳をかさず、折れないものですから、浜田は占領軍の監獄に行くという噂《うわさ》が流れたぐらいです。事実、私も覚悟をし、身辺を整えていました。

連日の討論で疲れもたまって来たある夜——たしか四月十日の直前だったと記憶していますが——ある人から電話があり、大会当日には、ルーズベルト夫人（二四）からメッセージが届くことがわかりました。一晩考えた末、翌日私はみんなに「今年の大会は中止して、表彰は来年にのばそう」と提案しました。みんなは賛成して、すぐにＧ

ＨＱに連絡しました。やっと返ってきたその返事が実に愉快でした。「今までの経緯はすべてなかったことにして、大会を開いてよろしい」というのです。連絡係もみんなも、狐につままれたように、キョトンとしていました。こうして私たちは大会の表彰をかちとりました。私自身も非常に喜び、自信をもつことができました。

当時ＧＨＱの日本婦人に対する指導者はウィード中尉という人〔女性〕で、占領軍の名の下に大変な権力を持っていました。何かと私たちの運動に干渉しました。

四・一〇大会当日、立錐の余地なく人が集まった会場で私は演壇に立ちました。連日の苦しみがたまりにたまっていたので、私は演壇のコップの水を飲み、あやまったふりをして残りの水を正面に坐っていたウィードの足もとにひっかけてやりました。赤い靴をぬらされてあわてている姿を思い出すと、今でもおかしくなります。私は壇上から、徹夜で書き上げた市川房枝表彰の提案を行いました。私の演説が聞こえないほどの満場の拍手は、日本婦人のアメリカに対する怒りを心から表現したものでした。

このような共同行動を経て一九四九年五月、右から左までの各党の婦人部、職能団体、労組、婦人団体や大学の同窓会など四十六団体、百万人加盟の「婦人団体協議会」[二五]（婦団協）が結成されました。当面の目標を性病、売春の一掃、婦人少年局の継続設置[二六]におきました。

売春の問題では、当時、女だけを罰していたので、男も、売春業者も罪に問うべきだという運動をしました。また占領軍は、日本の女がことごとく性病にかかっている疑いがあるなどといって、街頭で若い女性を強制的にとらえ病院に一晩泊め、検査をしたのです。その上、検査代として二十円も払わせていました。私たちのところに、被害者から切々と訴えがよせられ、婦人少年局長に会って、やめさせる運動もしました。[二七]

この他に、児童福祉施設費予算を前年の四倍かちとったり、朝鮮人学校閉鎖に反対したりといろいろありましたが、婦団協が最も力を注いだのは、女子の首切り反対運動です。先にも述べたように、帰国した兵士をむかえるために、女子をどんどん職場から放り出したのです。その最たるものが国鉄だったので、抗議のために人事院総裁に会い、その帰りには下山国鉄総裁(二八)に会って来ました。下山氏は私たちの抗議に対して「わかりました」と言っていましたが、このあと間もなく、殺されてしまったのです。このことだけは、少し後味が悪い気がしています。

敗戦後のこの時期は、日本人民の敵がはっきりとアメリカだったので、婦人戦線でも右から左まで一致団結して、アメリカにあたろうという考えでまとまっていました。ですから会議でかんかんがくがくの議論をしても、あとくされなく、何となく楽しい雰囲気がみなぎっていました。婦人少年局も、私たちの運動の成果もあって存続が決まりました。

しかし朝鮮戦争を間近にひかえて、アメリカの圧力がかかってくると、婦人運動内部にもみだれが生じ、婦団協もやりにくくなってきたのです。私は今の運動でも大いに考えてもらいたいのですが、イデオロギーというよりも、一人の人間として国家の独立、個人の独立ということを骨のずいまで刻みこまなくては、何かの弾圧がくると、日和見になってしまうと思うのです。

その頃、「婦人の日」について論争がありました。一万五千人を結集した前年の三月八日国際婦人デーの折、「三・八は赤、日本のものではない」というウィード中尉(二九)の発言に続いて、山川婦人少年局長が五〇年の三・八の直前に「日本の婦人の日は婦人が初めて参政権を行使した四月十日である」と言って水をさしました。私たち日本の婦人が、そもそも国際婦人デーを知ったのは、戦前山川女史らの「赤瀾会《せきらんかい》」(三〇)がはじめて三・八を祝ったからです。私は腹を立てて、ある雑誌に「うしろのみほかふりむくことのできない山川菊栄夫人」と題した一文で抗議しました。後年山川先生が局長を退き文筆活動に入られてからは、私や日中婦連にも協力していただき、今では本当によい先生だったと思っています。しかしそのときの発言で、それまで三・八も四・一〇も一緒にやってきた婦人団体の中に分裂の兆しが生まれました。

この一九五〇年の三・八(三一)には日比谷音楽堂で五千人の集会がおこなわれましたが、「吉田内閣打倒」のスローガンが出され、これに反対する団体もあって、婦団協としては自由参加という形をとらざるを得なくなりました。

この年の「四・一〇」婦人の日大会(三二)は日比谷公会堂に婦団協主催で二千人が集まりました。私が高群逸枝(三三)氏を表彰し、市川房枝氏の追放を解除させるよう提案しました。

この大会は、婦団協の分裂を決定づけたものです。準備の段階から、いろいろなことでもめていました。とくに、旗の問題が大きかったように思います。保守派が、平和行進のとき、自分たちに旗がないので、いっさいの旗を出さないでほしいと言い出しました。私はこれと対立する左派の人々との間に立って何とか事態を収拾しようと努力しました。「赤旗、赤旗といって何も恐れる必要はない。天皇旗も赤いし、私たちの母親の腰巻きも赤かった。旗がないのなら日の丸でも、鯉のぼりでも持ってきたら」と説得しましたが、何が何でもいやだと言いはったのです。つまり旗がどうのこうのというのではなく、婦団協をつぶしたかったというのが本当のところでしょう。

やむなく、旗は持ってこないことに決めたのですが、大会当日、ふたをあけてみたら、赤旗が林立しているではありませんか。私は演壇から、旗はたたんで、足元におくよう訴えました。その場は一応おさまったものの、分裂の機会を狙っていた人びとは、こんなことではもう一緒にやっていけないと言い出しました。

これがきっかけとなって婦団協をどうするか、何回か話し合いましたが、結論は出ず、とうとう決をとることになりました。結果は、解散十一、存続十一、保留一で、婦団協は「〝戦争はいやです〟の一点で全参加団体が一致」の意志表示を声明して、七月五日、無期休会(三四)に入りました。すでに六月二十四日、朝鮮戦争がはじまっていました。残念な結果に終わりましたが、少なくともアメリカの分裂策動に対し十一の団体が存続させようとがんばったのですから、日本婦人の力をアメリカに見せつけたといえましょう。

右も左も一緒にやるときは、何をスローガンにかかげるか、戦略、戦術として考えなければならないと思います。私はよく自由党からも共産党からも問題を持ちこまれて、まるでこうもりみたいでしたが、私はそれを光栄に思っています。一方に偏る運動はしたくないと思っています。

III　婦人の平和運動　その二（一九五二～五三年）

私はこの分裂さわぎで、婦人運動にこりごりし、文学運動をやるため、故郷に帰りました。ですから、一時、中央の運動から遠ざかっていました。

一九五二年に高良とみ氏(三五)が、戦後初めて、ソ連、中国を訪問し、その帰国歓迎会(三六)が、日比谷で四千人を集めて、開催されました。私はこの日、参加していませんが、平塚らいてう氏がそのとき、「日本の婦人運動が、散り散りばらばらの状態に転落することなく、平和のために団結し、結集してほしい」と申し入れたそうです。これを受けて、婦人団体をまとめるべく努力がはらわれているとき、私はちょうど東京に出てきていました。さっそく、私に何とかしてほしいという要請がきました。初めは極力辞退したのですが、引けなくなり、結成させることだけは引き受けました。

会長を平塚らいてう先生にやっていただこうと何回か交渉に行きましたが、先生もなかなか受けてくれませんでした。「婦人の運動は男につぶされるのではなく、女の人自身の手でつぶされる。こんなことは、もうこりごりだ」というのが理由でした。

しかし、私も最後にお願いに行ったときは、引き受けてくれるまで一歩もここを動きませんと居なおったので、先生もようやく心を動かしてくれました。ただし、先生は、私が事務局長をやるならという条件をつけてきたのです。やむなく私はこれをのんで、帰ってきました。つづいて、高良とみ氏に副会長をお願いし、「婦人団体連合会」[三七]（婦団連）結成の準備がととのったのでした。婦団協の無期休会から三年、一九五三年四月でした。

婦団連は三十数団体の加盟を得て結成されましたが、残念ながら婦団協に参加していた自由党婦人部や市川房枝氏の「新日本婦人同盟」などはとうとう参加しませんでした。

婦団連の最初の大きな仕事は、一九五三年六月コペンハーゲンで開かれる世界婦人大会[三八]に代表をおくりだすことでした。民主婦人協議会に届いた国際民主婦人連盟（ＷＩＤＦ）からの招待状を婦団連として受けとめ、全国から代表を選びました。

ところが政府は、米ソ対立の状況の下で、アメリカの意向を恐れて旅券を出さないので、私たちは旅券獲得闘争をはじめました。この模様はニュースでずいぶん報道されました。岡崎外務大臣[三九]のところへねじこんだこともあります。私は、旅券をおろさないと、婦人有権者の力で落選させるとおどしました。この人は次の選挙で神奈川県から立候補して、本当に落選してしまいました。

政府はなかなか態度を変えませんでしたが、世界大会を間近に控えた五月二十三、二十四日、婦団連が主催して日本婦人大会[四〇]を開き、十人の代表と報告内容を決めてしまいました。それぞれの代表はすでに各地の盛大な歓送を受けて大会に臨んでいるので、もう一歩も後には引けません。このような闘争を経て、世界大会の直前、ようやく旅券がおりました。岡崎外相は全員に旅券を渡すとき、「あなた方はどこへ行ってもいいですよ。ただし生命の保障はできません」と言いました。

一行十三人は飛行機の座席が一度に取れなかったので三班に分かれて行きましたが、世界婦人大会に出席できたのは先発の数人でした。しかし盛大な旅券闘争を経て、日本の婦人が世界の婦人と団結したのは、戦後このときが最初でした。

私たちの団は、アジア、アフリカ、ラテンアメリカ十八カ国の団と共に、中国訪問の招待を受けました。費用は中国が負担し、往路ソ連も見聞できるというので、行こうということになりましたが、高田なほ子(四一)団長が絶対行かさないと言い出しました。私たちが共産圏に行けば、政府は今後進歩的な国際会議に行く人々に旅券をおろさなくなるだろう、と言うのです。私は「この団は岡崎の代表団ではなく、全日本の婦人の代表団である。私たちが共産圏に行くことによって、道が開かれるのだ」と反論しました。二日二晩の話し合いの末、最後には中国の代表にも出席してもらい、結論を出すことにしました。羽仁説子(四二)氏が実に上手な説得をしてくれたので、ヨーロッパで他の会議に出席する予定のある高田団長などを別にして、希望者六人の訪中が実現することになりました。ただ、高田さんは団長としての責任をとりかねるから、団は解散すると言うので、それだけは諒解し、解散の発表は帰国後にのばしてもらいました。私と若い団員四人、通訳の高良真木(四三)さん、モスクワで合流した丸木俊(四四)さん、計七人の風来坊の旅がこうして始まりました。

その旅では、ベルリン暴動の数日をホテルに缶づめになって各国の代表と話し合ったり、北京では朝鮮戦争休戦の大祝賀野外集会に参加したり、帰途ルーマニアの世界青年平和友好祭に加わったり、再び舞い戻ったコペンハーゲンでは木戸銭を取って「日本の夕べ」を開いて日本の踊りを披露したり、「原爆の図」の展覧会をしたり、語るに尽きない思い出があります。

三カ月の旅を終えて帰国すると、高田団長たちと再会し、〝団の解散〟は御破算にして、全団員が東京、大阪、京都などで報告集会を開き、また手分けして全国をまわり、四カ月にわたって報告活動を行いました。こうして戦後はじめての日本婦人の国際連帯の波が津々浦々にひろがり、「鉄のカーテン」「竹のカーテン」のデマを大々的にうち破ったのでした。

以上が、私の経験してきたことの、ほんの一部です。これらの運動を通して、私は、その時、その時で自分に恥じない行動をとらなければいけないことの大切さを実感しています。私は、相手がどんな人であろうと、正しいと思ったことは、やりとおしてきたつもりです。婦人運動に限らず、あらゆる運動をやっていく上で、こういうことは、重要なのではないでしょうか。

（日中友好神奈川県婦人連絡会一泊懇談会での報告から、一九八三年五月二一日〜二二日）

編注

（一）松谷天光光……園田天光光。一九一九年東京市生。政治家。東京女子大学、早稲田大学卒。四六年衆議院議員に当選。四九年に労働者農民党から出馬し三選。のち民主党代議士で妻子のいる園田直と恋におち結婚、世紀の恋とマスコミを賑わす。夫が転じた改進党（のち自民党）に移った。

（二）餓死防衛同盟……松谷天光光は一九四五年一〇月一日、「上野公園に餓死者が累々と横たわっている」という復員軍人の投書がラジオで放送されるのを聞き、すぐ父親とともに生まれ故郷の上野に赴いた。そこで飢餓線上で苦しむ路上の人びとをつぶさに見ると、帰宅途中新宿で下車し、街頭で現状の危機打開を呼びかけた。やがて彼女の演説に共鳴した人びとともに「餓死防衛同盟」を結成し、食糧の調達ルートの開拓や、官庁・議会への陳情・デモを行った。

(三)吉岡弥生……一八七一年静岡県生。草創期の近代女医の一人。東京女医学校（現、東京女子医科大学）の創立者、同校校長。女性医師の養成や医学の教育・研究の振興に尽力し、日本の女子高等教育の基礎づくりをした教育者である。「女性は独立自営の能力を持ち、国家危急時には進んで内政を補佐せよ」が持論で、一九四〇年には国民精神総動員中央連盟理事となり、総力戦の銃後を支えた。戦後は四七年教職・公職追放処分を受けた。五一年追放解除、長年の念願だった東京女子医科大学を実現させた。一九五九年没。

(四)同胞援護婦人連盟……一九四六年六月一〇日、外地からの引揚げ同胞の援護と戦争による災禍を受けた同胞の援護を目的として、婦人の手により上野駅前に誕生した。著者の遺稿の裏に、四八年三月の「印刷部新設について」という「財団法人　同胞援護婦人連盟」の文書があり、事業資金の捻出のため台東区御徒町の大同社内に印刷部を設け、とくに謄写印刷に力を注ぐことになったと書かれていた。

(五)梨本宮妃殿下……梨本伊都子《いつこ》。一八八二年イタリア生。日本の元皇族。旧姓鍋島。梨本宮守正王の妃。日本赤十字社で西洋医学に基づく治療法の教育を受け、看護学修業証書を得た。日露戦争では傷痍軍人の慰問などに取り組んだ。一九七六年没。

(六)産業報国会……労使協調・戦争協力の官製労働者組織（略称「産報」）。日中戦争期に全国の事業所でつくられ、一九四〇年一一月、全国組織として大日本産業報国会を結成した。労働組合を傘下に収め、内務省・厚生省の指導のもと、労働者を戦時体制に統合した。四二年五月、大政翼賛会の監督下に入り、戦後の四五年九月に解散した。著者の戦後初期の原稿や記録は、「産業報国会」の文書の裏に書かれているものが多い。

（七）赤松常子……一八九七年山口県生。社会運動家、政治家。京都女子専門学校入学後、賀川豊彦の事務所で働き貧民救済活動に従事、同専門学校を中退して女工生活を体験。上京し、二五年日本労働総同盟に参加する。総同盟解散（四〇年）まで女性労働者の組織化と教育に尽力、女工関係争議の指導、応援に奔走する。他方、右派系の無産女性運動のリーダーとして活躍、三二年社会大衆婦人同盟結成で委員長。総同盟解散後、大日本産業報国会に入り厚生局生活指導部嘱託として活動する。戦後、社会党および全繊同盟の結成に加わり、双方の婦人部長。四七年から参議院選挙に連続三回当選し、芦田《あしだ》内閣で厚生政務次官。六〇年民主社会党（民社党）結党に参加し、顧問を務めた。一九六五年没。

（八）日本女子勤労連盟……機関誌は『女性と文化』である。

（九）嶋津千利世……一九一四年茨城県生。日本大学卒。女性労働問題研究者。資本論を主軸とした科学的社会主義の立場から労働問題の解決に尽くした。『女子労働者』（五三年）では戦後民主化の中での繊維工場の搾取の実態を、女性工員たちと生活をともにして得た貴重な資料から初めて描き出した。五五年の主婦論争では「家事労働は主婦の天職ではない」として家事労働の共同化、社会化を説いた。母性保護要求など、女性の働く権利をめぐって実践的、理論的に携わり、雇用や労働政策への問題提起を行うほか、長きにわたって日本母親運動や働く婦人の会を理論面から支えた。群馬大学教授。二〇〇〇年没。

（一〇）市川房枝……一八九三年愛知県生。女性運動家、政治家。小学校教師・新聞記者を経て一九一八年上京。友愛会婦人部書記となり、一九年平塚らいてうとともに新婦人協会を結成。二一年渡米し婦人参政権獲得に専心することを決意。二四年婦人参政権獲得期成同盟会（翌年・婦選獲得同盟と改称）の結成に参加、婦人参政権運動の中核を担った。戦時期には婦選獲得同盟を解消（四〇年）、婦人時局研究会・婦人問題研究所を活動拠点に、婦人団体一元化や女子勤労動員など戦時下の女性政策を提言すると同時に、大日本婦人会審議員、大日本言論報国会理事などに就任。女性の社会参加と権利擁護を求めたことが結果として戦争協力につながった。

戦後も婦人参政権獲得を求めて新日本婦人同盟の結成などに取り組んだが、四七年から約三年間公職追放となる。五三年参議院議員に初当選し売春禁止、選挙と政治の浄化などに取り組む。二四年半在職し、国際婦人年など国内外の女性運動の連帯と高揚に尽力した。一九八一年没。『市川房枝集』全8巻・別巻。

(一一)新日本婦人同盟……一九四五年一一月、市川房枝らが中心になり、婦人参政権獲得を目的として設立された。民主主義と男女同権の啓蒙を特徴とし、五〇年一一月、日本婦人有権者同盟と改称した。

(一二)松岡洋子……一九一六年東京市生。評論家。伯母羽仁もと子の自由学園を中退後、渡米してスワスモア大学卒。戦後、婦人民主クラブの結成に参加、初代委員長を務め「婦人民主新聞」編集長としても活躍。再渡米して国際法を学び、帰国後日本ペンクラブ事務局長に就任し、東京開催の国際ペンクラブ大会を成功に導いた。七〇年に言論統制下の韓国・台北での同国際会議参加に反対して脱会。その間日本婦人会議の議長団に加わる。ベトナム問題や日中友好に尽力した。生涯を通して男女平等と反戦平和を訴えた。七九年没。

(一三)婦人民主クラブ……平和・環境・女性問題に取り組む草の根女性団体。一九四六年、GHQウィード中尉の「日本の女性はどうして戦争に協力したか」の問いをきっかけとして、赤松常子、加藤シズエ、佐多稲子、羽仁説子、松岡洋子、宮本百合子、山室民子、山本杉の八人が発起人となり、反封建、職場・地域・家庭での自主的生活展開、女性の能力発揮で日本の民主化達成、を目的として設立された。機関紙は「婦人民主新聞」、現在は「ふぇみん」。

(一四)山川菊栄……一八九〇年東京市生。女性解放思想家、評論家、社会運動家。一九〇八年女子英学塾に入学、紡績工場を見学して女工の悲惨な状態を見る。母性保護論争に加わり、また社会主義女性団体「赤瀾会」や「八日会」の結成にかかわる。ベーベル『婦人論』初完訳を出版。二五~二六年、階級差別・性差別・民族差別を一体のものとして捉えその解消に取り組む必要性を力説。その後評論活動に専念し軍部批判、ファシズム批判を行う。戦時中は歴史や民俗への関心が深まる。戦後、片山内閣(社会党)のもとで初代労働省婦人少年局長となり五一年ま

で在任。一九八〇年没。『新装増補山川菊栄集　評論編』全8巻・別巻。

（一五）神近市子……一八八八年長崎県生。女性運動家、政治家。女子英学塾卒。在学中に『青鞜』に参加。教職につくが『青鞜』参加を理由に免職。のち「東京日日新聞」で女性初の社会部記者となる。無政府主義者大杉栄と恋愛、しかし自由恋愛を唱える大杉との関係に悩み、一九一六年大杉を刺し負傷させ（日蔭茶屋事件）、二年間の服役後、結婚し一男二女をもうける（のち離婚）。プロレタリア運動への協力を惜しまず、また長谷川時雨主宰の『女人芸術』に参加。戦後は人権擁護に活躍する。社会党左派から衆議院議員に計五回当選し、その一六年にわたる活動で売春防止法成立や冤罪に対する再審運動に尽くす。八一年没。『神近市子自伝　我が愛わが闘い』。

（一六）勝目《かつめ》テル……一八九四年鹿児島県生。社会運動家。消費組合運動に取り組み、関東消費組合連盟婦人部長などの要職につき、一九三二年の米よこせ運動を指導した。三三年、共産党の指導を受けた容疑で検挙され、約三カ月両国署に留置される。戦後、日本共産党に入り、日本民主婦人協議会会長、新日本婦人の会代表委員を務めた。八四年没。

（一七）日本民主婦人協議会……略称「民婦協」。一九四八年四月に結成され、労働婦人を中核とした日本で最初の強力な組織体となった。産別傘下一四組合・全官公庁労組八・私鉄総連・日通・全専売等々の各婦人部・婦人民主クラブ・民主保育連盟・民主主義文化連盟婦人部・服装クラブ等三〇余団体が参加し、会長に松岡洋子を選出。四九年、国際民主婦人連盟（ＷＩＤＦ）大会（モスクワ）に正式加盟。五三年、日本婦人団体協議会の結成に参画し、やがて同会に解消した。

（一八）婦人少年局……一九四七年九月一日労働省が発足、その一局として設置された。米国の労働省婦人局にならい、占領軍の要請で婦人対策機関として設置され、婦人および年少労働者の保護・啓蒙・向上・調査および連絡調整などを主要な業務とした。局長は山川菊栄、藤田たき、谷野せつと替わった。

（一九）国際婦人デー……一九四八年三月八日の戦後第二回の婦人デー中央大会は、日比谷音楽堂に五〇〇〇人が参集。

議長羽仁説子、来賓に在日中のソ同盟・中国・〔北〕朝鮮の各婦人代表も出席し、国際民婦連にメッセージを送るなど、国際的連帯の雰囲気のなかで開催された。

(二〇)一九四九年三月八日……GHQの露骨な干渉・政府の圧迫にもかかわらず、民婦協(注一七参照)主催で日比谷に一万五〇〇〇人が参集して、戦後最大の中央集会を開催した。各国代表も出席し、国際民婦連・ブルガリア婦人同盟などからメッセージが寄せられ、国際的にも広がりをみせた。前夜祭・大会が各地で行われ、男性や子供連れの主婦の参加が目立った。

(二一)国際民主婦人連盟……国際民主女性同盟とも、略称「WIDF」。一九四五年一一月、フランス婦人同盟の提唱で五〇カ国の婦人がパリに参集し、戦後最初に開催された国際会議で創立された。綱領は①ファシズムの根絶と民主主義の強化ならびに永続的な平和の確立。②文化・政治・経済・法律その他すべての領域での男女同権の実現。③母性の幸福と児童の生活・健康・教育の保護。参加団体は年々増加し、世界母親大会(五五年)、世界婦人労働者会議(五六年)の開催などひろく活動した。機関誌は"Woman"。日本からも理事・評議員などとして数名が参加した。四九年一月勝目テルが会長、五三年平塚らいてうが副会長になる。

(二二)堺ため子(為子)……一八七二年石川県生。旧姓延岡。女性社会主義者。求人広告に応じて平民社の賄方《まかないかた》となり、堺利彦と結婚、先妻の娘真柄《まがら》(近藤真柄)を育てながら、書籍の取次や髪結いをして自活の道を講じ、夫を支え続けた。一九五九年没。

(二三)平塚らいてう……一八八六年東京市生。本名明《はる》。女性運動家、思想家。日本女子大卒。在学中から哲学書や禅の修行によって自我の確立を追求。閨秀文学会に参加し、森田草平と塩原心中未遂事件を起こす。一九一一年日本初の女性による雑誌『青鞜』を発刊。創刊の辞「元始女性は太陽であった」は女性解放のマニフェストとなる。〝新しい女〟への非難・攻撃のなかで『青鞜』は文芸誌から婦人問題誌へと性格を変えていく。らいてうは自ら「私は新しい女である」と宣言した。年下の画学生奥村博(のち博史)と恋愛、家制度に抵抗して婚姻届を出さず、

〝愛の共同生活〟に入る。エレン・ケイの思想の影響を受けて母性主義を主張、与謝野晶子、山川菊栄らと母性保護論争を展開。一九年市川房枝らと新婦人協会を設立、女性の政治参加を禁じた治安警察法第五条改正と花柳病男子の結婚制限法などの運動を行う。二二年前者の第二項改正の実現により婦人参政権運動への道が開けた。三〇年クロポトキンの『相互扶助論』に共鳴、消費組合〝我等の家〟を設立し三三年まで続けた。戦時下には天皇神格化などの錯誤もあったが、四二年茨木県取手に疎開し農耕生活をする。

戦後は新憲法の平和の精神に共鳴し、四九年世界連邦建設同盟に入会。一貫して反戦平和の女性運動の先頭に立ち、五三年日本婦人団体連合会初代会長、国際民主婦人連盟副会長。五四年ビキニ被爆事件を契機に核兵器禁止を訴え、日本母親大会開催の原動力となる。七一年五月没。『平塚らいてう著作集』全7巻・補巻。

このときの表彰について、平塚らいてうの「「婦人の日」大会における表彰に答えて」という文章が『平塚らいてう著作集　第7巻』（大月書店、一九八四年）に収録されている。世界連邦主義にふれた最初の文章である。なお「解題」によると、原稿に添えて次のような毛筆手書きの「感謝状」が保存されていた。「婦人の政治的地位向上の為め闘って頂いた生涯の御努力に対し　遂に日本婦人が選挙権を行使した四月十日の意義ある記念行事に際し深く其御功績をたたえ大会の決議を以て全婦人団体の名に於てここに感謝状を贈呈いたします／昭和二十四年四月十日／第二回婦人の日大会／平塚雷鳥殿」

（一四）ルーズベルト夫人……アナ・エレノア・ルーズベルト。一八八四年生。アメリカ合衆国第三二代大統領フランクリン・ルーズベルト夫人。アメリカ国連代表、婦人運動家、文筆家として活躍。リベラル派（自由主義）で、左翼運動や共産主義運動に対しては一線を画した。世界人権宣言の起草者でもある。一九六二年没。

（一五）婦人団体協議会……略称「婦団協」。一九四九年五月結成。その参加団体は四四（のち整理統合して二八）団体であった。民婦協・婦人民主クラブ・新日本婦人同盟・民主婦人同盟・日本女子勤労連盟・矯風会・ＹＷＣＡ・地域婦人団体協議会・日教組・国鉄・全逓その他労組婦人部・民自から共産党までの各政党婦人部などが参加した。

(二六)婦人少年局の継続設置……「婦人団体協議会」は一九四九年五月一三日の第一回会合で、売春法案・性病予防対策・婦人少年局・児童局問題等を討議した。労働省婦人少年局と厚生省児童局の廃止は、政府の行政機構改革にからんで五一年に現実問題として浮上した。労組婦人部が中心になり、大学婦人協会・婦人有権者同盟・各政党婦人部代表も参加し、平塚らいてう、神近市子ら二五人も九月五日「婦人少年局存続拡充期成同盟」を結成、一六日街頭宣伝、存続拡充についての要請書を関係各方面に手交した。一〇月、存続が決まった。

(二七)朝鮮人学校閉鎖に反対……一九四九年一〇月一九日、教育基本法・学校教育法違反等を理由に在日朝鮮人学校の改組の勧告または閉鎖の通告が全国一斉に行われた(『昭和史全記録一九二六～一九八九』毎日新聞社)。

(二八)下山国鉄総裁……下山定則。一九〇一年兵庫県生。東大工学部卒。鉄道省(現・国土交通省)に入り、四九年国鉄の初代総裁となる。国鉄の大量人員整理に対する組合の反対闘争中の同年七月六日未明、常磐線綾瀬駅付近で轢死体で発見される(下山事件)。自殺説、他殺説が入り乱れ、公式の捜査発表はなく、捜査が打ち切られた。四九年没。

(二九)一九四九年三月八日、GHQのウィード中尉は「共産党の宣伝にのらず四・一〇を祝え」と声明した。

(三〇)赤瀾会……一九二一年四月に結成された日本最初の社会主義女性団体。堺(近藤)真柄、九津見《くつみ》房子、秋月静枝、橋浦はる子が世話人で、顧問格が山川菊栄、伊藤野枝。「私ども兄弟姉妹を無智と窮乏と隷属とに沈淪《ちんりん》せしめたる一切の圧制に対して断固として宣戦を布告する」と宣言し、資本主義体制変革の旗をかかげた。第二回メーデーに参加したが官憲の警戒を強め、啓発活動を展開した。同年秋軍隊への反戦ビラ散布(「軍隊赤化事件」)などで弾圧を受けて主力メンバーが逮捕され、衰退、自然解消し、一部は翌年の八日会に合流した。

(三一)一九五〇年の三・八……国際民婦連のメッセージと「平和と生活のために団結しましょう」という呼びかけに呼応して、各地で集会が開かれた。中央大会は日比谷に一万人が参集、全面講和・工場で武器をつくるな、など一〇項目を決議。戦争反対・原爆、水爆の禁止・失業反対など一三のスローガンを可決。国際民婦連とアメリカ婦人への戦争反対のメッセージを送った。三井禮子編『現代婦人運動史年表』(三一書房、一九六三年)。著者の本文では「日比谷の音楽堂で五〇〇〇人の集会がおこなわれた」とある。日比谷の音楽堂の収容人数は立見席をふくめて三一〇〇名余りなので、この方が実際に近いのではないだろうか。

(三二)「四・一〇」婦人の日大会……一九五〇年、第二回婦人週間中の行事の一つとして、婦団協主催で日比谷に約二〇〇〇人参集。議長は新日本婦人同盟・総同盟から選出した。戦争はいやです。世界の平和は婦人の団結から。男女差別待遇撤廃。婦人に職場と保育所を、などのスローガンを決定、「全婦人の強固な団結により生活と平和を守りぬこう」と大会宣言を採択したが、行進にうつったとき組合員が組合旗をかかげたので、民主婦人連盟・YWCAなどが反対し参加しなかった。

(三三)高群逸枝……一八九四年熊本県生。詩人、在野の女性史研究家、思想家。一九一八年「九州日日新聞」に四国遍路の「娘巡礼記」を連載。二〇年単身で上京し、『日月の上に』など三冊の長編詩集を出版、近代文明を批判する天才詩人として文壇に登場した。平等と社会参加を求める女権主義に対して、新女性主義と農本主義的アナーキズムを主張した。三〇年アナーキストの同志に呼びかけて『婦人戦線』を創刊。三一年世田谷に〝森の家〟を建て女性解放のための女性史研究に専念。戦時中は大政翼賛会の機関誌『日本婦人』に血の共同体を称え、戦争協力を熱烈にすすめる内容の「日本女性史」などを連載した。戦後は『招婿婚の研究』『女性の歴史』全四巻などを次つぎに完成させたが、後者でマルクスのアジア的専制の理論をとり入れたのは、戦時中への反省と考えていい。古代に遡《さかのぼ》って女性史、婚姻と家族の通史を研究し、家父長制と嫁入り婚を相対化して女性解放運動に理論的根拠を与えた。六四年没。その古代婚姻史研究の成果は後代の歴史研究者たちに批判的に継承されている。『高群逸枝全集』全10巻。

(三四)無期休会……婦団協は一九四九年発足以来、内部的に問題をふくみながらも婦人の統一への要望を支えに共同の活動をつづけてきたが、五〇年婦人の日大会でつまずき、朝鮮戦争勃発による革新勢力と平和運動への弾圧が対立を深くし、八月一五日の平和大会開催をめぐって意見が一致せず、ついに「婦人団体協議会は四九・五結成以来、婦人の要望によりいろいろな問題について活動してきましたが種々なる障害により休会せざるを得ない状態に立至りました。しかし最後に〝戦争はいやです〟の一点においては全参加団体の意見の一致をみましたので〝戦争はいやです〟の意志表示をして休会します」と声明、休会するに至った。

(三五)高良とみ……一八九六年富山県生。旧姓和田。教育心理学者、政治家。日本女子大卒業後アメリカに留学し、コロンビア大学大学院で哲学の博士号を取得。九州大学医学部助手を経て日本女子大教授。一九三〇年代の「生活科学」「生活合理化」運動に取り組み、四〇年大政翼賛会臨時中央協力会議に唯一の婦人議員として出席し、婦人局設置を提案。以後、戦時総動員体制の一翼を担った。しかし若き日よりタゴールに傾倒してアジアの独立に関心を寄せ、日中戦争を防ぐためガンジーを招きに行くなど平和運動にも熱心だった高良の国策協力は、複雑な過程をとった。四一年五月一三日、金子しげりら一〇人の婦人指導者とともに情報局の時局指導懇談会に呼ばれ、日本軍がインドまで征服してアジア人全体を支配すると聞いたときは、軍の進める大東亜共栄圏構想に危機感を抱いた。

戦後は二期一二年参議院議員を務める。五二年日本人初のモスクワ入りを果たし、国際経済会議に出席、さらに中国に赴き第一次日中民間貿易協定を結ぶ。翌年の再訪中で、日赤など民間六団体と協力して邦人二万人の帰国を実現させた。九三年没。『高良とみの生と著作』全8巻。

(三六)帰国歓迎会……羽田空港には三十余の団体代表が高良とみを出迎え、七月二七日日比谷公会堂で一三婦人団体、四〇〇〇人の歓迎大会が開かれた。つづいて各地で歓迎会が開催された。東京の集会で婦人の統一組織が提唱され、八月二日婦人団体連合会準備会が参議院会館で組織された。

(三七)婦人団体連合会……略称「婦団連」。平和と女性の地位向上を目指す女性団体。労働組合婦人部などの共闘組織。一九五三年三十余の女性団体が参加して、全日本婦人団体連合会として結成。会長平塚らいてう、副会長高良とみ、事務局長浜田糸衛。子供を生み育てる母親の立場を重視し、中心スローガンを「平和憲法を守り、軍国主義の復活と反民主主義への逆コースをくいとめましょう」とした。同年第一回日本婦人大会を開催、国際民主婦人連盟に加盟し、その主催する世界婦人大会に一〇人の代表を送った。日本の女性団体の初の国際会議参加であった。婦団連は日本母親大会の発足の契機ともなった。

(三八)世界婦人大会……一九五二年一二月、ウィーン諸国会議が採決した戦争の危険防止の決議を国際民婦連がとりあげ、各国に平和のアピールを送って世界平和大会を招請した。民婦協に招待状が届き、婦団連がこれを受けとめて、平塚らいてうによって五三年三月世界大会の呼びかけがなされた。

らいてうはこの大会について、「〝婦人の世界大会〟の呼びかけに答える」ほかいくつもの文章を書いている（『平塚らいてう著作集　第7巻』所収）。そのなかの「一年の歩みをかえりみて」（「世界の婦人と日本の婦人」四号、五四年七月）で次のようにのべている。

「昨年六月、国際民主婦人同盟（WIDF）の主催で七〇ヵ国の婦人代表が集まったコペンハーゲンの世界婦人大会は、各国の婦人運動を世界的なつながりをもって、前進させる大きなきっかけとなったことは見のがせません。婦団連は、結成とほとんど同時に、世界婦人大会への代表派遣運動にとりかかり、いろいろな困難のなかから各階層の婦人代表一〇名を送り出しましたが、事務局長浜田糸衛さんも代表の一人に加わっていました。これらの代表たちによって、昨年いっぱい、全国にわたり、二〇〇回以上行われた帰朝報告会や、また世界婦人大会に関連して昨年中に二回にわたって、全国の婦人が中央に会した日本婦人大会は、日本の婦人運動を、かつて見なかったほど幅広く、力強いものに成長させ、各地域、各職場における婦人の組織を促し、あるいはその組織をさらに強化することに成功しました。／ただわたくしたちは、この一年の間のさまざまの運動を通じてえた数多くの経験の一端を語りたいと思います。／今までは、国内にとどまっていた婦人の視野が、世界的にひろげられ、世界の婦人との団結、協力が望まれてきたこと、違った考えや立場をもつもの、したがって生活感情の違うもの同士もお互いの悩みや要求を解決するため、今までもたなかった寛容さ、辛抱強さをもって話しあい、協力することを願うようになったこと、そして事実、あらゆる階層の婦人が手をつなぐことに成功しつつあること。また、平和をまもろうという意欲、わたくしたちの権利をまもり、生活をよくしよう、住みよい社会をつくろうという考えが、ばくぜんとした希望から、具体的な、現実に結びついた政治的な、経済的な強いものになってきたこと、婦人団体だけでなく、他のいろいろな革新団体とも積極的に協力して成功をおさめようと努力するようになったこと、その他です」。

なお著作集未収録の『平和と幸福のために――世界婦人大会報告・決議集』(五月書房、五四年)に寄せたらいてうの「はしがき」には、右と同趣旨のことが臨場感をもって書かれている。

(三九)岡崎外務大臣……岡崎勝男。一八九七年横浜市生。政治家、外交官。元内閣官房長官、外務大臣。第二次世界大戦後、吉田茂が推進した対米協調外交に重要な役割を担った人物。一九四九年民主自由党から衆議院議員に立候補して当選。以後当選三回。外務大臣時代の旅券発行拒否はこのときだけでなく、五二年モスクワ国際経済会議への出席を目指した財界・労働界・政界人たちに対し、共産国家への敵視政策から旅券の発行を停止。翌年、中国在留邦人帰国に関する民間交渉のため中国へ行こうとした高良とみ参議院議員に対しても旅券を発行しようとせず、大きな問題になった(その後輿論に押されて発行に踏み切った)。五五年の総選挙で落選。六五年没。

(四〇)日本婦人大会……代表派遣のためこの大会で高田なお子、赤松俊子、浜田糸衛、羽仁説子ら一〇名の代表がコペンハーゲンの大会に参加した(政府の旅券発行がおくれて大会出席は赤松のみ)。大会は六七カ国七千人の代表を集めて開催され、唯一の原爆被爆国である日本は平和への願望を訴えた。この参加を機会に日本の婦人運動の国際連帯は深まった。なお赤松俊子は原爆の絵を描いた丸木俊子である。

(四一)高田なほ子……高田なお子。一九〇五年福島県生。政治家。教員出身の女性運動のリーダーとして活躍した。福島女子師範学校卒業後教職につき、戦後は社会党設立とともに初の女性党員。日教組設立に加わって初代婦人部長となる。五〇年社会党から参議院議員に当選、以後二期一二年間議員を務め、教員、とくに女性教員の地位向上に努力した。日教組婦人部の中心として女性運動・平和運動を促進した。九一年没。

（四二）羽仁説子……一九〇三年東京市生。教育運動家。羽仁吉一《よしかず》と羽仁もと子の長女で、自由学園卒。『婦人之友』記者、農村セツルメントの託児所などを経て幼児生活団を開始。幼児を中心に生活教育に取り組む。四六年婦人民主クラブの創設に参加。「日本子どもを守る会」初代副会長、のち会長。全国幼年教育研究協議会会長。八七年没。

（四三）高良真木……一九三〇年東京市生。画家。東京女子大学中退後渡米、米国アーラムカレッジ卒。五三年六月、コペンハーゲン大会に通訳として随行し、東ベルリン、ソ連、中国などを回ったあと、パリを中心にスペインにも滞在して画業に専念する。州之内徹の現代画廊ほか各地で個展開催。また浜田糸衛とともに神奈川県真鶴で日中の平和と友好に力を注いだ。『高良眞木画集』。二〇一一年没。

（四四）丸木俊……丸木俊子。旧姓赤松俊子。一九一二年北海道生。洋画家、絵本作家。女子美術専門学校卒。四五年夫の丸木位里とともに原爆投下直後の広島へ行き惨状を目撃。四八年「原爆の図」の共同制作を開始する。八二年に全一五部を完成させる。六七年に「原爆の図丸木美術館」（埼玉県松山市）開館。二〇〇〇年没。丸木位里・丸木俊子『画集　原爆の図』。

婦人と政治

「婦人と政治」と申しましても、べつに男子の政治と婦人の政治というふうに別な政治があるわけではありません。政治というものは一つで、これは世界中どこへ行っても同じことであります。ただ、いままで日本の婦人は政治に関係しなかったということでありまして、関係しなかったというより、関係させてくれなかったのであります。

敗戦後、日本の婦人ははじめて参政権を獲得しました。婦人も男子と同じように、年齢の上でも、また権利の上でも、政治に関与することができるようになりまして、はじめて政治というものにつきあったのであります。それで、政治とはいったいどのようなものであるかということを、婦人に申しあげたいのでありまして、「婦人と政治」というような題になったのであります。

最初、婦人が参政権を得ました当時、婦人の側では「参政権より芋一貫のほうがよい」とか文句がありますし、また男子のほうでも「女なんかに参政権を与えてもなんになるか。男子の投票数が二倍になるだけだ」と非難したものであります。

いまでもいなかに行きますと、そういうことばをときどき耳にするのであります。こうした考え方は、けっきょく政治というものを知らないから出てくることばでありまして、政治というものをよく理解しておれば、けっしてこのような考えは起こらないはずであります。

新しい憲法でははっきりと、これからの日本を民主主義の国にするのだとうたってあります。民主主義の国にするように、いろいろの規則をつくって、うたってあります。

民主主義政治とは、その国のなるたけ多くの人びとが政治にあたることであります。すなわち階級や身分や人種や財産や性別などによって区別しないで、一定の成年に達した男女がぜんぶ寄り集まって、政治のことを考えることであります。自分たちの手で自分たちのことを考えて、自分たちの、よい、楽しい、幸せな生活をつくりあげていくことであります。これが民主主義、すなわちデモクラシーの政治の姿であります。

こういうふうに考えてきますと、婦人が、「わたしはそんな選挙権などはいらん。芋一貫がほしい」といったり、また、男子の方が「婦人などに選挙権を与えても役に立たん」などという、まちがった考えはどこからも出てこないわけであります。

なるほど、このように食糧がゆきづまりますと、ほんとうに芋でも麦でも大根一本でも、理屈より実物、花よりだんごがほしいという気になるのも当然であります。しかし、花よりだんごの現物が出ないということが、すなわちなぜ出ないかと考えをつきつめていきますと、それは、やっぱり配給制度が悪いとか、輸送関係が悪いとか、また供出制度が合理的にいっていないとか、いろいろ問題が出てくるのであります。

それを考え、つきつめ、また少しでも食糧配給をよくしてゆこうとするのが政治でありまして、台所を知らない男子の方の、「婦人なんかに政治のことがわかるものか」というふうな考え方はおかどちがいで、婦人にこそ米のことは台所でいちばん苦労しているので、考えてもらわねばならないことであります。

これでわたしが先ほど申しあげた、婦人側と男子の側から起こった婦人の選挙権の考え方は正しくないということがおわかりかと思います。

つぎに、婦人が政治にたいして、政治意識が貧しいという非難もよく耳にするのでありますが、これはべつに不思議なことでもなんでもありません。当たり前のことで、その原因は婦人自身にあるのでなく、日本のいままでの封建的ないろいろの制度が、このように婦人を政治に盲目にして〔目を閉ざさせて〕しまったのであります。法律上からいっても、いままでの法律では、婦人は独身のときは人間として取りあつかわれ、結婚して妻になると無能者あつかいされてきたのであります。

また、学校でも、男子に高等学校があり帝国大学があっても、女子はなかなか入学できません。そして勉強したいと思っても、男子のようにらくにできなかったのです。また職業上でも、男子の大臣や県知事や市町村長がいても、女子には許されてなかったのであります。

このように数えあげてきますと限りがありませんが、要するに、女子は女子であるということで、いちいち男子と差別されてきたのです。これはいままでの日本の行き方が封建的であったからです。この封建的ないろいろの制度が長いあいだつづいてきましたものですから、婦人も知らず知らずのうちに無知にならされてきたのであります。

この婦人が参政権をもらったからとて急に目ざめるはずがありません。それならば目ざめてから参政権を与えても遅くはないではないかという質問も出てくることかと思いますが、まあ考えてみてください。日本に国会が開かれたのが明治二十三年でした。それから約六十年、その半世紀以上になるのに、男子ばかりによって料理されてきた日本の政治がどんなであったかということを。

日本の男子もはじめからみんな目あき〔世の中のことが正しくわかるひと〕ばかりでやったのではなかったのであります。その証拠に、日本の政治は腐敗につぐ腐敗を重ねてまいりました。情実選挙、買収選挙、政治の闇取引、待合政治などということばが存在していたことを考えれば、すぐいままでやってきた男子の政治がわかるのであります。

わたくしのくには高知ですが、土佐はむかしから政治のことについてはやかましいところであります。わたしの子供のときに聞いたはなしで、いまでも覚えておりますが、選挙のときに鏡川という川原では血の雨が降ったそうで、ときには人が殺されたということであります。そして、一票五十銭か一円の買収で、一村がほとんどくくられたという話も聞いております。

それからみますと、いまの婦人は、それほどに選挙ということにたいして無知ではないようにわたしは思います。もちろん時代もちがいますし、またこのとうとうと流れるデモクラシーの精神で、知らず知らず日本人ぜんぶが勉強し、また訓練されてきているのだと考えます。

しかし選挙ももう二回にわたって試験ずみで、婦人代議士も第一回は三十九名も選出され、第二回は参議院議員・衆議院議員合わせて二十五名にはなりましたが、婦人代議士もなかなか奮闘している方がたもあるのでありますし、よほどの保守的な封建性をもっている人でないかぎり、婦人の政治関与をいままでのように、薄気味悪く思う人もなかろうと思います。

しかしここに、わたしどもが深く反省し勉強しなければならないことは、これからの婦人がいままでのように盲目的道を〔社会的無知な状態で〕歩んではならないということであります。政治にも経済にもまた外交問題のことでも、文化方面のことでも、なるたけ勉強して、あらゆる方面に知識を深めてゆかねばなりません。

日本の政治を正しく見極めてゆくのには、たんに国内だけの知識ではだめでありまして、ことに敗戦して、連合軍の占領下にある日本として、日本の政治はどのようにあるべきかということは大きい問題であります。

徹底的に敗戦しました日本が、経済的にはもう血も出ないという死人のようなところまで行きづまっております。その中で、日本の政治のあり方を考えるとき、たとえば百年前に外国で流行した自由主義に思想の流れを汲む政治がよいか、あるいはまた五十年前に、これも外国で流行した社会民主主義にもとづく政治がよいか、あるいはまた三十年前にこれも外国で流行したサンディカリズム（一）がよいか、これはわたしどもの深く深く考えなければならない大きい問題であります。

もちろん人びとによって、各人各様に意見がありましょう。ただ、日本は敗戦している。独立国家でない。百年前の日本でない、五十年前の日本の姿ではない。三十年前の日本と現在の日本とはスッポンとお月さんほどちがうといえること。また外国と日本とは、おのずから国情がちがうということ。また置かれた位置がちがうということ。要するに、時とところと位置ということを十分に考えて政治を見てゆかねばなりません。

もちろん何年前のものでも、また外国のものでも、よいことはどこまでもよいものとして取り入れて、日本の政治の中にも含めてゆかねばなりません。しかし、それをそのままレディーメイドとして直輸入しても、日本の政治の衣とは身丈寸法が合わない場合があることも考え、形はちょっとこれにしても、内容はちょっとこれにしても、寸法は自分でつくるというふうに、日本の政治の衣はどこまでも日本人の手でつくりあげなければ、この日本を国民全体で救いあげることはできないとわたしは思うのです。

レディーメイドではけっして日本は救われないし、また、政治の自主性というものは生まれてこないのであります。自主性のない政治がどうして国を救えましょうか。他力本願的な、他人に頼ってすがって生きる政治であってはならないのであります。

つぎに外交。ここでは世界の動き方でありますが、こうしたこともこれからの婦人はけっして目をつむってはいけません。戦後アジアの解放が叫ばれているのであります。今度の戦争は、ファッショとデモクラシーの戦いだという人もあります。

それではアジアはどういうふうに民主化され解放されたか見てみますと、インドは今年の八月十五日に英国から解放されて独立いたしました。しかしこのインドも、パキスタンとインドの二つの国に分割され、完全な統一がいまだにできていないのみならず、インド自治国にあっては、国内で血の雨を降らした争いがあったのであります。

また日本の侵略から解放された中国にありましては、国民党と中国共産党が、これまた国内で戦争をつづけて、最近では国内で大戦争が起こるのではないかと噂されております。そして、蔣介石主席は、満州を日本からやっと取り戻したのに、これではこの戦争になんのために長いあいだ戦ってきたか訳がわからんといって、満州をはじめ中国の統一されないのを嘆いているのであります。

またお隣の朝鮮をみますに、戦後すぐにでも独立・解放されるのかと、わたしどももそれを願っていたのにもかかわらず、三十八度線を境として南北に両断されて、朝鮮民族は二つに断ち切られているのであります。それでいつ統一されるものか、これまた前途なかなか見通しがつきません。

中国でも朝鮮でも、これはたんに国内問題だけではなく、新聞でも毎日のラジオでもこの間の事情を報じて、みなさまとっくにご存じのように、根本的には米国とソ連の対立にあるのであります。

また、もっとも悲惨でありますのはインドネシアであります。インドネシアはジャワ、スマトラなど大小一千以上の島々からなっておりまして、その面積は、イタリア、スウェーデン、フランスなど合わせたよりか大きく、人口も六千万以上もある国であります。

このインドネシアが今度の戦争によって、約三世紀半（三百五十年）もの長い年月にわたるオランダからの統治からようやく脱しようとしたとたんに、オランダがいろいろの要求をつきつけて、なかなかインドネシアを自由にしないのであります。

米国の前の商務長官であったウイルキーという人が、このようなことをいっております。

「われわれは今度の戦争には一つの意味が含まれていると信じている。それはある国家が他の国家を統治するということの消滅である」

インドネシアでは、いまだにオランダが経済開発の権利とか警察権とか、またオランダ女王の決定的権力を保持するとかの要求をつきつけて、インドネシア六千万民族を憤激させているのであります。そしてオランダは、陸海空の三方面からインドネシアを攻撃して、血の雨を降らせたのであります。

このようにアジア十一億の民族の上にも、なかなか完全平和が来そうにもありません。

また欧州方面においても、東西ヨーロッパが米英とソ連との対立でなかなか具合よくいっておりません。それにもまして、わたしどものもっとも心配することは、毎日の新聞で見ますように、米ソの関係であります。アメリカの要人が、ソ連の帝国主義侵略は原子爆弾で防ぐよりほかにないと演説したりいたしておりまして、米ソの険悪な雲行きを、われわれに新聞・ラジオはいろいろの資料でもって知らせているのであります。

わたしどもは新しい憲法によって、はっきり戦争はもうどうしてもしないと決めてあります。それでたとえどのような場合でも、戦争はもうこりごりであります。戦争をして、いつも不幸・悲惨をなめるのはわれわれ大衆であります。

戦後わたしどもがよく聞いたことばであります。

「アメリカには負けたけれど、支那や朝鮮には負けていない」ということばがあります。

わたしは、いまだにこうした考えをもつ人があるのを嘆く者のひとりでありますが、これは大きに《ママ》日本人として考えなければならないことであります。逆説的にいいますれば、わたしはむしろ、中国には心から負けたといいたいのであります。

なぜなら、私ども同胞が中国で、満州事変このかた、否、日清戦争このかたとってきた態度と、また、ことに今次戦争中、中国において日本人は何をしたかということを、深く深く考えなければなりません。その長い年月、うらみ骨髄に達するであろう日本人にたいし、すなわち、日本が無条件降伏をして、日本の兵隊が武器を取り上げられ、軍部の背景を失った日本の同胞に、彼らはじつにうらみの刃でなく、親愛の手をさしのべたのであります。

もちろん、ところどころによっては多少のトラブルがありましたでしょうが、その根本において、非常なあつき誠を示してくれたということであります。わたしどもは、なにゆえにこの誠の手を、中国はわたしどもにさしのべたか、そしてこの手に、わたしどもはいかなる手をさしのべるべきかをよくよく考えなければなりません。

わたしどもが今度の敗戦という大きい犠牲によってたたかいとったものは、民主主義であります。民主主義の第一の仕事は、国内においてはなによりもまず階級の解放であり、また国外に向かってはアジア民族の解放でなくてはなりません。

世界のどこかの国で、どこかの隅で、一民族でも一国でも、被圧迫民族、国家がある以上、世界に真の平和はありません。世界に民主主義が完全に出現したとはいえません。また一つの世界になることもできません。

われわれ日本人は、まずなによりも、朝鮮の完全独立をだれよりも願い、また、中国の統一和平をもっとも希求する者のひとりとならなければなりません。それはやがて、日本の完全なる独立への道につながるのであります。

以上

（講演原稿、一九四七年）

編注

(一)サンディカリズム……急進的労働組合主義。労働組合が一切の政党運動を排除し、ゼネストや直接行動によって産業管理を実現し、社会改造を達成しようとする立場。一九世紀末から二〇世紀初めにかけて西ヨーロッパ、とくにフランスで盛んだった。

古本屋哲学

雨月物語の翁曰く「恒《つね》の産《なりはひ》なきは恒の心なし」と、しかりしかりと吾が意を得ること今宵大なり。吾れ昔「金はいやしむことなかれ、金はさりとて尊ぶなかれ、金は吾々を益するに使用すべきものなり」と放言せしとき友、心清きものの口にすべきさへはじるものなりと吾れをいやしめたり。吾れ今宵、心うれしく快哉を催す。上田秋成は偉《おお》いなる人なり。

一九四八年正月六日　店頭記

偉大なるかなロシア！　嘆なるかな　ロシア!!
三〇年前の彼の国をみよ。否、二〇年、一〇年前のロシア。
もっと近くに戦前のロシアと今を比較せよ。
ああ偉なるかなロシア!!
コミンフォルムのあの国々を静視せよ。

モスコオを本陣として、仏伊の両翼を抱き、ポーランド、チェッコスロバキヤ、ハンガリ、ルーマニヤ、ユーゴスラビヤ、ブルガリヤ、アルバニヤ、ウクライナと中欧を完全に占め、ドイツの四半分、フィンランド、ギリシャ、中国、朝鮮と、新興インドネシア、またスターリンの直系弟子に統率され、ロシアの蛮刀今や全世界に侵潤す。

資本主義的自由主義の禍毒今や人民をして憎悪の鬼たらしめ、人類の求むるは、吾等の生活である。アメリカ、ロシアの両鬼共に人類をして嫌避《ママ》せしむるものなるも尚且つ過去と未来の相違は吾々をしてロシアになびかせる。

偉大なるかなロシア!!

正月九日　店頭で

寒い日である。昨日の小春日に引きかえて！

店前が急にザワザワそうぞうしくなり、女の叫び声がその中にきこえる。何だろうと思ってフッと見ると、これはまた悲惨な哀れな光景が私の眼を射た。

若い巡査が中老の女の腕をつかまえて、引きずるように怒声とともに強引している。女は空《カラ》の一升瓶を小脇にかかえて、引きずられまいと一生懸命で、抵抗している。胸と手が巡査に引っぱられ、腰から下は両脚をふん張って一歩も進むまいと上体よりおくれて、今にも倒れそうである。何か女はしきりとわめいているが、ただキャッキャッと黄色い声にきこえるだけだ。

例の如く物見高いワイワイ連中が子供と一緒になって、ゾロゾロ彼にくっついてゆく。興味以外何ものもない感情である。

若いたくましい巡査が、老期に入ったすさびくたびれた女を引っぱる図景は、ただそれだけでもギフンを感じる。ゆるしてやれ！　と怒鳴りたくなる。

どろぼうがつかまったと群集めがけて飛んでくる子供があった。あの女のぬすむものなら、いずれ生活必需の小ものだろうに。許してやればよい。見のがしてやればよいのだ。図々しい前科者でない証拠には、あれ程に警察へ引ったてられるを拒みおそれているではないか。

この時代に、この腹立たしい時世に。国全体がどろぼうを公認している時代に。この滅茶苦茶極まる時下に。何だ、チッポケな弱いもののイジメをして。官吏は人間に非ず。木石だ。それも死んで血の通わない化石化した無用人間だ。

殊にサーベルやピストルで人間を作ったポリスにおいておや。

神よ女を導き給え。

一月一六日

昨年中は大体、一昨年と比べて、健康状態がよかったと、倫は言った。自分も振りかえって見て、寝る日が少なかったので、そうかなと考える。しかし今年になって、眼に見えて、健康が秀れないことを体感する。どことなく、疲労感が濃い。

四十二歳の厄年の期境の一般的疲れかも知れない。

店に坐って、金のこと、商《あきな》いのこと、ばかりに三カ月を過ごした精神的退避かも知れない。

これからは、うんと、青春的に暮らそう。若い心で、生々しく生活しよう。ロマンチックな歌も歌おう。

精神が老衰しかけている。これは私の環境から来ている。生活を支える仕事ばかりしているからだ。

二月二日

照る日、曇る日、店頭に起こる表情である。

寒い寒い身も心も、人間そのものが冷たくいてついて、消えてしまいたいような日は、朝から晩まで一冊も売れないで、人間も書棚も店そのものが全部泣きたいような日がある。かと思うと、ポカポカ生ま暖かく春をちょっぴりのぞかせた二月の○に、朝から晩までお客が引っきりなしに出入して、次々と売れる日はたのしい。身も浮き心もはしゃぎ悩みも苦しみも薄らぐ。

知らない人が本を売りにくると、公平に買い取ることが出来る。知った友人が、それも貧しく、人生と正直に闘っている人間が売本に来ると、どうしても公平を欠きずっとずっと高く買ってしまう。時には後で損をする値段につけている。

売る時は、とてもうれしい気持だが、本を買う時は淋しく、つらい。商売人ともなれば売買に、どっちかといえば、仕入れにどんなに苦労するか分らない、だから自然と買ってくれるお客より、売ってくれるお客を大切にして、歓迎する。だのに、私には売るお客が来ると、淋しくて、胸がせまってつらい心になる。殊に、十円、二十円の金をふところにして帰る男を見ると悲哀がせまって、果ては腹立しく、怒りっぽくもなる。

商売人は高利貸しの如くには世間に嫌われないがもっともっとひどい職業かも知れぬ。

表面、ツンと構えて、あたりまえの格好をしているだけでも憎らしい。

一九四八・二・一二

同じ屋根に住む未出世の小説家本日来店、日本の文壇の新人に対する冷酷さや無理解など話して帰る。

一九四八・二・一二

闇の力のアキーム（一）

アキームのような誠実で神をおそれるというよりか、神を愛することの出来る近代人が生まれなければいけない。アキームのような美しい男、アキームのような誠実に富んだ人間、アキームの如く、親愛に生きれる男、アキームのあの汚濁を知らぬ純朴さ、人をはずかしめることも、人を疑うことも、人をそしることも出来ぬ、知らぬ人間、このような人間が、地球に充満してこそ平和が来るのだ。

地上にアキーム運動を起こせ、近代人は余りに反アキーム型である。アキームを尊敬せよ、アキームを吾が魂に点火せよ。

二月一二日記

「世界は一生懸命に自殺の準備をしている。そして同時に自分がしていることをごまかそうとしているんだ」

これは『西部戦線異状なし』の著者、エーリッヒ・マリア・レマルク（二）の第五作『凱旋門』に出てくる言葉である。第二次世界大戦前夜の欧州の姿である。

戦後の講和条約もまだ成立せぬ現在、再び、レマルクのこの言葉を身近に考えなければならない時代に生きている。

そして、一方では冷たい戦争をよそに戦争計画がなんのこだわりもなく進行している。

私は今こそ時間が欲しい。私は今、何よりも時間を、私の自由な何ものにも束縛されず影響されない私の時間が欲しい。私の魂の奥に私の創造欲が雷鳴の如く、遠く、重く、強圧にとどろき渡る。

一年間、すべてから離れて私の時間が私に自由に与えられたら、私は一つの思索を完成出来るのだ。

時間が欲しい。矢のような速力と力と強さと、決定《ママ》と目的をもって、私の体はこう叫ぶ。

一九四八・二・一六記

内地にも三寒四温はある。去年もそうだったが、今年もそうだ。二三日前のあの陽春の暖かさが、今日は木枯のような風が吹きまくって、曇った空雲《ママ》は又冬の来るのをおじけさすように寒い。

私は計算が出来なくなったように思う。

店に坐っていると、多忙な日は私の全神経が乱雑にみだれはじめ、精神は馬鹿に緊張する。そして甚《はなはだし》い心身の疲労が襲ってくる。閑散な日は、殺風景な無聊に苦しむ。

思索と読書は、その欲求が突破的に私を急襲して、商売を邪魔する。

私は今日も勘定を間違った。十二円貰う処を十五円貰って仕舞ったように思う。

甚い錯覚を起こすことは時々ある。

数の考えがもう私の頭からキハクになっているように思う。

一九四八・二・二三

五時半をすぎると、もう夜の影が西の空に現れはじめて、向側の家を囲んだ樹木の木々の間を一つ一つ限界のないものとしてゆく。夜の脚どりである。静かな憂いの前兆のような気分が私の肉体の全体にしみ入るようにかぶさってくる。今日は又、西空は灰雲で一段と深い夕やみの流れである。

しゃべり通した昼間が、やっと落ちついた、いこいの夜に入ろうとする一時《とき》の休止である。

レマルクの『凱旋門』でラヴィックは考える。「自信をもって着ていないものだけが、安物だ」と。毎日毎日同じような夜はやって来ない、私はラヴィックの言葉を考えながら、この頃急に商売屋の店頭主人《あるじ》になり切った自分の風体を考える。膝小僧と腰のすりむけ破れたズボン。猫に引っかかれた茶のジャケツ。そして、そして、うす綿の入った兄の古着を仕立て直したハンテン。

こんな服装で自分を、自分の肉体や魂を一時《いっとき》でも包むことがあるなど、今まで四〇年の過去に及びもなかったことである。否や、想像の世界外のことである。ああ全く、暗くしずんで行った。もう灯が昼にとって代わって、主人となった。

いやでも応でもみんな森羅万象はこの夜の底に沈んでゆくのだ。うれしく、かなしく幸福にも不幸にも包まれてゆく。

一九四八・二・二

春寒は楽しく暖かくもある。

今日はホコリの風が北へ吹く。太陽は暖かい。風は寒い。

昨日、尊敬する、つつましく学究している女性を訪ねてその人はもとより、家も周囲も木立も畑もお話も生活も、すきになって、今日は心が洗われたよう。お店にも今日は人が稀れであるにもかかわらず、ちっとも気にならない。むしろそれを心のどこかではよろこんでいるような気息がきこえる。

芭蕉のような恰好をしたおじさんが手に袋を下げて、丸い丸い袋である。手先きに美しいモールで作った馬をたばねてはさんでいる。お馬の首に一つ十円の白い小さい布片れがくっついている。

おじさんはこのお馬を売ろうともする気配がない。本を静かに見歩いている。「おじさん、そのお馬、うりますの」「うりますよ」「見せてください」「お子さん、ありますか」「いいえ、ありません」

「趣味のある人でないと、子供さんがあっても、いくらお金持ちでも買いませんよ。三つ買ってください、二十円にしましょう」机の上に、色美しいモールのお馬がたくさん一列にならぶ。細いモールの長い脚が四本、いかにも誇り高く伸びて四角な胴を支えている。尻尾も又ゆたかに長い。またおじさんは「私は自分で作ってこうして子供に売っていますが、体が気持がよく、肩もこらず、日光浴も出来て、たのしいですよ」袋の中からT氏の宗教本を大切そうに出してお守りですよと私に見せた。そして、T氏の全集の第一巻が揃わなくて困っていたのに、この店にあったと非常なよろこび方である。

「これこそほんとうに、うり、かいの商売ね」と私が言うと、フ、、、たのしそうに笑って、静かに出ていった。モダーンな春駒を机上に私もしばらく子供になりましょう。

一九四八・三・三

残酷な判官は、親の罪の泥を吐かすに、子供を拉し来りその子供をせっかんして親に罪の白状を迫る。親子の愛情を利用するのである。もし芝居で吾々がこれを見物するとして、一体観衆はいかなる感情で、判決をいずれに下すであろうか、日本の古い過去に、こうした例は少くない。いな、近ごろでも思想犯に対する、特高課人のとった態度は、親子の順が逆にこそなっているが、この手をしばしば使用した。

人間の個々の場合は誰しも、その判官を憎み、子に同情する。そして、親の罪人にまで同情してくるという逆効果を表すものである。それが、どうだろう。国際間の問題となると、人間は、全く別な考えをするようになる。

戦争に於ける原子爆弾や細菌戦術がそれだ。第一線にある兵隊でなく、国内に生活する人民に向かって、一度に幾万の人命が損傷されるのである。

指導者の一連《ママ》にこの惨虐が向けられるのでなく、無辜《むこ》の民に向かってである。親子の場合と異なり、国家を指導する一部権力者と国民との間には血肉愛情が不幸にしてない故、その悲惨性は一層に高められ、深刻化するのである。文化を誇る文明国が、えて、このような高度な武器を発揮して人類を苦しめる。

一九四八・四

彼は一生懸命でツルゲーフネの『春の水（三）』を読みつづけた。サアニンがはじめて熱愛こめて、ジェンマに手紙を書き送り初恋の歓喜に有頂天になっているところに来ると、彼は突然と、自分を振り返った。そして、今まで忘れていた自分の年齢を老《ふ》けたなァと考えた。

もう、私にはこのような恋は出来ない。この烈しい感情は私の肉体が支え切れない。二十代に「自分は永遠に若者であろう」と自信をもって、幾つかの焼け焦げるような恋を体験してきた彼は、その当時、自分のことを「永遠の情熱」と自負していた。（略）

今でもそれをこと更に否定したことは一ぺんもなかった。

それが、いくこし方の歳月の流れは、彼の若芽のような愛への新鮮も情熱もいつとはなしに、河辺の土砂の崩れるように消えうすらいでいった。

三十歳、四十歳と彼の社会生活が多難複雑化するにつれて、彼の生活が流動から固定化していった。

「もうこの情熱は、私の過ぎた年齢だ」彼はもう一度、深ぶかと眼をつむって考えた。

彼の心をチラとかすめた自分の負け惜しみな意志の流星を、彼は素早くとりおさえた。

「恋愛から事業へ、の情熱の転化、恋愛から人間への情熱の推移だ」「已れはもう子供ではない。大人だ。私の人間という偉大なる対象の大事業の発展。これへの熱情と愛情と信実《ママ》とが私の第二の若さだ」彼はやっと「春の水」をよみはじめることができた。

一九四八・四・二記

編注

(一)アキーム……神話中の人物だと思われるが不明。

(二)エーリッヒ・マリア・レマルク……一八九八年生。ドイツ、のちアメリカの小説家。第一次世界大戦に志願兵として参戦、西部戦線に配属されて負傷した。『西部戦線異状なし』(一九二九年)はセンセーションを巻き起こし、二五カ国語に翻訳された。ナチス政権成立直前にスイスに逃れ、三九年アメリカ合衆国に亡命、戦後帰化して市民権を得た。七〇年没。『凱旋門』(四六年)は第二次世界大戦前夜のパリを舞台に、ゲシュタポに追われるユダヤ人亡命医師ラヴィックと天涯孤独な端役女優ジョアンが、ナチスの暗雲迫りくるパリで繰り広げる絶望的な恋の物語である。

(三)ツルゲーネフの『春の水』……一八七二年刊行の恋愛小説。青年サアニンは南欧的なひたむきな激情を秘めた清純可憐な駄菓子屋の娘ジェンマと、淫蕩で美貌の金満家のボローゾフ夫人との、双方の恋のとりことなり、自らも求めて女に生きようとし、雪どけの「春の水」のごとく、奔放な情熱に押し流されて空しく青春をほろぼしていく。年老いたサアニンが過去を回想するスタイルで書かれている。作者の若き日の追憶の世界であり、上流社会を背景に青春の苦悩を描いた異色作である。

古書店頭婦人観《ふるほんやみせさきおんなさまざま》

これは一夜のうちに□□□焼野ケ原と化した人通りの少ないこのあたりの古本屋のことである。インテリ男女の氾らんする神田あたりの本屋さんの店さきと同考して貰ってはチト困る。それに日を逐《お》って高とうするインフレに古本など読むどころでなく食うことが先決と、この頃ではお客の足もさっぱり減って冷たい北風の吹く店さきには閑古鳥が啼《な》きそうな風景である。

十一月某日（陽光の暖かい日）

ポカポカと小春日のようにめずらしく暖かい日である。根っからの商売人でなくとも店先きにじっと坐っているとお客の入ることはとてもうれしい。売れても売れなくとも。殊に婦人客が入ろうものなら尚更うれしい。どやどやと入って来たは数人の女学生、雀のようにペチャリペチャリとざわめきながら二十分位でまた、同群で引き揚げる。

その間の会話一つを紹介すると、

「私この本買いたいけれど、お金もってないわ、貴女《あなた》かしてよ」

「ウン、百円札これこの通り持っているけれど、こわすの惜しいワ!! 貴女明日、お金もっていらっしゃいよ」

「じゃ明日買うわ」

十一月某日（底冷えのする日）

このお店ではたいがい婦人は男子のお客のいない時に入るようである。
二十二、三歳の未婚らしい婦人、貸切り専用の店さきで、半時間ほどもねばりねばって買ってもらったはよいが、さあ、後の片づけが一苦労。ある本はグチャグチャに突込んであるかと思えばある本はぐっと奥深くおし込んであるし、ある本は逆さに入っているし、ある本は折りくちゃになって、足が宙に浮いている。一つ一つ片づけながら、あの人、どんな奥さんになるだろうと余計な考えもしたくなる、男子のお客さんには総じてこんなのはまれである。
十一月某日（北風の吹く夕ぐれ）

午後五時ともなればもううす暗い。勤め人もみんな家路へと急ぐ頃である。

三十歳位の夫婦づれのお客さん。

主人「ちょっと見てゆくよ」御主人は店内をちょっとどころか隅から隅まで丹念に漁《あさ》っている。

問題はつれの奥さんである。主人が三十分余りも店内をうろついている間、風呂敷包をブラ下げて、寒い北風にさらされながらジット店外で辛抱強く待っている。

買って貰わんで結構だから、何故、入って見物位せんだろうとこっちは寒ければなお更いらぬ気をもむ。

十二月某日（暖かい日曜日）

これも夫婦づれ。しかし大へんインテリらしく、その上に若くて美しい婦人である。二人ともにいかにも近代人らしい型はすっかり具備している。

主人は英書を片っぱしから抜いては開き、開いてはきちんとさし込んで次から次へと、その熱心なこと感心の至り。その間、奥さんは、アッチの婦人雑誌をチラリ、コッチの婦人書を二三枚ペラペラと開くともなくもてあそぶ恰好、時々主人の方を見ては、まだかまだかの眼ざし。揚々《ママ》動きそうにない主人にとうとう「ネエ、おそくなるワ。行きましょうよ」主人「ウンウン」「そんなの後でもよいでしょう」ようやく主人引き出しに成功。

休日におまけに暖かいときている、きっと銀座か映画だろうと、店番までこんな不景気な店を飛び出したくなる。しかし、耳底に残った「そんなの後でも」の言葉が、へんに意地悪く店番子の神経をこうふんさす。

十二月某日（雨の降る陰気な夜）

じめじめと暖かい雨の夜である。お客の足はさっぱりとだえた八時すぎ、もう店を閉じてしまおうかと腰を上げたとたんに、ニュウとゆうれいのように入ってきた、それもこの店にはめずらしい婦人客。

「何ぞ面白い奴《ヤツ》ないの」

婦人の白すぎる首がにぶい電灯の下では何だか凄い空気をあたりに漂わしている。

今は営業停止になっているこの辺の料理屋の玄人女だと店番子はさっそく直観する。

返事をしない店番子に、

「アッタ、アッタ、こいつ面白そうだな」

赤藍の濃いベラベラした着物がナヨリナヨリ動く。

お客は三冊のあくどい題のついたゴラク本を摑んで店番子の机に置く。

「本屋さん、この頃どう、もうける？」

「ウフフ。さっぱりダメですね」

「こんなに不景気でおまけに毎晩消えちゃアね（停電のことである）」

「貴女たちも不景気ですか」

「そうとも、一時は随分面白いほどかせいだがね、この頃まるでさっぱりだネ」

冷えた店先で、政府のやり方を野次ったり敗戦を嘆いたり、さては米国がロシアがと一通りの議論を店番子に説教して退店。外は暖雨がだんだん大つぶの冷雨と変わっている。

十二月某日（木枯の強い日　さざんかの花べんが一度に落ちた強風の日）

バスのホコリも昨夜の雨で今日はたたぬ。戦時中塀を取りはずした向こう側の屋敷の庭のサザンカが木枯しの強いつむじ風に一度にふり落とされてしまった。

風の中の少女のように双頰を真紅にふくらした愛くるしい十六七の健康な娘が一見ヤミ屋の風ていをした兄と店に入る。

「本屋さん易の本ないか」

この若いアンチャンに似合わぬ注文に店番子ホーとかんたんする。古ぼけた和綴じの昔の匂いがするのを二冊出すと、

「これはいかん。星だよ、七星の易本だよ」

彼は岩波文庫を懸命に漁っている。

「兄《アン》チャン、これ買ってよ」

「なに？　なんだ、そんなの要らんよ」

「私が欲しいのよ」

「それより、うまいものこれから食いに行くじゃないか」

「なんーだ、たった十五円、安い本よ」

少女はうらめしそうに、店をでる瞬間まで聡明そうな瞳を文庫の書架から離さない。アーア、少女だけなら献上してもよいものを。

十二月某日（春の夜を想わす暖かい星月夜）

この店はお客七人も入れば一杯になる。

それがどうだろう十数人の男の客が暖かい夜にさそわれてぎっしりとつまっている。本を抜くにも、さすにもお互いの腕と腕がすれ合っている。選挙と商売とは客足の多いほど、景気がよい。

おりから突然風を切ってさっそうと、まかり来た婦人、二五六のおちついた静かなパーマの頭。

理智が体中に溢れているという感じ。混み合った男子客を上手にさばいて一番奥まった書架の上段に手をサット挙げると、これはまた農業経済の厳めしい部厚の本を引き抜いて、代金を支払うと他の男子客に一視もくれずまた、サッと外に出る。この間時間にして僅か二分か。

店番子、店頭婦人観にホトホト弱気になるところをスーと一時に気も晴れて唯々「ホー」と嘆息を洩らすのみ。

会員・井元なおえ（一）

（一九四八年）

編注

（一）井元なおえは著者のペンネームであろう。ただし本稿はおそらく発表されなかった。

女性と文化

私たちの会で、ささやかな古本の店を持っているがこの店のお客の統計を調べてみると、過去六カ月間に次のような数字が出てきた。

十二月	男	五九〇名	女	六九名
一月	男	六五九名	女	一〇一名
二月	男	八六九名	女	一一八名
三月	男	五七〇名	女	八九名
四月	男	六五四名	女	一一六名
五月	男	五一〇名	女	七八名
合計	男	三八五二名	女	五七一名

これでみると男子に比較して、女子の入店客はまことに僅少でおどろくほどである。それも日本の文化の中心地である東京でのことであるから、われわれ女性にとり、たとえ家庭婦人の仕事の多い今日とはいえ、いささか淋しい気持がする。その上、本をあさりに来る婦人の種類や態度に注意していると、婦人はやはり、男子に較べて総体的に積極性と熱心さがない。ある時など夫婦づれで来て夫が店内で本を漁《あさ》る間じっと外で立ちつくして待っている婦人があった。こんな姿など見ていると何とも、悲しいとも、言いようのない思いになる。

小学生になると殆ど女の子は来ない。女学生は試験時に参考書を漁る程度である。男の子は小学生でも種々な本に目をつける。

もちろん、ながい封建制と、それに付随する婦人へのもろもろの因習と伝統とはいかに新憲法によって、婦人が解放されたとしても、そう一ぺんに婦人のすべてが高まり、自覚されるということは考えられない。それには又これからの長い年月が必要である。

今までの婦人の教養と言えば、茶の湯、活花それに文学とか音楽とかいう風に、大体一般の婦人の知識教養への途が情緒的方面であり、とり入れ易い、安易な道を選んで来た。これらも結構であるけれどこれからの婦人は、もっともっと科学や経済などの方面にも男子と同じように知識の眼を見開いてゆくという態度も必要であろう。

人類の幸福を希うわれわれ人間がどういうふうに已れの生活を、共同の生活を生きてゆくべきかということを考えるとき、これには婦人、男子の別があろうはずもなく、婦人の文化教養への道も根本に於いては男子のそれと何らかわるものではない。

殊に男子に立ちおくれた環境の中に、永い幾世紀を人間性の上でも、社会的にも、不幸に生きて来た女性が、いま新しい日本に真実に生きようとするならば、これからは女性もあらゆる文化知識を男子に劣ることなく取り入れてゆかねばならないであろう。例えば日本の資本主義がどのようにして発達して今日に至ったか、くらいの経済知識は常識として身につけていなければ、次の時代の子供を育成してゆく母としても困るであろうし、大きい日本の転換期に直面して、無批判にただ戸惑うばかりであっても困る。

先日、日本女性史の研究者高群逸枝氏の近著『日本女性社会史』を知人間にお世話して考えたことであるが、面白い小説でもなく、読むに骨の折れるものはなかなか婦人たちは歓迎しようとしない。婦人であればこのような内容の本はつとめて読み、また研究してもらいたいものである。

せっかく新しい時代によって、新しい婦人社会が生まれようとしても、このように大かたの女性が、知識に対して努力を惜しみ情熱を欠いては、婦人の文化向上の道も前途多難だなとしみじみと思ったことである。

個人個人が深い教養と知性を身につけ血肉化することは、それだけ家庭生活を、社会生活を高めることであり、また大きく言えば人類社会がそれによって、どんなにか美しくなり、いまわしい血を流したり、殺し合ったりする人間同士の争闘も、ずっと少なくなるであろうし、また婦人の手でむしろ、このような平和な愛の世界の出現を極力実現させるようにしなければならないと考える。

（一九四八年六月一〇日記、日本女子勤労連盟機関誌『女性と文化』）

茶の湯と生活

最初お断わり申しておかなければならないことは、私は別に茶の湯に趣味があるというでなし、また、このような茶の会場に出てお話しなど致したことは一度もないのでございます。それで今日お招きいただきましたけれども皆様の御期待にそうようなお話しなどとてもできないということであります。

題も「茶の湯と生活」ということになっておりますが先ほども申し上げました通り、特に茶の湯に修練を持っていない私のことでありますから、左様お含みの上でおききを願いたいと存じます。先ほどからお茶のお席をじっと拝見いたしておりますと茶に深い知識を持たない私でも、何んだか心が落ちつきまして、終戦以来□□□□□如く考えてはならないということであります。また茶の湯の精神はそうあってはならないのであります。

茶の湯の精神はわれわれ日常生活の中に脈々として生きていなければなりません。また今後の茶の湯をなさる人びとはみな、この精神に生きて茶をたしなむという風に致したいものであります。

十年ほど前に、私の尊敬しているある先輩の男子の方が、茶をたしなんでいると、どうも庭から家から便所の掃除まで妻のみに任せておけない。自分でしなければ気がすまないと、こう申したのであります。私はその当時、どうしてもその方の真の気持がどこにあるか理解できなかったのであります。

それが、最近ようやくその方の非常に美しい精神を理解することが私にもできだしたのであります。茶の湯の心は、「心からお客様をお招きして、そのお客様が家の門を入って、お座敷に通りお茶をいただき、よも山の話をして、御不浄を使って、門を出て帰ってゆく迄、その間心おきなく、愉快に美しい気持を抱いて帰す、これが主人の客に対する愛情であるということがわかって来たのであります。

もう一つの例をあげますと、これは私自身で経験いたしましたことでありますが、私が、戦争中、家を転宅したことがあります。御承知の通り戦争中はある点、今よりかもっと不自由で、なかなか家の掃除なども十分行き届かないのが普通でありました。が私が新しく転宅した家は、非常に古い家でしたが、入って見ると、庭には汚物一つなく天井もすすや、くもの巣などなく、それよりか私がおどろいたことは、便所のくみとりがきれいにしてあったということであります。御承知の如く、戦争中はどこでもこの便所の汚物には困難したのであります。こんな工合でありますから障子など勿論、破れた処には小さい紙が継いであり、転宅した私は何も手を入れなくてすんだわけであります。

私はこの家に入りまして考えたのであります、一体この家の主《あるじ》は、どのような人であったであろうかと、そして、近所の方たちにいろいろ聞いてみますと、お茶の先生ではないが、とてもお茶がお好きな方で、あの空襲下でも、ときどき近所の方たちを呼んでは縁側に茶を共にすすりながらお話しなどしていたとか申しました。後に入る人のために、いやな心を抱かせたくないというこの心がこうして、発つ鳥跡を濁さずという東洋の精神を茶の中に体得したであろう、この家の主の心根を私はしみじみと美しいものだと痛切に感じたのであります。

私の前のお話とこの後のお話を総合してみますと、全く、茶の湯の精神はわれわれと遠くかけ離れた処にあるのではなく、われわれの日常生活の中に生きているのだということであります。

私は皆様がまだお若い青年でいらっしゃるので特におねがい申したいことは、終戦後、世相は皆様日々お感じになられている通り、殺伐混沌としております。電車の中で些細のことでけんかになったり、パンパンボーイや、ガールが出現したり、ヤミ屋がぜいたく三昧している一方、真面目な学生が学費に困窮して、学園を去ってゆくなど、インフレの波はどこまで続くか果て知らずで、何んだか確固たる希望も持てず理想もなく、次第に植民地化してゆくとき、政治経済社会は動揺し、何か心のよりどころがなければこのままでは到底、毎日毎日を満足に生きてゆけないという感じであります。

このような不安な時代に、この学校が茶の湯をとり入れたということは、誠に、適切なよいことだと思うのであります。お茶の一服をたのしみながらせめて一瞬でも静寂な心境を得て、この荒涼とした世相の波に押し流されないだけの個のおちつき、よりどころを創ってくださるように切にお願いいたします。

勿論、お茶の形式のみに走っていてはこの心は生まれないのであります。形式を一応学び取りましたら、後は、お茶を自分のものとして、お茶の心を真髄を、皆様各自の心の中に創造してゆかれるようなさってください。

そしてまた、お茶のいろいろのお道具からも知識を各方面にひろめてゆくということも大切であります。

例えば今日本の見返り物資の一つである陶器のことでありますが、これは、秀吉が朝鮮へ出兵いたしました当時、朝鮮では美しい清楚な李朝焼が盛んにつくられていました。お茶人の日本の武将が、この李朝焼に目をつけないはずがありません。秀吉が帰るときたくさんの朝鮮のすぐれた陶工を連れ帰ったのであります。

そして、今の高取焼、平戸焼、有田焼、上野焼、萩焼、薩摩焼とかいう陶器は、みんなその当時連れ帰った朝鮮の陶工によって始められたのであります。

そして江戸時代の平和産業の有力な一つとなって、今また、敗戦日本の見返り品の主要な一つとなっておるのであります。

私どもはこうして、お茶をたしなむことによって、朝鮮の歴史をひもとく緒を作り、朝鮮五十年の歴史も知ることができます。アジア被圧迫民族のうち一番、私どもと親しい隣国朝鮮の文化を知ることもできるのであります。

お話が少し長くなり予定の時間もすぎましたが、要するに、お茶の精神は決して特別の限られた人たちのみの中にあるのでなく、むしろ、われわれ大衆の中に真に生きているということ、また生かさねば茶の湯の精神は死んでしまうということ、そして、茶の湯の中にはそれを通して、政治、経済、道徳、芸術すべてこれらの文化が含まれているということを忘れてはならないのであります。これを念頭に置いて、茶の湯をたしなまれるということを希望する次第であります。


（東京高女にて講演、一九四八年七月一六日）

婦人運動について

婦人運動の発祥

近代の婦人運動は他のさまざまな革新運動と同じようにフランス革命を境として起こった。

一七八九年に勃発したかのフランス大革命は、新しい社会建設の発火点であるばかりではなく、実に近代婦人運動の発足であったともいえる。

御承知のようにフランス革命の思想的原動力となった処の、ジャン・ジャック・ルソー（一）は、自分自らは婦人運動には反対であったにもかかわらず、彼の自由平等の叫びは当時の男女に深刻な影響を与えずには置かなかった。

一七八九年の十月のフランス国民議会に、一団の婦人が政治上男女平等たるべきことを建議し、オリンプ・ド・グージュ女史（二）は皇后マリー・アントワネットに「女権宣言書」を捧呈《ほうてい》して大いに女性のために気焔を上げたことなども、要するにかのルソーの自由平等の思想が強く影響したがためである。

この後やっぱりフランスでは、十八世紀末にスタール夫人（三）とジョルジュ・サンド（四）の二婦人が現れ、特にサンド女史の婦人解放のために尽くした努力は偉大なものであった。

フランスにその烽火《のろし》を上げた婦人解放の思想は、英国に渡り、婦人運動史上忘れることのできない、あの有名なメリー・ウォールストンクラフト（五）を生んだのであります。

ウォールストンクラフトは一七九二年に『女権弁護論』を著して、男女の本質的平等を叫んで婦人の男子に絶対服従するのは人道に背反するものであると痛論している。

このように十八世紀に、フランス革命を動機として、フランスに起こった婦人解放の運動は、年とともに次第に強力に四方に蔓延の火の手を上げた。

さて婦人運動といっても、その内包する問題は多岐にわたっているが、米国のヘール女史は婦人参政権問題を、婦人運動の中心としている。

婦人参政権運動の濫觴《らんしょう》は、先ほども申したようにフランスのグージュ女史の女権宣言書の頃からであった。けれども現実的に婦人参政権運動が、婦人運動の中心の如く思われ出してきたのは、むしろ英米にあった。

まず英国から述べる。

経済学者ミル（六）が一八六七年の議会の選挙法改正のとき、婦人にも参政権を与えようと提議したときから強力な勢力を持つようになった。

もっともその前にも、すでに幾度か婦人の手によって行われた。すなわち一八一九年に婦人の一団が参政権獲得のため、マンチェスターでやったことなどその一例である。

もともとイギリスの法律は最初は婦人の参政権を否定してはいなかった。ただ習慣上婦人は実際に政治に関わっていなかった。

それがフランス革命や、自由平等の思想に影響され、また、ウォールストンクラフト女史の『女権弁護論』が非常な勢いでイギリスの社会に迎えられたので、婦人の男女同権論が婦人界に瀰漫《びまん》し、マンチェスター示威運動等になって現れた。

けれども一八三二年に可決された選挙法改正は婦人を政権から除外した。

これに対して堂々と論陣を張って力強く反抗したのはミルであった。

ミルは十九世紀中の大なる女権論者であった。

その後ブライドが一八七〇年の議会に「婦人無能力廃止法案」というのを出したが、グラッドストン[七]に反対され通過しなかった。しかし「婦人選挙雑誌」を出したり、「桜草同盟」や「婦人自由連合」等の婦人団体が生まれて大いに婦人運動のため、闘った。

その後四百余カ所に支部を持つ「婦人参政権国民同盟」が生まれ、有名なフォーセット夫人[八]が会長をつとめた。

しかしこのような平和的な生易しい運動では到底、目的を達せられない処から、あの名高い、狂暴派の運動が起こった。

この団体はミリタント・サフラジェット[九]と呼ばれ、一九〇五年に出発した。会長はパンクハースト夫人[一〇]であった。

演説妨害、エドワード・グレー卿[一一]の政見発表に質問を出して演説会を混乱させた。パンクハースト夫人は捕縛され獄に投ぜられる。

目的のために手段を選ばぬこの団体は、あるいはまた、街上大示威運動、議会で野次り、物を壊し、それ故、政府は暴行者をどしどし投獄した。一九一二年からますます暴行が熾烈となり、建物破壊を始め出した。ロンドンでは鉄鎚《てっつい》で大商店の硝子窓を砕き、当時の投獄者は、パンクハースト親子他三百人に上った。翌一九一三年には首相を襲撃し、国立美術館の名画を破り、狂暴の極に達した。

これらの団体も大戦開始と同時に一様に愛国的情熱に燃え敵国に対するようになったので、国民の憎悪嘲笑も一掃される。

一九一七年十月二十二日のイギリスの下院で、二五対二七四票で婦人参政法案は可決された。

建国の新しい米ではいかに婦参運動が展開されたか。自由と婦人尊重の国米は歴史からいっても英と異なる処あり、即ち米婦人運動は、奴隷解放運動と深い関係あり、一八三〇年代にガリソン(一二)が奴隷廃止会を組織して、婦人が共鳴し、モット女史(一三)が「反奴隷会」を作りガリソンの運動に協力した。この運動に、男子は婦人のくせに此の如き運動を起こすことを非難したので、この運動が男女平等運動にまで発展した。

一八四〇年ロンドンで万国奴隷廃止会が開催され米より婦人委員も参加、婦人なるが故に出席拒否され、婦人大いに怒り、一八四八年ニューヨークの郊外で「婦人権利の会」を開催。男女差別待遇の撤廃、女権の拡張を叫んだ。

その後、米には婦人参政権を目ざして種々の団体が生まれ、アンソニー女史(一四)、スタントン女史(一五)、ストーン女史(一六)などが活躍した。

主に禁酒問題、職業、教育問題を取り上げる。

米は各州の自治制である故、一九一四年には、ワシントンを初め十一州はすでに参政権を持っている。ワイオミング州は一八九六年に与えた。だいたい西部の急進的な地方が早く、東方の保守的地方がおくれる。アメリカ婦人は中央政府の憲法上での全州婦参獲得のためになお闘いを続けた。一九一八年は下院のみ通過。一九一九年遂に全州完全に権利を獲得。

日本、わが国の婦人運動の歴史

徳川三百年の封建思想によってきずかれた女性観は、あの有名な貝原益軒[一七]の「女大学[一八]」に言い尽くされている。儒教の影響を受けた日本は、男子のほとんどの学者が、すべて女子を奴隷的位置におく。君主と家来の関係は家庭にあっても夫婦が君臣の関係。

けれどもわれわれは一つ記憶して置くこと、このような封建の時代に、仙台から只野真葛[一九]（本名、工藤あや子）が出現して、孔子の思想に反抗したこと。馬琴は非常にこの女性に注目した。

さて徳川三百年の封建政治の瓦解とともに、即ち明治維新の社会革命は、婦人思想にも大きい影響をした。御承知の福沢諭吉[二〇]、土居光華[二一]、森有礼[二二]、田口卯吉[二三]の諸氏が出現した。孔子の思想を反駁して婦人のために解放の論争をした。

日本の婦人運動も、他の革新的諸運動と必然的に結びつき、土佐の中江兆民[二四]がフランスの自由民権思想を輸入するに及び、婦人に対する考え方もようやく改革され、光華は兆民と親しく交わって、当時の「自由新聞」紙上に「女大学」の婦人道徳を大いに非難したり「近世女大学」「文明論女大学」など著して、益軒をこっぴどくたたきつけた。

福沢も「男女交際論」や「日本婦人論」等を出して新婦人の生き方について旧道徳に反抗した。

さてわが国で初めて婦人参政権論が唱えられたのは、明治十一年で、平山靖彦[二五]が府県会の規則を協議したときに、婦人にも政治に関与させよと主張したのに始まる。しかし当時は一般世間では問題としなかった。明治十七年中島〔岸田〕俊子[二六]が「自由の塔」に「同胞姉妹に告ぐ」という論文を発表して女権の問題を力説した。この中島俊子は京都の富商の娘で非常に怜悧。宮中にも仕える。滋賀県の演説会で政府の忌諱《きい》にふれ投獄される。獄中、

「志成身全全希」（中断）

俊子の影響を受け、景山英子[二七]は岡山県で十七、八歳で塾を開いて女性の啓蒙につとめた。

下って明治二十年代になり、ちょうど西欧諸国でイプセン[二八]、ズーデルマン[二九]、カーペンター[三〇]、サンド等の文学を通じて婦人解放運動に影響した如く、日本においても、北村透谷が出現するに及び俄然婦人思想に精神的要素が加えられるに至った。藤村、透谷等、彼らの主宰する「文学界」に文学を通じて婦人のために思想啓蒙がなされた。殊に透谷は恋愛を謳歌し、自らも自由結婚する。周囲の迫害と思想の行詰りから二十七歳で首を吊る。

この頃から次第に個人主義思想が高まり、婦人覚醒の上にも大いに役立ち、これを境として婦人の物の考え方も根本的に変わった。このようにして、時代は次第に婦人解放の道に進み、遂にあの平塚らいてう[三一]、木内錠子[三二]、与謝野晶子[三三]、岡田八千代[三四]、長谷川時雨[三五]、田村俊子[三六]、野上弥生子[三七]たちの組織する「青鞜社」[三八]が明治四十四年の九月に生まれた。

この「青鞜社」こそ、日本における婦人解放運動の最も強力な最初の組織的運動であった。われわれの最も注意しなければならぬのは、青鞜社の持つ運動は単に婦人の男子に対する対抗、あるいは、自由平等の単なる解放ではなく、女性自らの内に秘められた天才を発揮せよ。このためにその障碍となるものを、女性の外にあろうが

内にあろうが、またいかなる方法をもってでも断固として除去せよ。

らいてう女史は「無暗に男性を羨み、男性を真似て彼らの歩んだ道を少しおくれて歩もうとする女性を見るに忍びず」として嘆いている。とまれ青鞜社は、雑誌『青鞜』を出して、エレン・ケイ[三九]、シュライナー[四〇]、エリス[四一]等の思想をどんどん紹介して当時の婦人啓蒙に重大な役割を果たした。

しかし一般世間はこの運動に冷淡で冷笑非難の目をむけ、官憲の弾圧さえ加えられるに至った。

大正に入って、この青鞜社運動も社会性を帯び、新たに、「新婦人協会」[四二]として、らいてう、市川〔房枝〕[四三]、奥〔むめお〕[四四]の諸氏によって、大正九年発足した。この協会での運動は、婦人問題の多方面に渉った。中で注目すべきは、四十二議会に「治安警察法第五条改正」と「花柳病男子の結婚制限」に関する請願書を提出したこと。これは政治結社に女子を入れることを目的にしたもので、衆院で可決。貴族院で否定。しかし、翌々年四十五議会で通過した。

この協会も大正十一年末、僅か二年で突然解散となる。理由はらいてう女史曰く、「婦人の団体生活に対する、諸々の女性的感情は団体を育てるより、破ることの要素が多い」と。われわれ婦人の大先輩のこの言は深く味わうべきでしょう。（婦人自らの無自覚をさらけ出している。）

もちろん、周囲の無理解、男子の非協力、団体訓練の未熟もあり。

その後ガントレット〔恒子〕[四五]、久布白〔落実〕[四六]氏等が「日本婦人参政権協会」[四七]を設立し、また、賀川〔豊彦〕[四八]夫人や河口氏や市川、神近〔市子〕[四九]氏等の婦人が婦人運動にいろいろの形で活動したが、婦人の政治結社権も認められず、政党加入もまた出来ず、政府の取締りも次第に強化され、その活動分野も圧縮制限され、これは満州事変の勃発以後、殆どその影をひそめて、終戦に至った。戦後東京はもとより日本全国に婦人団体が結集された。

世界各国における現在の婦人運動

現在の各国における婦人運動ということであるが、文明国で婦選のない国はスイス一国である。

アメリカは非常に早く開け、新しい国のごとく思うが、現在なお、日本の旧民法とだいたい同じ民法が施行されている州が四十九州中四十州もあり、結婚と同時に妻は無能力者となり、夫の無承諾で借金出来ず、財産権は夫にあり、家族の扶養義務も主人にある。それでこの頃メリー・ビヤールが夫のみに家族の扶養義務があることは男女不平等だと完全平等の運動が叫ばれている。婦人労働の面でも男女の賃金は絶対平等である。婦人の経済的独立が婦人解放への第一条件として、婦人は二十世紀に入り、労働面でも最低賃金制を確保した。

一九四六年、アメリカ婦人会議が結成されている。

ＡＩＬ、ＣＩＯに属する婦人、その家族、芸術家団体、国連による原爆管理、植民地独立、米ソ友交《ママ》関係、軍拡反対、孤児救済、米国内の不当なる赤色弾圧反対、世界平和とデモクラシーのために闘う反ファッショ、スローガン。

ソ連は革命以後、男女は全く平等で政治、経済、文化のあらゆる方面に平等。将校軍人、科学者、総理大臣、代議士など世界一婦人の進出度は大きい。特に婦人の問題はない。そしてソ連の鉄のカーテン内の諸国もソ連にだいたい同じ。

〔北〕朝鮮ではソ連と同じ憲法が施行され、婦人は全く解放されて文化宣伝大臣も女である。婦人の将軍もあり。南朝鮮〔韓国〕にも商工大臣が任命されている。

中国は解放地区と非解放地区に分かれ、だいたい解放地区の女性がすべての分野に男女平等化されている。だいたい、最近の婦人運動の各国のあり方は、それぞれの国の持つ特殊性によって違うが、戦争絶対反対は一様にその国々のスローガンとなっている。

今後の婦人運動の目的

さて今後の婦人運動の目ざす所は何かという問題。われわれ婦人も牛馬の如き地位から人間権利を男子と平等に制度、法律上獲得したのである。われわれはこの権利を通して、女性自らの充実を図り青鞜社の宣言中にある如く、太陽として天才を発揮してゆくように努めること。

殊に女性独特の愛と平和の精神をますます育《はぐく》み、平和への運動を醱酵させてゆくこと。前大戦にあたり米のミス・ランキン婦人議員は、議会に泣き崩れる。またオリーブ・シュライナーは平和に対して熱烈な精神をもって闘った人であり、エレン・ケイも次のようなことを言った。

即ち――ある文章の一節、「私達は戦争の地獄を消滅して、平和の楽園を創造するであろう。否必ず創造しなければならぬ。この言葉はやがて、幾億の婦人達の合唱となって拡がってゆくであろう」と。

またエレン・ケイは「一切の婦人運動は平和運動をもって完結する」とまで極言した。もちろん、戦争と平和の問題には、社会のもつイデオロギーや経済組織、並びに、国家の政治形態等の大きい問題が内蔵されている。が、平和を愛し求める高い人類愛と人格が全人類の上に打ち建てられない限り、われわれは、そう早く戦争がこの地球上から消滅するとは考えられない。

われわれ女性は、その体内から成人するまで膝下《しっか》に育成する子供たちに平和と愛を十分たたき込んでゆきましよう。

そうしてわれわれのもつ一票で、そうした人びとを政治に送り、憎悪に充ちた戦争をなくするために世界の婦人と手を結んで団結して平和へと進み得る運動の生まれる日を期待するのであります。

国際婦人デー（五〇）

一九〇八年三月八日、アメリカの経済恐慌のとき、貧民街の婦人が立ち上がった。

一九一〇年、デンマークのコペンハーゲン、社会主義婦人ドイツ代表、ツェトキン女史（五一）の提唱。

日本では大正十二年、国際婦人デーがある。

スローガン　世界平和、婦権獲得、男女平等。

一九四五年、パリ
米英ソ仏伊等四十九国が参加。

国際婦人民主同盟が出来た。


（一九四九年三月一日記、長野鐘ヶ淵紡績講演のために〈抄〉）

編注

（一）ジャン・ジャック・ルソー……一七一二年ジュネーブ生。フランスの作家、啓蒙思想家。『人間不平等起源論』『社会契約論』などで民主主義理論を唱えて大革命の先駆をなすとともに、『新エロイーズ』などで情熱の解放を謳《うた》ってロマン主義の父と呼ばれ、また『エミール』で自由主義教育を説き、『告白』では赤裸々に自己を語った。六七年没。

(二)ド・グージュ女史……マリ・オランプ・ドゥ・グージュ。一七四八年生。フランスの劇作家、パンフレット作者。フランス革命のために書かれた「人間［男性］の権利宣言」に対して、九一年パリで『女性の権利宣言』(著者の本文では「女権宣言書」)を書いた。自然法の前提を根拠にして、女性の完全な平等の権利や雇用、教育、公職における平等な機会を主張。結婚時の貞節や義務の誓いに代わるものとして、既婚女性が自分の財産を所有できるのに役立つ社会契約が含まれている。ロベスピエールに死刑を宣告され、ギロチンにかけられて九三年没。

(三)スタール夫人……アンヌ・ルイーズ・ジョルメーヌ・ド・スタール。一七六六年生。フランスの女性作家。ロマン派の先駆、フェミニズムの先駆者。自由思想家で、フランス革命からナポレオン一世の君臨に至る時代に多くの政治評論を書き、ナポレオンと終生対立する運命となる。ドイツ、イタリア、スイスに亡命。一八一七年没。

(四)ジョルジュ・サンド……アマンティーヌ・オロール・リュシル・デュパン。一八〇四年生。フランスのロマン主義小説家。男性の服装、喫煙のような男性の行為を好んだことで知られる。官能を率直に描いた多くの著作で、女性を苛酷な一夫一婦制に閉じこめ、女性が恋愛と独立の生活をする権利を拒否する社会的慣習に抗議した。七六年没。

(五)メリー・ウォールストンクラフト……一七五九年生。イギリスの社会思想家、作家、フェミニズムの先駆者。主著『女性の権利の擁護』を代表とする啓蒙的な著作で、男女の同権、教育の機会均等などを提唱し、女性なる存在のありようについて考察した。彼女は愛人の背信のため二度自殺を試みた。のちにウノリアム・ゴドウィンと結婚し、二番目の娘を産んですぐ産褥熱のため死んだ。彼女の著作は、当時の社会における男女の間の二重基準を鮮やかに暴き出した。この二重基準は男性には自律的な理性の力を全面的に行使し、有徳な精神を発展させるよう奨励するのに、女性には理性の発展にも徳性の発展にも、社会的、政治的、経済的な制約が課せられているのである。また女性は男性に依存すべきであり、その知性を役立たせるべきではないと主張したルソーを非難した。九七年没。

次女は小説『フランケンシュタイン』の作者メアリ・シェリーである。

(六)ミル……ジョン・スチュアート・ミル。一八〇六年生。イギリスの哲学者、社会思想家、経済思想家。社会民主主義・自由主義思想に多大な影響を与えた。ベンサムの唱えた功利主義の擁護者。一九六九年『女性の隷従』を出版。晩年は自ら社会主義者を名乗る。また論理学分野においてバートランド・ラッセルら後続の分析哲学にも強い影響を与え、初期科学哲学の重要な哲学者でもある。七三年没。

(七)グラッドストン……ウイリアム・エワード・グラッドストン。一八〇九年生。イギリスの政治家。ヴィクトリア朝中期から後期にかけて、自由党を指揮して四期にわたり首相を務めた。ヴィクトリア朝イギリスの政党政治を代表する人物として知られる。九八年没。

(八)フォーセット夫人……ミリセント・ギャレット・フォーセット。一八四七年生。イギリスの婦人参政権運動家。女性の財産権と参政権を提唱した。ケンブリッジ大学の盲目の経済学者で自由党議員のヘンリー・フォーセットと結婚、夫の生前は彼の著述活動を助けた。九七年、停滞・分裂していた婦人参政権諸団体を一つに統合し、「女性参政権全国連合」を結成し、会長に選出される。穏健な運動を指導した。イギリスの女性が選挙権を得たあと「平等な市民のための全国連合」と改称したが、一九一八年まで会長を務めた。二九年没。

(九)ミリタント・サフラジェット……闘争的女性参政権活動家。非合法的手段の使用も辞さない闘争的な女性参政権活動家が、サフラジストと区別して自らサフラジェットと名乗った。婦人参政権獲得を求めて戦闘的な運動を展開した。

(一〇)パンクハースト夫人……エミリーン・パンクハースト。一八五八年生。イギリスの婦人参政権運動家。一九〇三年、三人の娘たちとともに戦闘的な「女性社会政治同盟」(WSPU)を設立。女性参政権を促進するため、破壊的戦術を強化して投獄されたあと、ハンガー・ストライキに訴えた。これはイギリス当局が「猫とねずみ法」を含む高圧的な対策を強化する結果をもたらした。この法律は、投獄されハンガー・ストライキに訴えた女性活動家への強制摂食を認可するものであった。第一次世界大戦の開始期に、パンクハースト家は組織的な不法行為に突然終止符をうち、その組織を戦時活動に参加させた。こうして愛国心を認知させ、二八年に女性に参政権を与えるための面子を政府にもたらした。二八年没。

(一一)エドワード・グレー卿……一八六二年生。イギリスの政治家、鳥類学者。八五年自由党員として当選。一九〇五年からキャンベル＝バナマン内閣の外相となり、第一次および第二次アスキス内閣でも外相を務めた。第一次世界大戦開戦時にはイギリスを参戦に導く役割を担う。三三年没。

(一二)ガリソン……ウィリアム・ロイド・ガリソン。一八〇五年生。アメリカの奴隷制度廃止運動家、ジャーナリスト、社会改革者。急進的な奴隷制度廃止運動の新聞「リベレーター」の編集者で、「アメリカ反奴隷制度協会」の創設者の一人。アメリカ合衆国で奴隷制度が廃止されたのちも、禁酒運動と婦人参政権の運動に取り組んだ。七九年没。

(一三)モット女史……ルクリーシア・モット。一七九三年生。アメリカの奴隷制度廃止運動家。一八三三年フィラデルフィアで最初の「奴隷制反対女性協会」を創設したクウェイカー教徒の女性。一八四〇年世界反奴隷制ロンドン大会において、代表として着席することを拒否された彼女は、スタントンとともに「女性問題」は政治行動を必要とするという結論を出した。二人はマーサ・ライト（モットの姉妹）、メアリ・アン・マクリントックおよびジェイン・ハントとともに、四八年、ニューヨーク州とセネカ・フォールズで開催された世界で初めての女性の権利会議を組織した。八〇年没。

(一四)アンソニー女史……スーザン・ブラウネル・アンソニー。一八二〇年生。初期アメリカ合衆国の女性の権利および女性参政権運動のリーダー。禁酒運動と奴隷制廃止運動に活躍したが、同時に五〇年代、「ニューヨーク州教員協会」における女性の平等賃金（同一労働・同一賃金）を求めて活動し、また女性参政権とニューヨーク既婚女性財産法（六〇年）の可決を求めて演説と請願を組織した。南北戦争後は女性の権利のための運動に力を集中した。

六八年から七〇年まで女性参政権、教育の平等、雇用機会均等、女性のための労働組合を要求する急進的な雑誌『革命』を編集。六九年、エリザベス・ケイディ・スタントンと「全国女性参政権協会」（NWAS）を設立。七二年選挙の登録を求めて投票、有罪となり罰金。七七年米国独立三〇〇年祭に女性独立宣言を発表。九二年「全国アメリカ女性参政権協会」（NAWSA）の会長となる。一九〇四年にはベルリンに「国際女性参政権連盟」を設立。『女性参政権の歴史』全四巻の共同編集者でもあった。一九〇六年没。

（一五）スタントン女史……。エリザベス・ケイディ・スタントン。一八一五年生。アメリカのフェミニスト、奴隷制廃止論者。六九年に女性参政権支持の証言をしたスタントンは、合衆国議会の聴聞会の証人として登場した最初の女性である。モットとともにセネカ・フォールズ大会の呼びかけ人の一人であり、そこで採択された「感情宣言」を起草した。憲法第一五条修正で女性に参政権を拡大することに失敗したあと、彼女はスーザン・ブラウネル・アンソニーと「全国女性参政権協会」（NWSA）を創設し、六九年から九〇年まで会長を務めた。七八年に、彼女が要請して女性に参政権を認める最初の憲法修正案がアメリカ議会に提案された。またキリスト教の教義における女性の従属的地位に反対した。そして九五年には修正版として『女性の聖書』を出版した。一九〇二年没。

（一六）ストーン女史……ルーシー・ストーン。一八一八年生。アメリカのフェミニストで奴隷制禁止論者。六九年に創立された「アメリカ女性参政権協会」（AWSA）の創立者。黒人奴隷制反対と女性の権利についての運動の草創期の講演者。五五年にヘンリ・ブラックウェルと結婚したとき、彼女は「従属する」という言葉をはぶいて結婚の誓いを行い、また彼らはともに、平等主義的な関係をうちたてることを誓約した。ストーンは、結婚しても姓を変えなかった最初の女性であったと思われる。この実践が「ルーシー・ストーン連盟」を生み出した。九三年没。

（一七）貝原益軒……一六三〇年生。筑前福岡藩士。江戸前期の儒学者・教育家・本草学者。名は篤信。号は損軒とも。朱子学を奉じた。著『慎思録』『大疑録』『大和本草』『益軒十訓』など。一七一四年没。

（一八）「女大学」……江戸中期から明治にかけて広く普及した女子用の教訓書。著者については貝原益軒、その妻東軒、第三者など諸説あるが、刊行時のジャーナリズムが著名な貝原益軒の名を借りて本に仕上げたというのが有力。成立年代もはっきりしないが、一七一六年（享保元）年の『女大学宝箱』の初版本がある。家制度を維持していくため封建道徳で女性を律する本書の教えは、武士層、庶民層を問わず女性たちに広く浸透し、受け継がれていった。明治に入ると福沢諭吉を初めとする「女大学」の批判書が編まれるようになるが、太平洋戦争前まで女子教育の教本的扱いをされた。なおここでの「大学」とは四書五経の一つである大学をいう。

(一九)只野真葛……一七六三年江戸生。本名は工藤あや子。江戸時代後期の文学者、思想家。九歳のとき女の手本になることを思い立ち、翌年明和の大火に苦しむ人びとを見て経世済民を志す。二七歳で結婚するがすぐに離婚。三五歳で仙台藩上層家臣・只野伊賀と結婚して仙台へ行く。五五歳のとき、胸の思いを『独考《ひとりかんがえ》』上中下三巻に著す。近世社会を支える儒教思想は人間の苦しみに有効に対処できないと主張し、近世社会を批判した。また女性を蔑視する「聖人」への闘争を宣言、そのなかに勝利の可能性を見いだしている。出版と批評を乞うて曲亭馬琴に送ったが、馬琴は真葛の才能に感嘆しながらも最終的に批判の書『独考論』を書いて交わりを絶った。真葛の思想は同時代に理解者をもち得なかったが、結婚事情や夫婦（男女）のあり方に疑問や不満を抱き、それを儒教思想批判にまで進めた真葛のような女性が近世社会にいたことは、特記すべきである。一八二五年没。『只野真葛集』

(二〇)福沢諭吉……一八三四年大坂生。思想家、社会改革家、慶應義塾創立者。蘭学を学び、江戸に蘭学塾を開き、また英学を研修。幕府使節に随行して三度欧米に渡る。六八年塾を慶應義塾と命名。「明六社」にも参加。八二年「時事新報」を創刊。独立自尊と実学を鼓吹、一連の「女大学」批判は多大な反響を呼んだ。のち脱亜入欧と官民調和を唱える。一九〇一年没。

(二一)土居光華《こうか》……一八四七年淡路生。号は淡山。自由民権運動家、ジャーナリスト、作家、翻訳家、出版人、政治家。北辰社を結成し、ついで静岡の「攪民社」社長、「岳南自由党」の機関紙「東海暁鐘新報」の主筆となり、八二年同党総理となる。言論界で活躍。バックル『英国文明史』『自由之理』などを翻訳。三重県の郡長を経て衆議院議員（当選二回）。一九一八年没。

(二二)森有礼《ありのり》……一八四七年鹿児島生。薩摩藩士。外交官、政治家。欧米を巡り、七三年明六社を設立。七五年、福沢諭吉を証人として「相敬シ相愛シテ夫妻ノ道ヲ守ル」こと、夫婦の共有財産は「双方同意ノ上デナラデハ他人ト賃貸或ハ売買ノ約ヲ為サザル」ことなどを誓った約定書にそれぞれ署名して新しい結婚を行った。初の文相となり、一橋大学を創設。学校令の公布など教育制度の改革を図ったが、欧化主義者と信じられ、八九年帝国憲法発布の当日国粋主義者に暗殺される。明治六大教育家に数えられる。

(二三)田口卯吉……一八五五年江戸生。名は鉉《みつ》。卯吉は通称。経済学者、歴史家、実業家。七二年大蔵省翻訳局の上等生徒となる。翻訳局では経済学や西洋文明史が教授され、このころギゾーなどの影響を受け医学から転向したといわれ、またキリスト教にも接した。七九年から著述活動を行い、『東京経済雑誌』を創刊して自由主義の立場で論陣を張った。憲法制定や条約改正などの政治問題に関しても発言。実業家としては南島貿易や鉄道分野で活躍。九四年衆議院議員に当選。晩年『国史大系』『群書類従』の編纂に道筋をつけ歴史学に貢献した。一九〇五年没。

(二四)中江兆民……一八四七年高知生。思想家。名は篤介（篤助）。兆民は号で、「億兆の民」の意味。七一年渡仏、帰国後仏学塾を開き民権論を提唱、自由党の創設に参画、同党機関紙「自由新聞」主筆となる。第一回総選挙に代議士当選。ルソー『民約論』、ヴェロン『維氏美学』を翻訳した。自由民権運動の理論的指導者となったことで知られ、東洋のルソーと称される。一九〇一年没。

(二五)平山靖彦……一八四四年生。官僚、政治家。もと安芸（広島）藩士。明治維新後、大蔵省、内務省、広島県・奈良県書記官等を経て帝国奈良博物館長となる。衆議院議員、のち秋田県などの知事を務めた。貴族院勅選議員。一九一二年没。

(二六)中島（岸田）俊子……一八六一年（一説では六四年）京都生。女性民権家、文筆家。号は湘烟《しょうえん》。湘煙とも。七九年平民の娘として初めて宮中に出仕。辞任後結婚するが、「七去《しちきょ》」を理由に離縁されたといわれる。その後筆一管を携えて母とともに西日本各地を遊歴し、土佐で立志社の民権家と交わる。八二年四月、大阪道頓堀における立憲政党主催の政見演説会に客員弁士として参加、「婦女の道」を論じて大喝采を受ける。以後精力的に西日本各地を巡回し男女同権を訴えた。彼女の主張は八四年に『自由燈《じゆうのともしび》』に連載された「同胞姉妹に告ぐ」に集約されている。女性たちに自覚と奮起を求め、男性民権家に対しては女性の民権を認めない守旧的態度を批判した。八三年一〇月、滋賀大津での演説が罪に問われ、八日間未決監に送られる。八四年上京、演説活動を退き、翌年元立憲政党総理・中島信行と結婚し共にキリスト教に入信。九二年イタリア公使としてローマに赴任した夫に同行する。一九〇一年没。『湘煙選集』全4巻。

(二七)景山英子……福田英子。一八六五年岡山生。女性民権家、社会主義者。自由民権運動に参加し、大井憲太郎らと大阪事件に連座。女性が国政に参加し、愛国の情を持つべきだと力説。〝東洋のジャンヌ・ダルク〟とたたえられた。のち社会主義運動に入り、一九〇七年『世界婦人』を発行、婦人の覚醒を促した。著『妾《わらわ》の半生涯』。二七年没。

(二八)イプセン……ヘンリック・イプセン。一八二八年生。ノルウェーの劇作家。自然主義派に属し、市民社会を批判する問題劇や新しい作劇法によって近代劇の祖とされる。『人形の家』『幽霊』『民衆の敵』『野鴨』『ヘッダ・ガブラー』など。彼の戯曲は、世界の演劇をたんなる娯楽から考えさせるものに変え、社会問題と直接交渉を保たせるものにした。

(二九)ズーデルマン……ヘルマン・ズーダーマン。一八五七年生。ドイツの劇作家、小説家。一九二八年没。

(三〇)カーペンター……エドワード・カーペンター。一八四四年生。イギリスの詩人、評論家、社会改革家。牧師になったがイタリアに遊んでギリシア思想に傾倒し、牧師職を去った。W・モリスの影響を受けてダービーシャーの田園に住み、クラフト運動に携わった。ホイットマンに感服して彼をアメリカに訪れ、また東洋の思想に関心を示した。一九二九年没。

(三一)平塚らいてう……「私のかかわった戦後初期の婦人運動」(本巻所収)の編注(二三)参照。

(三二)木内錠子《ていこ》……『青鞜』の六人の発起人の一人。

(三三)与謝野晶子……一八七八年大阪府堺市生。歌人。旧姓鳳《ほう》。寛は夫。新詩社に加わり、雑誌『明星』で活躍。格調清新、内容は大胆奔放。らいてうの依頼で雑誌『青鞜』創刊号に寄せた詩「そぞろごと」に、〈山の動く日来《きた》る〉と書いた。この詩句はらいてうの「元始女性は太陽であった」とともに、日本の女性解放のマニフェストとなった。歌集『みだれ髪』『佐保姫』『春泥集』のほか『新源氏物語』など。一九四二年没。『定本與謝野晶子全集』全20巻。

(三四)岡田八千代……一八八三年広島県生。小説家、劇作家。『青鞜』の賛助員、のち顧問。児童劇団芽生《めばえ》座の創立者。晩年は日本女流劇作家会を主宰して後進を指導した。一九六二年没。

(三五)長谷川時雨……一八七九年東京府日本橋生。劇作家、雑誌『女人芸術』『輝ク』主宰者。一九歳で鉄成金の次男と結婚するが夫の道楽が止まず、岩手県釜石鉱山に追われるが初めての地方暮らしに小説を書く。上京後は劇作に取り組み、一九一一年、歌舞伎座で上演された『さくら吹雪』で劇作家としての地位を得る。明治末~大正初め、歌舞伎改革に尽くした功績は大きい。一八年、一二歳年下の三上於菟吉《おときち》と同棲し、三上を世に出す。二三年、岡田八千代とともに雑誌『女人芸術』を創刊するが、大震災のため短命に終わる。二八年、新たに『女人芸術』を創刊、多くの女性作家を輩出した。同誌は時代とともに左傾し、相次ぐ発禁に経営が行き詰まり三二年廃刊。一年後に『輝ク』創刊、戦時下の国策に沿って「知識女性」の銃後運動の拠点となった。四一年八月、時雨の急逝により一〇二号をもって廃刊となる。理不尽な生を強いられる同性への思い、底辺で苦しむ人たちへの同情が深く、それが時雨を左傾させ、さらに戦争協力に駆り立てていった。『長谷川時雨全集』全5巻。

(三六)田村俊子……一八八四年東京市浅草生。本名佐藤とし。作家。日本女子大中退。幸田露伴の門に入り、一葉ばりの文体で「露分衣《つゆわけごろも》」を発表。しかし作風に疑問を感じて創作活動を中断し舞台女優となる。帰米した同門の田村松魚《しょうぎょ》と結婚。『青鞜』創刊号に小説「生血《いきち》」を発表。自我に目覚めた男女の〝性〟をめぐる葛藤をテーマとした作品によって流行作家になるが、創作の行き詰まりなどから一八年、恋人のジャーナリスト鈴木悦《えつ》を追ってカナダのバンクーバーに渡り、同地の日本人労働者と女性のためともに活動する。悦の死後三六年帰国するが三八年中国に渡り、上海で中国の女性のための雑誌『女聲』を創刊。四五年没。代表作に「木乃伊《みいら》の口紅」「焙烙《ほうろく》の刑」など。『田村俊子全集』全9巻・別巻。

(三七)野上弥生子……一八八五年大分県生。作家。本名ヤエ。明治女学校卒。夏目漱石の支持で小説を発表。その倫理性・知性を同時代の市民生活や社会問題におし拡げた大作を書き続けた。『海神丸』『真知子』『迷路』『秀吉と利休』『森』など。一九八五年没。『野上弥生子全集』第1期23巻・別巻3、第2期29巻。

(三八)青鞜社……『青鞜』は日本で最初の女性による文芸雑誌。一九一一年九月創刊。評論、文芸作品を発表、婦人の解放を叫び、新思想を紹介、鼓吹した。一六年二月、六巻二号をもって休刊となるまで二回の欠号があるが毎月発刊。明治末から始まる大正デモクラシーの気運のなかで、女性たちは人間として生きたい、自己を確立したいという要求を持ち始めていた。こうした時代背景のもとに発行され、日本のフェミニズムの先駆けとなった。発行部数は創刊時一〇〇〇部、最盛期は三〇〇〇部であった。

(三九)エレン・ケイ……一八四九年生。スウェーデンの社会思想家、教育学者、女性思想家。著作の範囲は教育、芸術、婦人問題、平和問題に及ぶ。母性と児童の尊重を基軸に社会問題を論じた。著作に『恋愛と結婚』『児童の世紀』『母性の復興』などがある。ケイの著作は大正デモクラシー期の日本にも『青鞜』などを通じて紹介され、日本の婦人運動に多大な影響を与えた。一九二六年没。

(四〇)シュライナー……オリーブ・シュライナー。一八五五年生。南アフリカのフェミニスト、著述家。『アフリカ農場物語』の著者。反人種主義者、社会主義者、平和主義者、反帝国主義者でもある。宣教師の家庭に生まれ、若いころアフリカ横断の旅をして不正と差別を目撃した。『女性と労働』という広範囲にわたる女性服従史を出版。のちに「南アフリカ女性参政権連盟」の副会長になったが、連盟が「有色」の選挙権獲得闘争を拒否したとき、辞任した。一九一四年「女性政治同盟」での演説で、「地球上の全ての人種の全ての女性が平等に自分の場所を見出せる社会」を要求した。シュライナーの婦人論は『青鞜』誌を通じて日本でも翻訳紹介された。一九二〇年没。

(四一)エリス……ヘンリー・ハヴロック・エリス。一八五九年生。イギリス生まれの医師、性科学者、心理学者、社会運動家、文芸評論家。性について調査・執筆した大著『性の心理』はイギリスで発禁となり、アメリカで刊行された。ナルシシズムと自己愛の概念を広めたとされており、のちに精神分析へと導入された。日本では、宮沢賢治の著作活動に影響を与えたことでも知られる。一九三九年没。

(四二)新婦人協会……〝女性の立場からの社会改造運動〟を目指した市民的女性運動団体。平塚らいてうが構想し、市川房枝をパートナーとして、第一次世界大戦後の普選運動、労働運動など社会にみなぎる革新の機運のなかで、女性問題を社会的に解決すべく実践運動に乗り出した。一九一一年一一月に創立を発表、翌年三月に発会式を挙行。その綱領で、女性の能力発揮のための男女の機会均等、男女平等の上でその差異を認めること、女性と子供の権利の擁護などを掲げた。活動はまず第四十二帝国議会に、女性の政治活動を禁じていた治安警察法第五条の改正、花柳病（性病）男子の結婚制限法制定の請願提出に始まる。その後婦人参政権要求も加えた対議会運動を続け、講演会開催、機関誌『女性同盟』発刊等を精力的に行う。全国婦人総同盟を企画し、名古屋・大阪・神戸・広島・横浜などに支部を設立し活発な運動を展開した。創立から一年半で市川は渡米し、平塚は一線から退いたが、奥むめお、坂本真琴らを中心に運動を継続する。治安警察法第五条は、二二年三月に、女性の政談集会への会同および発起人となることが可能となる第二項の改正のみが成立した。二二年一二月に解散して約三年間の活動を終えたが、女性の政治的活動の自由の第一歩の獲得により、その後の女性たちの参政権獲得運動が本格化する契機となった。

(四三)市川房枝……「私のかかわった戦後初期の婦人運動」（本巻所収）の編注（一〇）参照。

(四四)奥むめお……一八九五年福井県生。政治家、社会運動家。本名は梅尾。日本女子大卒業後、『労働世界』記者を務め、紡績女工の体験もする。一九二〇年に平塚らいてう、市川房枝らとともに「新婦人協会」の結成に加わり、治安警察法第五条撤廃に尽力。また機関誌『女性同盟』の編集に携わる。二三年に「職業婦人社」を結成、また機関誌『婦人運動』を刊行した。二八年には「婦人消費組合協会」、三〇年に「婦人セツルメント」を設立し、さらなる働く女性への支援を行った。戦時中は大政翼賛会調査委員などを務め、女性の地位向上や生活合理化を図った。戦後は参議院議員となる傍ら、四八年に「主婦連合会」を結成、女性を消費者として自覚させ、組織化し、消費者運動を展開した。九七年没。

(四五)ガントレット恒子……一八七三年愛知県生。社会運動家。女子学院卒業後、前橋の共愛女学校に赴任。九八年米国大使館書記エドワード・ガントレットと結婚、英国籍を取得。のち夫とともに日本に帰化。夫の任地で子供を育てる。一九一六年上京して「日本基督《キリスト》教婦人矯風会」(略称矯風会)会員となり活動。一九二〇年矯風会万国大会(ロンドン)に出席、帰国後「日本婦人参政権協会」の設立に尽力。三四年から二年間「汎太平洋婦人会議」会長。三七年「日本基督教矯風会」「婦選獲得同盟」など八つの女性団体の連合体である「日本婦人団体連盟」の会長。戦後の四六年矯風会会頭に就任。五三年没。

(四六)久布白落実《くぶしろおちみ》……一八八二年熊本県生。廃娼運動家。女子学院で当時校長だった大叔母・矢嶋楫子《やじまかじこ》の薫陶を受ける。一九一六年「日本基督教婦人矯風会」(矯風会)総幹事となり、廃娼運動に取り組む。女性の参政権獲得の重要さを認識し、二四年市川房枝らとともに「婦人参政権獲得期成同盟会」(のち婦選獲得同盟)を設立、三〇年まで総務理事を務めた。戦時中は多くの婦人運動家と同じく国策協力的言動をとった。戦後は売春防止法制定に尽力し、六二年矯風会会頭となる。七二年没。

(四七)日本婦人参政権協会……「日本基督教婦人矯風会」内に設置された婦人参政権を目的とする団体。ガントレット恒子の提案により、一九二一年久布白落実を代表として設立された。三〇年、「日本基督教婦人参政権協会」と改称、その後も「婦選獲得同盟」とは共同行動を展開した。戦時中は「日本婦人団体連盟」に参加し、国策に協力した。

（四八）賀川豊彦夫人……賀川ハル。一八八八年横須賀生。旧姓芝。社会運動家。一五歳で東京に女中として奉公に出る。その後父の勤務する神戸の福音印刷会社の女子工員として働く。一九一三年豊彦と結婚。一四年夫が留学のため渡米すると共立女子神学校に入学し、一七年卒業。二二年豊彦と共に財団法人「イエス団」を設立し、友愛救済所を設置する。関東大震災に際しては、いち早く夫とともに布団や衣類の寄付を集めて上京、本所キリスト教産業青年館を組織し、被災者救護のため活動した。戦後は五六年「日本基督教婦人矯風会」の理事となり、豊彦没後は「イエス団」の理事長に就任して夫の仕事を引き継いだ。六九年間に及ぶ社会福祉活動の功績により東京都の名誉都民に選ばれる。八二年没。

（四九）神近市子……「私のかかわった戦後初期の婦人運動」（本巻所収）の編注（一五）参照。

（五〇）国際婦人デー……一九一〇年、クララ・ツェトキンがルイーズ・ツイーツとともに社会主義運動の新党員募集計画と女性参政権獲得運動支援の一環として、女性祝福の日を設けるよう働きかけた。初回は一九一一年三月一八日。レーニンが一九一七年のロシア革命記念日と一致させるために三月八日を採用するまで、三月一八日の開催が続いた。

（五一）ツェトキン女史……クララ・ツェトキン。一八五七年生。ドイツ社会民主党の指導的思想家。「社会主義女性インターナショナル」の創立者で指導者。女性新聞「平等」の編集者として、女性の従属的立場は経済的諸条件によって決定された所有関係の結果であると主張した。一九三三年没。

人間権利と男女の問題

(一)

昨年ほどに男女の問題が大衆の中にまで熱心に論議されかつ検討されたことは過去の日本の歴史にもめずらしいことである。

あらゆるジャーナリズムの機関を通し、あるいは街頭にまたは公開席上にと、まことに活発な展開をみせた。しかしこれらの議題論議のうちに伺われる一貫したある一つのものは、「男女同権是非」の問題が常にその中心点にあったようである。例えば「改正民法と夫婦の問題」と題しての街頭録音によるラジオ放送の中においても、「男女同権に反対します」と主張する婦人の意見があったり、あるいは日比谷公会堂における放送討論会場で、「婦人は男子の愛を失っても男女同権を希みますか」と青年の質問が一講師に向けられたりしたのである。

だいたい「男女同権が是か非か」の主題の下に論旨が進められてゆくこと自体が、すでに根本的に錯誤されたものであることをわれわれはまず指摘しなければならない。何故ならば男女の権利を差別しなければならぬという根拠を、その人間本質上どこにも見出し得ないからである。

男性が女性から派生したにせよ、しないにせよ、またイヴがアダムから生まれたにせよ、生まれないにせよ、人類始源の遠い歴史のせんさくはしばらくおくとして、生物学者の説く生殖と成長の関係を通して、一なる成長の過程完成が常に男女の相異なる広範かつ総体的な生殖の合体融合にあることは、われわれはわれわれの叡智で想像理解するのである。

ごく少数の劣等生物に関しての問題は他日にゆずるとして、われわれ人類の間にあっては、互いに男女の相違対立するものの相半が、均衡的に結合することにより、より高尚な一つの生命を創造してゆくものであることを知らねばならない。それには男女すべての関係因果がいずれか一方に傾重してはならない。男性的にも女性的にも常に無差別に平等に均整化されたものでなければならない。

即ち男女はよりよき人間完成への必要欠くべからざるものとしての不可分の相半ばする人格的存在であり、人間合同権利、並びに義務担当者としての共同の責任者でもある。

言葉をかえて言うなら、人間権としての男女はその最初より、その終極《ママ》に至るまで常に人間としてかわることなく、平等無差別であり、また必ずそうあらねばならない。さらに強調するならば、男女は一つのよりよき生命創造の目的に向かって、生まれながらに同等同権利の人間権を享受しているのであり、いささかも男女性別の間に軽重差別さるべき理由はどこにも存在しないのである。

しかしここで誤解してはならないことは、男女の同じい人間権利をそのままに男女の性別傾向および生活にまで延長視してはならないということである。

三十年ほど以前にアメリカの婦人党は男女絶対無差別を提唱して識者から猛烈な批判を浴びたものである。もともと男女は性別上かく然と相違するものをもっている。この性別相違はそれぞれに男女の上に生理的、心理的に相反するものを両性の中に包含しているのである。

即ち男女の相違は単に子供を産むと否との生理的の違いのみではない。この差異から出発する男女は精神上、物質上にその相違点を見出すのである。

男性が女性に較べて積極的であり、女性は男性に較べて消極的であることは事実である。これは男女の性別上における自然的傾向である。しかし両性が、「進取・保守」「積極・消極」「能動・受動」といかに相異なった性質を持とうとも、それは男女にとり少しも損益の問題とはならない。

男性の攻撃的であったり、発動的であったりすることに対し、女性の守成的であり、静止的であるということなどすべてそれ自体何等欠点でも長所でもなく、かつまた両性の優劣を比較する対象とはならないのである。むしろこの両性の相違の融合こそ男女の個性をますます優秀に役立たせる相互に欠くことの出来ぬ必要貴重な傾向と言わねばならない。このために男子はますます個性的に真に男らしく、女性はますます個性的に真に女らしくなってゆくのであろう。男女同権とは婦人が単に男子を摸倣したり真似たり男子の生活を羨望《うらやま》しがったりすることではない。所詮われわれは男子のみの社会を想像することもまた女子のみの社会を想像することも不可能である。両性の一方的に偏重しない完全融合の社会こそわれわれの希む理想の社会である限り、男女は各々相違する性別傾向の性質をより高尚に混合発展させてゆくこそ男女にとり、人類社会にとり有益なことである。

最後に家庭の仕事と社会の仕事とを決して比較差別してはならないことである。総理大臣の仕事と母が子を育成する仕事とをいずれが、より偉大であるかは難しいことであり、現在の国会における小便を放ったり、けんかなぐり合いをしたり、罵倒野次馬連中の如き国家的仕事をする者などは、母親や主婦の仕事に較べれば、むしろ軽蔑される代物である。

いかなる生物にも特殊性があるように人間にもまた特殊性はあり得るのである。家庭外においてより自己の天才を才能を発揮出来るものはどしどしと社会の各分野に活動して、人類社会のために貢献すべきである。

（「日本女子勤労連盟機関紙、推定一九四九年）

男女同権を正しく理解せよ

過日の「改正民法と夫婦の問題」と題しての街頭録音(一)によるラジオ放送を聞いて、世の人びとに私見の一端を披瀝《ひれき》して、今もって一部男女の中に根深く巣喰っている封建的偏見に対して、むしろ男女同権の是非を論ずること自体さえ最早《もはや》その時代ではないということを訴えたいのであります。

世の識者といわれる人の中においてさえ時に男女同権に就いてかなりの謬見《びゅうけん》を抱いている者が相当に多いということを私はこれまで、この問題について数々の意見交換や討論会において見聞きして来たのであります。

だいたい男女の権利を同じくするということがその本質において少しも、女子を男らしくしたり、あるいはまた男子を女らしくするものではなく、むしろ男子をますます個性的に真に男らしく、女子をますます個性的に真に女らしくするものであり、男女共に人間としての人間権利を同じように享受し、人間は生まれながらに同等の人間権をさずかって生まれて来たものであるという根本を理解するなれば、決して男女の同権利の問題が現在みるような途《みち》に昏迷《こんめい》するはずがないということであります。

即ち男女は人間であるという点に何ら差別される理由もなく、また不平等であってはならないのであります。婦人に男子と同じような人間権利が確立されていなかったということは、婦人にとって、まことに堪え難い不幸恥辱であったと同時に、これはよく考えれば男子にとっても同じように不幸恥辱であったばかりでなく、人類社会のためにも大きい損失であったといわなければなりません。

簡単に申せば、男子と同じように婦人もまた人間である以上、人間としての権利を認めるべきであります。私は男女の同権利を本質においてこのように理解しています。

次に男子がその性別的傾向として、理性的、進取的、推理的、積極的、能動的であるということ自体が少しも欠点でも特別に長所でもないように、また婦人がその性別的傾向として、感情的、保守的、直観的、消極的、受動的であるということは、それ自体また少しも欠点でも長所でもないのであります。私は男女のこの生まれながらの傾向を異にした性向が優劣の批判の対象となされてはならないと思うのです。

このお互い異なった性傾向を持つ男女をますます個性的に高く聡明な気品ある人間として育成し伸ばすには、まず何よりも男女をして、正しく人間権利を確立させることこそ最大の第一条件であると考えるのであります。

わが国は今まで長い長い封建制の中にその伝統を生き続けて来ました。しかしこれまで雲上人《うんじょうびと》として人間以上の一種特別な権利がある如く自他共に生きて来られた天皇や皇族方が、すでに人間として新しい出発をはじめ、また天皇御自身「我々日本国民」とおっしゃられているのであります。平民華族の区別もなくなり、資本主義社会の中で今まで、資本家並びに一部特権階級からあらゆる方面に道徳的にも経済的にも法律的にも、不平等な取扱いをうけて来た労働者も、「われわれも同じ人間に変わりはない」と立ち上がったのであります。古い民法の中で親でありながら親権が認められず、妻でありながら人間でなかった婦人も新しく人間として解放され立ち上がったのであります。

私は一切の人間が一様に人間として自由平等の権利を生まれながらに持っているものであるということを男子の方が理解するなら（理屈ばかりでなく）決して、あの街頭討論の中に出てくるような「夫に相談なく妻が勝手なことをしだしても困りましょう」などの不見識も生まれないし、また婦人も「男女同権に反対です」というような愚見も出ては来ないはずです。いつかの日比谷公会堂の討論会である男子が講師のM女史に向かって「妻は夫の愛を失っても男女同権を希《のぞ》みますか」と質問したときには私は呆然として、せんりつをさえ覚えた次第ですが、婦人に人間として男子と同じ権利を与えることが直ちに男子を尻の下にしくオテンバ婦人の如く早合点するような浅見は、その根本を少しも理解していない証拠であり、また婦人の側《がわ》でも男女同権利を直ちに、男女の単純な無性別化と考えるようではこれまた根本の認識を欠いているといわなければなりません。

要するに正しく男子にも婦人にも人間としてお互いに同じような権利を認め合ってゆくということは、男女をしてますます聡明にし、高い教養へと導き、責任と義務の中に人類社会を高度に美しくしてゆくものであることを忘れてはなりません。自分の母が、妻が、娘が、人間でありながら、人間以下の低い権利下にあるということは男子にとっても悲しむべきことであります。民主化の第一要件はすべての人間が平等でかつ自由であることです。平等で自由とは決して、我儘で放縦とは違います。相手の権利を無視しての相手の人格を求めることはできません。高い人格は社会を向上させ、平和に導く最大の要素です。

今までの男子が人間としての権利を自らにおいて正しく行使していたならば、婦人の人間としての正しい権利をよろこびこそすれ、決して阻止するはずがありません。

最後に久遠《くおん》の男性が人間としての権利を最高度に発揮した中に生まれるものとすれば、久遠《くおん》の女性もまた、人間としての権利を最高善美に発揮する処にはじめて生まれるものであることを知らねばなりません。

（推定一九四九年）

編注

（一）街頭録音……一九四五年九月一九日、ラジオが「街頭にて」を放送、のち「街頭録音」となる。

第四回、三鷹事件裁判傍聴

私は子供の頃、田舎芝居で「八百屋お七」の裁判を見た。お七の放火が火刑の重い罰になることを判官が一生懸命でお七に説いた後で、「お前の年齢《とし》は十六歳だろう」と念をおす。するとお七が「いいえ私は十七歳です」と答える。するとまた判官が、「いないいな、確か十六ときいている」と、十六歳と言えば助かるが十七歳であれば火刑になる。お七は継母から十七歳と言わぬといけないと教えられているから、正直に言う。この判官はお七をなんとかして助けてやりたいばかりに、一生懸命で、「十六であろうが、もっとよく考えてみよ」と、ひたいに汗をにじませて焦る場面は、子供の心にも強い印象となって今でも私の心に残っている。

第四回の三鷹事件（一）裁判を私は十一月二十五日に傍聴した。まず門を入るやいなや驚いたことは、門から法廷につくまでのわずか二分くらいの間に四ヶ所も関所が設けられて、一ヶ所に私服官服とりまぜて七、八人から十二、三人近い警官が両側に鋭い眼を光らして、傍聴人の入場を検閲していることである。学童が、この寒い日に教室も十分なく雨もりや風の吹くアバラ屋教室や、青空教室で先生の数も少なく勉学をつづけている一方、ここでは一でことすむ人数に数十人の警官を動員していることである。この頃警官の人数が街でも乗物の中でも随分ふえたと思っていたら、こんな所に全然不必要な動員をしているからだとうなずけた。

さてこの世紀の事件の法廷にしては、また何とちっぽけな場所であろう。せいぜい百人くらいしか入れぬ法廷である。裁判所の傍聴制限の表れであろう。それだのに、検事はこの法廷に共産党の人間が入りすぎていると毒づく。この事件は共産党のしわざだと、まだ裁判に入らぬ前から盛んに宣伝したではないか、共産党員が多いとしても、当たり前で自らまいた結果として仕方のないこと。おいでおいでと宣伝して、来たら怒るというわけだ。われわれはなるだけ多くの人びとにこの裁判こそ傍聴させるべきだと考える。検事は常に裁判の様式を昔に返そうとしている。これは過去の天皇裁判の長い歴史からくる習慣的惰性である（威圧的で権力的）。不見識な自分の発言に思わず失笑した傍聴者に、ヒタイに青筋をたてて退席を命ず。

弁護士団の梨木弁護士の土臭いまでに素朴な正直そうなユーモアに富んだ発言に裁判長まで失笑し、満場ときならぬ微笑のさざなみをたてたこととよい対照である。弁護士団からの発言があるたびに、正義への情熱と躍動を感じさせるのに、何故か検事側の発言には暗く陰気になり、腹立しさを覚える。

裁判長は公訴棄却（二）を弁論した弁護団に、「棄却の理由なし」と断言し、裁判進行上でのその速断に立腹した弁護団の糾問に大あわてを演じ、言葉を豹変して、決して失言を取り消そうともせず、怒声で喰ってかかる態度は、滑稽で狭量である。

この法廷の検事側も笑いがないかというに決してそうではない。検事もときどき笑っているが、それは微笑でなく、冷笑である。弁護団の鋭利なメスに会うと、無言の冷笑で応じている。

竹内は自分の弁護に、今野、小沢両氏をつけたい意志のあることを本日の法廷ではっきり意志表示をしているにもかかわらず、カゲ《ママ》弁護士は何故か、昂奮して竹内の意志を記そうともせず、裁判長も最初はこれをしぶる態度をとった。真に竹内の弁護に当たる誠実から出たものなれば、このとき進んで交替を申し出るべきである。いずれにしても党籍を持たない私の純粋な感想である。

（一九四九年一一月二六日記）

編注

（一）三鷹事件……連合軍占領下の一九四九年七月一五日夜、国鉄中央線三鷹駅に入庫中の無人電車が暴走して死傷者を出した事件である。車両が車止めに乗り上げ、脱線転覆しながら突っ込んだ線路わきの商店街などで男性六人が即死、負傷者二〇人が出る大惨事となった。同時期に起きた下山事件、松川事件と並ぶ国鉄ミステリー事件の一つとされる。当時、吉田内閣による国鉄労働者の大量首切りがあり、労組と共産党をねらったＧＨＱ指導のフレームアップといわれている。

　共産党員一〇人と非党員の竹内景助が逮捕されたが、一審では共同謀議は空中楼閣として九人は無罪、竹内一人の犯行と認定され無期懲役、控訴。二審では本人、弁護人の弁論も開かずに、死刑。最高裁（田中耕太郎裁判長）では口頭弁論なし、八対七で一九五五年六月、竹内の死刑が確定した。竹内は再審を請求し、南原繁、大野伴睦らを筆頭に八〇万人の署名が集まり、竹内も必死に無罪の証拠を集めた。一緒に構内の風呂で入浴していた同僚二人の供述書も得られていたのに、逮捕から一八年目、再審請求中「口惜しいよう」と最後の言葉を残して脳腫瘍で獄死した。二〇一〇年から長男の竹内健一郎により、新たに再審請求がなされている。

（二）公訴……刑事事件について検察官が起訴状を提出して裁判所の審判を求めること。公訴棄却とは刑事訴訟法上、公訴提起があってもそれが有効であるための条件（訴訟条件）を欠くため、公訴を無効として手続きを打ち切ること。

職場における男女の問題

ある工場の指導の立場にある婦人がつくづく嘆いて「この頃、寄宿舎でも職場でも男女の風紀が乱れて放逸に流れ何んとも手のつけようがありません」と語った。

こうした傾向は特にこの工場だけの出来事ではなく他の職場でも私が最近よく耳にすることであり、また同時にこの風潮は日本全般の共通の悩みでもある。

大切なことは問題を処理する場合、その根本にある原因をはっきりと把握しないでただ枝葉末節の現象にのみとらわれて、局部的手術を施そうとしてもそれは単なるこうやく的価値にしかすぎない。

一般の人びとはこの頃の無軌道に見える男女の交際をただ漠然と敗戦の結果とのみ解釈し、そのせめと原因を敗戦という歴史的事件にすべてを帰そうとしている者が多い。しかし私はそうとのみ考えない。戦争末期の工場も寄宿舎も私は数多く知っているが、当時九州のある航空機工場では真昼の組立作業中の機体のなかで男女の性交が平然と行われていたし、労働課長が「これでは戦争に到底勝てません」と密《ひそ》かに私に話したことがある。中国地方の転換紡績工場では女子寄宿舎に夜半、男子工員が忍び込んで困るというのでセパードを幾匹も飼って夜番をさせていた処もある。また岡山の某工場では農村から赴任して来た女子工員が幾人か妊娠した例もあり、中には妻子のある男子と関係して身重の肉体を鉄道自殺で哀れにも処理したという例もあった。群馬の工場では「おれは河原の枯すすき」の歌が流行して会社側を狼狽させたこともある。

このように戦争末期に至り、全国の工場職場では大なり小なり男女の交際が全般的に享楽化し頽廃に流れていったが、当時の工場責任者はこの事実を知りながらもその影響を怖れ、つとめて隠ぺいの態度で終始したのである。以上のごとく終戦前に男女問題の素因がすでに発芽されており、それがたまたま敗戦を契機として巻き起こったあわただしい混乱状態に刺激され爆発し、不幸にも無思想、無指導のうちに加速度に跛行的発展をしたのである。

では、どうして祖国の興廃をかけた最も重大な時機に最も大切な生産の職場において、かような素地がすでに醸成されていたのであろうか。それには種々の原因もあろうが、当時私は確固たる目的のない長い戦争から生じた「希望の喪失」を若い勤労者のうちに発見した。彼等は判然とこれを意識していたのではないが、意識するとしないとにかかわりなく烈しい空襲下、過労と窮乏のどん底に疲労困ぱいし、目的と希望のない現実の生活の中から何となくこれを直感していたのであろう。

人間は誰でもそうであるが、ことに若い男女がその生活に夢と憧憬を失い、目的も希望もなくなおその上に経済的にも恵まれない生活が長く続くとなれば、必然的に動物化し最も手近い享楽を求めて刹那的生活におちてゆくのは当然である。

終戦近くの社会環境に引き続いて戦後の社会も同じく彼等を幸福に導く何ものも出現させなかった。それに加えて人間解放の嵐は、政治、経済、社会、思想の混乱虚脱のなかに、幾世紀にわたる固い圧迫の殻を打ち破って彼等を自由の園に奔馬のように駆りたてた。けれども欧米人の如く解放の歴史の過程を踏まず、一足飛びに暗闇から真昼の白日下に飛び出した日本人が正常な足どりで男女の問題を考えるということは、それは全く無理な注文である。古い時代が新しい時代に急速に転換するとき、即ち革命初期の一つの現象として、われわれは色々の面にゆきすぎのあることを否定してはならないし、またこれを本末転倒し末梢的に判断して苛酷な鞭を下すようなことがあっては、人間解放の本質までを歪めないまでも進行の速度を鈍《にぶ》らすことにもなる。特に男女の愛情の問題について尚更である。

私は終戦前から終戦後の今日にかけて若い男女の上に襲った思想と環境について考えてみたが、彼等の置かれた環境が常に経済的にも精神的にも悲惨であり、個々の角度の方向とその内容の比重こそ大同小異に変化してはいるけれど、今なおもとの状態が続いており、とりわけ経済生活の不安は思想の安定を欠き健康な平常生活への道遠しの感が深い。つつしみ深い東洋の先哲すら「衣食足りて礼節を知る」と二千五百年の昔に看破している。なにもかも不足だらけの生活環境の中では、生きていく人間の行為がスクスクと正常に発達しない。いじけ、ゆがめられ、しいたげられて変則な成長を遂げる。

いくら厳格な職場規律があったとしても、経済的思想的にその規律を生かす大切な裏付けがなければ何の役にも立たない。その証拠には、あの戦時中の職場規律がひとたび敗戦という大きな障碍にぶっ突かると一たまりもなく揺らぎ落ちて、今ではもう滅びた死骸となって用を足さなくなっている。

正しく人間を人間として取り扱い、経済的にも文化的にも人間らしく生活していける条件を本質として生まれた規律であれば、その規律は人間が人間以下になり下がったり、以上に思い上がったりしない、人間世界である限り、いつでも通用するし、たとえ表現は文字や言葉で作られていても、その規律は常に人間の精神に躍動して生き続ける。かような内容を盛った規律のあるところには自然と秩序が生まれ、形の上でも内容的にも実践され、行動する人間の生活態度があらゆる方面に誠実に発酵していく。生産にも消費にも、友情にも恋愛にも、長幼の順序にもまんべんなくこの規律は生きて美しい誠実を創造していく。しかしこうした人間の幸福のために作られる新しい規律は経営者が最高の誠実さで大きく百八十度の転換を決意しない限り生まれっこはない。

現在の環境が早急に好転是正され立ち直りそうにもなく、思いきり新しい創造的な職場規律もできそうもない。かといって現下の職場に働く若い男女の問題を放任して置くことは許されない。根本を衝いた改革治療の方向へと徐々に進み、一方では末梢的な事柄をも取り上げて、なるだけ不幸と悲惨の傷を大きくしないよう努力することが彼等を指導育成する立場にある者の誠実であろう。

恋愛を野合とよんだり、恋はお家のご法度と考えたりする非人間的な環境に幾久しく生き慣らされて来た日本の男女が終戦後、人間の自由が大きく叫ばれ男女の交際が無限に解放された今日、青年男女が眩惑ととまどいでもって時につなの切れたタコの如く無軌道に走るのも無理ないことであるが、この場合、男女の友情なり愛情を正しく理解し素直に育ててやるよき指導者が職場にいるか否かで、その友情も恋愛もいろいろの形に変化していく。

ある紡績工場に働いている若い婦人が私を訪れて一つの事件を報告した。「憲法では女性は解放されましたが、私の工場では組合が出来たというだけで婦人の解放など口先きばかりのお念仏で実際にはちょっとも進行していません。先日もこうしたことが起こりました。妻のある男子と未婚の女性とが恋愛しまして、とうとう周囲のつまらぬ噂や憎悪や無責任な批評に堪えかねて女のほうが退職してしまいました」と。話を聞くとこの事件を起こした女性は人格的にも立派な人間であったし、またこの恋愛には種々の事情が内在していて三者の間に自然と解決がつくようになっていた矢先であったが、この婦人が日頃進歩的であったということが、かえって上役にも工場側にも反感や嫉妬を買い、遂に工場追放？　の憂目を見る結果となった。これは一つの事件に過ぎないが、それでもこの事件を通して、いろいろ考えられることは、男女の親しい交際に対し特に複雑な恋愛などに直面すると昔ながらの観念が心の隅のどこかに潜んでいて、思想と感情が離反し誠実と愛情に富んだ心で事件を同情理解してやる態度に欠けているということであった。

これからは職場を中心として若い男女の友情や愛情がどんどん拡大されてゆくであろうしまたそうあって欲しい。今までの如く職場が生きていく糧を得る苦しい場所のみであってはならない。職場を通してすべての人生問題をディスカッションする生きた道場でなくてはならない。工場の文化運動を強化してその施設を拡充し日頃から、こうした問題についての研究、討論等を行うと同時に生きた事件を闇から闇に葬むることなく、むしろ取り上げて十二分に検討し合っていく態勢と空気を職場に植えつけるくらいの指導者の出現を希求してやまない。美しい友情に出発した男女の愛情も卑猥な周囲の眼でむしろ歪められ傷つきしぼんでゆく例もある。また浅薄に出発した男女の交際が周囲の正しい批判と高い指導の中に善い実を結ぶ結果となる場合もある。

現場の班長、組長、係長、職長などの位置につくいわゆる指導者たちが技術面のみに熟練して人格的にも文化的にも兎角今までは批評されがちであったが、今後はそうした位置にある者こそが率先して身近にある若い勤労者たちのすぐれたよき相談相手となり、彼等の指導に当たらねばならない。それにはよほどの努力と知性の向上を必要とする。また主任、部課長たちもいわゆる、非組合的態度から脱却して彼等と共に文化運動の中に溶け込むよう努力すべきである。肉体勤労者も精神勤労者も一つに結んで相互に自己の長短を補正しつつ真に新しい職場を築き高めてゆくようにしなければならない。

以前は男子の寄宿舎は乞食小屋の如く不潔で殺風景で荒涼として、女子の寄宿舎はうす暗く陰気で中性的でどこにも暖かさなど感じとれなかった。終戦後、寄宿舎は自治制となり女子寄宿舎も今までの如く厳しい門限や、意地の悪い舎監などから一応は解放されたようであるが、解放後の新しい建設も方向も未だたいして見られない。個々の寄宿舎内では多少の変化は起こってはいるが。故郷を遠く離れた彼等にとって寄宿舎は第二のホームである。男女の交際の最もよい手近い道場として相互にもっと温かい親密さで連絡をもってはどうだろう。個人の家庭では男女交際のために人を招待するということは普通の場合はなかなかできないが、寄宿舎はその点自由性がある。これまでの日本人は「男女七歳にして席を同じくせず」という東洋思想に禍いされて知らず知らずに幼い頃から男女の交際が縁遠くなって来た。男女寄宿舎を通勤者をも含めた真面目な温かい交際道場にまで発展させてゆきたいものである。

こうした男女の生活の中に、エレン・ケイの「女性の復興」や「戦争と平和及将来」やレーニンの「婦人論」やオリーブ・シュライナー(一)の「婦人と労働」やトルストイの「復活」等々、あるいはすぐれた思想家、運動家たちの偉大な恋愛などが研究討論され、誰にでも面白く話し合える空気がもり上がってくることを私は願っている。われわれは革命の過程にある「ゆきすぎ」を必要以上に怖れ無定見に束縛、停止、後退の策をとる前に、経済的基礎の上に立つ強大な文化運動こそ人間の向上、自覚に偉大な役割をもたらすことを忘れてはならない。

新しい恋愛も正しい友情もともに本質的にはまず「人間」をつくることの一語につきる。けれども「人間」をつくるには、恋愛とか友情とか生死とか人生の個々の問題について深く掘り下げ、より正しく人間的に解決し実践してゆく勇気と真実を養い、高い指導性を自ら体得して人間完成へのたゆまない自己闘争の中にのみ「人間」

はつくられてゆく。経済的基礎の上に立った、盛んな文化運動こそ、人間の質を向上さす。今は日本人は、すべてに貧しく恵まれていない。この時に職場の若い勤労者たちに最も必要なものは若い男女の苦悩や悲哀をしみじみと聞き、温かい友情で共に歩み、希望を与えられるすぐれた指導者である。

時代は物凄い力で流れている。

われわれはゆきすぎを必要以上に怖れてはならない。偉大な飛躍時代にはつまずきもある、しかしそれは目的地到着への一つの過程である。

（『労務研究』一九五〇年一月号）

編注

（一）オリーブ・シュライナー……「婦人運動について」の編注（四〇）参照。

正月は動物園への一里塚

子供の頃は、正月はよほどたのしかったものとみえて、お正月とよんだり、お正月さんと上と下とにていねいにも敬語をつけて愛称したものだ。終戦以来は正月が近づくと、来年は何んとかなるかなあと、過去一年の何かにつけて苦しんだ生活から抜けられるような空想に陥いる。

それが、どうだろう。もう四回の正月を重ねたけれども、世の中はちっともよくはならない。ある人が私の悲かん説にめいいかくに答えて曰くには、『何をそう懐疑的に暗い面ばかり見るんですの、終戦直後から見ればどうです！　お米も買えばフンダンにあるし、煙草もお店に山と積んであるし、ガスも水道も一日中出てくれるし、電灯も明るいし、菓子もボタ餅も……』と喋々《ちょうちょう》とまくしたてた。キリストのお言葉をちょっと拝借すれば――「まことに、まことに汝等に告ぐ」で、私が一松代議士であれば――ホホのんきだネ、と早速ヴァイオリンを弾くところ。

なるほど米も煙草もあり、水道もガスも出るにはちがいない。けれどもその裏には配給の米さえもとれない人間の一家心中が哀しくも流行する。首を切られ職にあぶれた婦人たちが失業洪水の濁流に悲鳴をあげ、陥ちにおちて、哀れにも闇の女に転落してゆく。赤ん坊の背中にのせられた漬物石のように、過重税金で首の廻らん人間が廻らん首を自分で締めて死んでゆく。食いぶちを減らすため、親は子を売り、子は親を捨てる。すべて生活の貧窮からである。こう言う私にしたところで、月収千円にもならん古本屋商売に四万円近い税金が降りかかり、びっくりたまげてとうとう去年の八月廃業してしまった。これ以上頑張っては税金であぶなく首が固まりすぎるところだった。

原稿をとりに来た記者が、去年の正月と今年の正月との感想を書けと言ったけれど、感想すると言うことは、人間の心に少しでもゆとりがある時にわいてくるもので、この頃のように、烈しい生活の嵐のなかで、寸時も生命の足場を吹き飛ばされまいと緊張して生きつづけている人間には、去年も今年も、正月も、盆もあったものではない。と言うのが私の本音である。それほど、私に限らず働く大衆の生活は、貧乏の泥土に足を一寸一寸とすくわれつつある。去年は、正月ならずともリンゴの一つや二つは、さほど苦労せずに買ったが、今年は、リンゴにしようか、サンマにしようかと、懐の金に心がしきりに迷う。

あかあかと店頭のリンゴ見て通る

正月だから意地きたない喰い気ばなしはやめにして何かほかにと頭を絞ってみても、うまい話は一向に湧いて来ない。つらつら考えていると、今の人間も昔の斬捨てご免時代の人間も同じことで、そう大して変化してはいないことに気がついた。今の人間の首も昔と同じで芋大根と同じだ。いつでも自由に斬られ放題である。先日もある会議で労働省F局の地方職員首切問題で、局長に首切り事情をたずねたところ、『上からの命令で真相は発表できない』と言った。自分の首を切られても何故切られたか知るよしもないとは、なんと非文化的な世にわれわれは生をうけたものかと、悲憤をこえて呆れはてる。人間の社会というよりか、これではまさに牛豚の社会の出来ごとにふさわしい。

　われわれの血の税金をしぼりとって、出来ているお役所である。その中でどんなこと〔が〕行われているか知らされもせず、人間の生きてゆく権利をストップする重大な問題の真実さえわれわれに発表できぬとは、甚だ合点のいかぬすじ合いである。何故なら、われわれは役所の紙ぎれ一枚にも発言権があるはずだから。此の頃の政治は一から十までわれわれの生命をすりへらしてゆく方向にのみばく進する。つぎつぎに出てくる、人間には必要のないお化けのような悪法、悪条例、私にとっては、生活苦をなめなめ生き抜いた去年の正月に、かてて加えての今年の正月は、人間破壊の正月である。われわれがメリケン粉やカンヅメ《ママ》砂糖をナメナメ甘ったるい気持になっている間に、気がついてみたら、いつの間にやら『人間動物園』につながれていたと言う悲劇が到来せぬと、誰れが保証してくれよう。人間だから誰れでも動物園は嫌であろう。私も人間だから、人間らしい社会に住みたい。それにはわれわれは、人間としての権利！　人間としての自由！　人間の保持する尊厳を侵犯じゅうりんする一切の法律、条例、政治と死を賭しても闘い、これを打ち砕いてゆく、正義と勇気と信念を持たねば、いやでも動物園ゆきになってしまう。

　私は今年の正月にこのように考える。一休和尚は冥途の旅の一里塚と言ったが、一つ一つ人間権利を剥奪されてゆくわれわれ日本人は、

正月や動物園への一里塚

と詠嘆すべきか。笑いごとではない。

（日本女子勤労連盟委員長）

（『働く婦人』一九五〇年一月号）

一九五〇年と働く婦人

一九五〇年は二十世紀の頂点である。

この二十世紀の前半の五十年間に世界人類の上には二つの大きな戦争が繰り返された。それも非常に惨酷で悲惨な戦争が数年前に終わったばかりである。そしてその後に明るいたのしい平和がもたらされたかというと、そうではない。

第二次世界大戦が終わったすぐあとからいわゆる「冷たい戦争」がはじまって、世界の人びとはまた戦争が起こるのではないかと不安と焦燥におののきおびえている。今度の大戦だけでも数百万の人びとを戦場で直接殺している。日本ではたった一瞬で広島でも長崎でも幾万人が死んでいる。

こうして無数に殺された人びとの中にシャカやキリストやニーチェやマルクスやレーニンなど偉大な人間の芽生えが含まれていなかったと誰が保証できよう。もしそうだとしたらなんと人類は不幸なことであろう。そればかりではない。戦争はわれわれ人類の幾千年もかかって築き上げて来た尊い文化を破壊してしまう。そして都市を焼爆して焼野が原と化し、人びとは住むに家なく、着るに衣がない。その上、飢餓と疾病は必ずつきまとう。なによりも悲惨なのは肉親をむざんに引きはなし奪ってゆくことである。

こうして戦争のもたらす悲劇は計り知れない。これは、現にわれわれが毎日毎日身をもって苦しんでいることである。そしてその苦痛を骨のずいまでなめつくしているはずの日本人が「平和への道」である講和問題に対して、国をあげて熱心に考えないうらみがないと言えるであろうか。あの世界の人びとが等しくみとめる原子爆弾の惨虐な威力の体験者は日本人だけである。

今度、戦争が起こったら米ソの所持する原子爆弾はどんなに人類を苦痛と不幸のどん底にたたき込むことか、想像するだけでも胸がうずく。

去年から対日講和についてボツボツ海外ニュースが入り、新聞ラジオを通じてわれわれをしげきしている。昨年末からはことに活発にニュースが入っている。

ある人は日本は無条件降伏をしたのだから、何も言えない。と言うけれども、それは皮相的で無責任極まるものの考え方である。対日講和は、ただ日本だけが平和になり、よくなるというようなものではない。この講和は世界の平和へ通じているということを十二分に認識しなければならない。そして海外からのニュースを十分注意して検討し、それに対して意見や希望を述べるということは当然なことで、またこれこそ日本人の正しい義務でもあろう。

どんなニュースが入ろうが、見ざる・言わざる・聞かざる式に「あなた任せ」で日本人のすべてが無関心でいたとしたら、どうであろう。かえって諸外国は、一体日本人は黙りこくって何を心中にたくらんでいるか知れない、と誤解をまねくことにもなろう。

講和問題の内容如何は日本民族の死活を決定する重大問題であることを考え合わせるとき、決して「あなた任せ」であるべきではない。日本の諸事情を一番よく知っているものは日本人である。そのわれわれが、いろいろの希望をのべてこれを輿論として提供することは、むしろ忠実な誠意ではなかろうか。

さて、講和問題と言っても、㈠講和の方式、㈡講和の内容、㈢安全保障などがあげられるが、方式にも、全面講和(一)と単独講和(二)が問題になっているし、その他にも詳しく分別すれば、部分的全面講和や国別講和などもある。講和の内容についても、領土、軍事、政治、経済、監視、撤収等々の条項があげられるが、目下新聞雑誌などで大きく取り上げられているのは、主として全面講和か単独講和かの講和方式が問題になっている。

もちろん、全面講和を誰でも希望している。単独講和をかりにある特定国と結ぶとなると、米ソの対立のはげしい国際状勢下では、どっちかの陣営に日本がつくという結果になる。そうなれば、われわれ日本人はある国とはいつまでも戦争状態のままに置かれ、敵としての扱いをうけることになる。これでは不安でやりきれない。また日本の経済自立の上から言っても中国貿易を除外してはなり立たない。これはアチソン米国務長官の米極東政策の表明（一月十四日「朝日新聞」掲載）の中にもうたわれている。

単独講和の次に全面講和の道がひらかれるという考え方は浅薄で、むしろ単独講和をすれば日本はまた戦争にまき込まれる心配が濃い。戦争は絶対にわれわれ日本人はこんどこそ生命がけで反対しなければならない。

次に日本に軍事基地を置くということが重要な問題になっている。これは新憲法からいってもあきらかに違反であるばかりではなく、平和国家建設のために一兵さえなくした日本人が、陸海空いかなる軍事施設でもおくべきでない。「平和問題懇話会」では、安倍能成、大内兵衛、天野貞祐、武田清子、田中耕太郎、和辻哲郎らの諸氏五十余名の学者たちが参加して次のことを声明した。

一、日本の経済的自立は単独講和によって達成されない。
一、講和後の保障については中立不可侵を願い、あわせて国際連合への加入を欲す。
一、理由の如何によらず、いかなる国に対しても軍事基地を与えることには絶対反対する。

これは当然のことで、これこそ全日本の輿論としなければならない。

戦争で一番被害をこうむった者は国民の大半を占めるわれわれ働く大衆である。講和条約を締結する日本の政治体制がわれわれ働く者の利益と幸福に味方し、われわれの意志を代表した内閣でなければならないことはいうまでもない。現政府は国民の絶対多数の信頼をうけて成立した政府であるというけれども、いまはふだんと違って国内国外の諸状勢が急テンポで変化している。一年前の状態とはすでに変わっている。それに大切な日本民族の将来の死活を決定する講和条約の締結にあたって、すでに古い国民の意志表示はなんの役にも立たない。

戦争は働く階級に最大のギセイを要求する。

一九五〇年の日本の働く婦人が、講和問題について切実に考えることは当然で、この問題が職場でも寄宿舎でも重要な話題となり、研究会や討論会などで活発に討議研究されることを私は働く日本の婦人に切望してやまない。

一九五〇年の働く婦人の最大関心事は、講和問題をおいて外にない。

（一九五〇年一月一六日記）

編注

(一)全面講和……ソ連を中心とした東側諸国を含めて、すべての対戦国と講和条約を結ぶこと。
(二)単独講和……アメリカを中心とする西側諸国とのみ講和条約を結ぶこと。

国際婦人デー雑感（一）

三月八日の「国際婦人デー」が近づいた。去年はこの日について左右の陣営から、それぞれの勝手な主張が打ち出されて、日本婦人はどちらがより真実かその帰趨に迷った。

左はこの日の発祥がアメリカにあるとし、反ソ的婦人をも糾合しようとつとめ、右はアメリカとはなんの関係もないばかりか、共産主義者のもつ行事だと左を攻撃した。

なおその上に幸か不幸か四月十日の「婦人の日」がからまって、この二つの行事をますます左右に対立させてしまった。大体四月十日の日本の婦人の日のような性質の行事がアメリカをはじめ世界各国の一国にでも存在するか否か、資料にとぼしい私は確実に知るよしもないが、恐らく存在しないという方がより確かではあるまいか。

「国際婦人デー」の歴史は、現在のように米ソ対立の全くない遠い遠い以前、一九一〇年（ロシア革命前七年）からすでに存在していたし、日本でも一九一九年（大正八年）に早くも進歩的な婦人たちによって、この行事がもたれている。終戦後、社会主義を信奉する世界の人びとや婦人団体（例えば「国際民主婦人連盟」、「日本民主婦人協議会」、「婦人民主クラブ」）がいち早くこの日と密接に結びつき、強力な運動を展開してきたことは事実であるが、何も、もともと共産主義陣営のみから生まれたものでもなく、また彼らの専売特許的な独占物でもない。

「国際婦人デー」の落とし児的素性せんさくはさておいて、ひるがえってわれわれ日本婦人の現在おかれている位置、境遇、いいかえれば現下の世界情勢下にある日本婦人の運動ということを考えるとき、われわれは単に日本婦人のみがもつ、解放、独立、自由、平和等々の運動がさほどの権威も力も持つものでなく、昨年四月十日の婦人の日大会のスローガンにも採択されたごとく「世界の婦人と手を握って」の運動こそ世界の平和も、民族の解放も、自由も平等への道も偉大な力を発揮できることを深く考慮しなければならない。

ことに二十世紀の前半、たった五十年に二つの悲惨な戦争がわれわれ人類の上に血みどろにくり返され、いままた、次の戦争に世界人類が不安におびえているという事実を考えるとき、少しでも「平和へ通じる道」なれば左右いかなる手段をも選ばずわれわれは世界の婦人と手を結んで強力な運動を推進してゆくべきであろう。

原子爆弾の惨虐は世界の人びとの等しく認めるところ、ましてや日本のわれわれはその悲惨な体験者として、いまだわれわれの血肉の中に生ま生ましく記憶されている。来るべき戦争はより一層に惨酷で苦痛を伴うものであろう。

われわれはあらゆる機会を積極的に把えて、「戦争を防止」し、「平和への道」を確立してゆかねばならない。そのために、単なるナワバリ争いや、婦人のチッポケな感情に把われず、イデオロギーの観念論に遊戯したり、事の枝葉末節に拘泥して大切な本質的目的を忘却じゅうりんしてはならない。

まことに拙劣な例をあげるならば、産児の生命の危急に際し、その親がこれを救助する者の人物評論やせんさくをするであろうか。それほどに、われわれは戦争については、緊急重大な世界状勢の真っ只中に生きている。この現実の恐ろしい事実を無視してはならない。

世界平和のために、「戦争絶対反対」のスローガンのもとに世界の婦人たちと手を結ぶに、むしろ戦争の苦痛をなめつくした全日本の婦人が、いまこそ強力に一致して世界に比類ない平和憲法に則って、その指導性を確立するまでに成長し、発展することはできないものか。

戦争の火ぶたが切られたあとに、われわれは後悔しても、もう遅い。

（一九五〇年一月一六日記）

編注

（一）国際婦人デー……「婦人運動について」の「国際婦人デー」の項目および編注（五〇）参照。

一つのメーデーのもとに

アメリカの「婦人有権者連盟(一)」の支部長会議で、北大西洋条約(二)について賛否の投票を行ったとき、賛否相半ばしたといいます。北大西洋条約(三)にさえアメリカのこの婦人たちの半数は反対意見で、その理由を、「このような条約を結ぶことはアメリカを戦争に近づけることである」と言っております。

今年の婦人の日大会にYWCA(四)の武田清子氏(五)は平和の問題で提案理由の説明に立って、「日本に来たアメリカの陸、海、空軍の最高指揮官に日本の政党のある指導者が、日本の世論だとして日本がアメリカの軍事基地になることに賛意を表したというタイムス記事に対して、アメリカのある雑誌の論説が、大部分の日本人が軍事基地になることを望んでいるなどとは信じられない。なぜなら極東に戦争が起こったら日本は最初の爆撃目標になるからだ。われわれは日本国民が自国の軍事基地化を望んでいるなど絶対に信じられない。」このようなアメリカの雑誌の論説を引用して、武田女史は、「日本の政治家も国民も所謂、イエス・マンになりすぎていないか！」と鋭く叫びました。また、穏健な地域婦人団体の代表も提案の第一声に、「毎日、私たちの頭上にひびく爆音よ、平和のためならよいが、またあの悲惨な戦争へ伸ばす翼であるなら、もう絶対に日本の空は飛んでくれるな。戦争は絶対いやです」と真剣に訴えました。

こうして、われわれ日本の婦人の一人ひとりは誰でも平和を熱望し、戦争の匂いや足音におののいています。この右も左もない全日本の婦人の共通の痛々しい願望があったればこそ、一方にイエス・マン的な分裂を希望する一、二の団体の邪魔があったとしても遂に婦人の日大会は盛大に決行されたのです。

今年のメーデーが分裂の危機に直面したとき、われわれは非常な驚愕と悲痛と、それにも増してある憤激さえ覚えました。遠くアメリカに発祥したこのメーデーが働く者の清らかな祭典として、今では全世界あげて地球のすみずみで幾千万の労働者が時を同じくしてこの日一日を期して、世界の全人類の幸福のために闘い結び合って、オリンピックの聖火のように消えることなく、今日まで労働者の素晴らしい団結と偉大な力でうけ継がれて来たのです。

いつの時代にも権力にこびる分裂主義者はつきものです。今年のメーデーに一部の幹部連中の分裂主義や策動に対して、断固として組合員の下からもり上がった大きい力が遂に統一メーデー以外の道を許さなかったのは、われわれ素直に物を考える働く大衆から見れば当然のことであります。

戦争を憎悪する労働者の一人ひとりの平和への熱望を凝結させて、今年のメーデーの花とすることが一九五〇年のメーデーの最大意義であることは言うまでもありません。

（日本女子勤労連盟委員長）

（「婦人民主新聞」一九五〇年四月二九日）

編注

(一)アメリカの「婦人有権者連盟」……一九二〇年、アメリカ合衆国における女性参政権獲得後に、女性の政治システムへの統合を目的として、「全国アメリカ女性参政権協会」（NAWSA）の後をつぐものとして公式に組織された団体。厳格な無党派路線をとっているが、この連盟によって訓練され、あるいは刺激を受けて被選挙職に挑戦した女性も多い。

(二)北大西洋条約……一九四八年四月、ワシントンで米・英・仏・伊・ベルギー・オランダ・ルクセンブルク・カナダ・ノルウェー・デンマーク・アイスランド・ポルトガルの一二カ国が調印した軍事同盟。のちトルコ・ギリシア・西ドイツ・スペインが加盟、四九年、この条約に基づいて北大西洋条約機構（NATO）が結成された。

(三)YWCA……キリスト教女子青年会。公益社団法人日本YWCA。

(四)武田清子……一九一七年兵庫県生。思想史学者、国際基督教大学名誉教授。米国オリヴェット大学卒。コロンビア大学に学びユニオン神学校大学院修了。近代日本のキリスト教徒らを研究した。日米開戦時に交換船で帰国した知識人、いわゆる船底の四人の一人であり、鶴見俊輔の始めた思想の科学研究会の最初の七人のメンバーの一人でもある。「九条科学者の会」の呼びかけ人を務めている。

メーデーと憲法祭

青葉若葉のさわやかな五月、同じ月の一日と三日に、わずか四十八時間の時をへだてて二十一回の労働者の祭典であるメーデーと日本国憲法を祝する祭典が場所も同じ人民広場で挙行された。

メーデーには主催者側の予想を遥かに裏切ること十万を越えて六十万の男女労働者、市民が参集した。高らかに青空にへんぽんとひるがえる三本の赤旗はわれわれ世界の全人民の未来を叫ぶように大空に輝き、次々と演壇に立つ弁士の口からほとばしる叫びは六十万の大衆のどよめきの共感に松樹にこだました。延々長蛇と続く行進は東西南北中央と五隊に分列して一糸みだれぬ隊伍の中に、はちきれる意欲と情熱でたくましい人民の歌がひっきりなしにうたいつづけられた。まことに日本歴史はじまって以来の偉大なる自由の祭であった。

翌々日の憲法祭典を見れば僅々一万余の人間があの広々とした人民広場の一角にチョッピリと黒点を印しただけで、まことに、さむざむと若い五月の季節には似てもつかない不恰好さである。それに集まる人間たちのなんと生気を失った、つや消し人間たちよ。希望も情熱も、意気もなく、およそ非文学的ロボットの集合。

われわれは、この二つの祭典を通して単なる動員数の多寡を論じているのではない。被占領国としての、日本人民が、いかにこの二つの祭典を通して、日本政治への無言の意志表示をたたきつけたかということである。大衆の意志はもはや自由党の内外に渉る政策に対し徹底的不満を抱いていることを物語っている。

(『女子勤労』一四号　一九五〇年五月)

ふくろだ（未完）

このみちは戦時中に一度ふんだ線路であるが戦時のこととて、再度のような印象はみじんもない。戦時中に日立製作工場で誠実な未亡人が寄宿舎で、田舎から動員された娘たちの世話をしていた。便所の汲み取りまでその舎母の未亡人がしていたことをいま思い出す。労働力の極端にひっ迫した当時のこととて糞尿取りなど専門に存在するなど思いもよらないこと。

上野を発って汽車が千葉から茨城に渡り、利根川を過ぎると急にけやきの喬木が多くなり美しい樹林が沿線に並行して汽車とともに走る。言葉のききとりにくい小母さんが水戸弁で、あれがさくら炭になるのだとおしえてくれる。ついでに洋服屋の使うすみはボウロウといって細く硬くて、あれは長野地方に出るのだともおまけして説明する。親切である。

向こう側に対坐して腰かけている丸刈り頭の労働者風の素朴な田舎男は、鶴見のある工場で野球場を作るために砂利をトラックで運搬していたが山崩れにトラックもろとも下じきとなって背骨も肋骨もやられ、半月も入院していたが、未だ十分いえず、胸一面はホータイだとつらそうに語る。入院中の治療費の領収書をドロドロによごれ破れた上衣のポケットから取り出して四千五百円では完全に治らんよ。とこれからの長い時間を暗然と思う様子は気の毒だ。働かんでも毎日二百五十円は貰うけれどやっぱり働いている方がよっぽど楽よ。そうだとも。家にこれでは仕送りもできンし、ホラこうして立ち上がるにもこの通り、便所へゆくにしても大儀だしと、右手を腰掛けの背にかけ、左手を窓に突っかけてコーモリがハネをひらいたようなカッコウでしぶい痛い顔でしずかにそろりそろりと立ち上がる様子をして、また腰を重く下ろす。下宿に居ると一日三百円もとられるし、界隈がパンパンの巣で夜おそくまでドンチャン騒ぐので気がめいる。それよりか田舎へ帰っていまは百姓の忙しいときだから、じっと坐っていても留守番にはなる。薬をつけるときは、キズにしみ込んでどうにも痛くてやりきれんヨ、ほんとうに。丸いジャガ芋のような顔をしかめてみせる。

入院中の領収書に三十歳と書いてある。それにしてはこの労働者は老けてみえるが、このように痛々しい生活を明るく語れるところを見ればやはり三十歳の年齢か。この中に何が入っているかと思われるほど軽いよれたリュックサックをヨッコラショッと肩にのせて土浦で下車した。これからまだ筑波線に乗るのだと言葉を残して愛きょうよく「ごめんなさいヨ」と挨拶をすると人〔が〕好さそうにニッコリ笑った。

外面《そとも》の景色や車内の人情や世間話に気をとられているときは気もつかなかったが、負傷した男がいなくなって乗客がまばらにすいて汽車に速力が出ると、ギシリ、ギギギイと鳴る車体の音が急に耳につきだした。どうも気色が悪くて神経にこたえる。それにボロボロに腐朽したこの老車体はいまにもしっ走中に分解するのではないかと心配になる。板を張った窓は汚く、南京袋の布地の腰掛けからはスプリングの金属がワラビのように頭をつき出し、天井はうす黒くすすけて暗い。同じ料金で東海道線と較べて何と天地の相違だろう。この地方の人たちがその苦情を持ち出さないのが不思議だ。団結の力と市民的な組織性と大衆の発言の脆弱さへの何とない果敢なさを覚える。

この地方の人たちはこの「分解車体」に慣れていると見えて、たのしそうに、一組一組をつくって談笑している。言葉は十分わからないが、参議院選挙、それに関連した地方税、講和問題、未復員者のこと、さては、自由党攻撃に移り、こんどこそはだまされんぞッ。と先の選挙に一票を入れたであろうか、ひどく力んで罵倒するが、少しお酒が廻っているらしい。見かけたところは三十にとどくかと思われる元気な婦人が警察をののしりながら凄い気えんをまきちらしている。どうも米の闇屋さんらしい。都会から田舎へ用達しにゆく二、三の人をのぞいては、ほとんど茨城・福島の人たちであろう。貧しいが諧ぎゃくで、土くさく素朴で、単純で美しい。都会の知的な悪さがないかわりに田舎の愚鈍さの中にかくされた汚れない力がまだ吹き出ぬ泉のように彼らのどこかに宿っている。瞬間、私の頭を革命の字が通りすぎる。時は地下水の如く静かに、それでいて岩根も砕き休止することなく動いている。そしてこの地下水は地表にいつなんどき自己の力を噴出することか。スペインの暴政にうめくフランドルの貧しい画家ブリューゲルの画面に出て来そうなこの車内の風景よ。

私は愉しい心で、ああ未知のきょうだいよ。と心中に叫ぶ。汽車はギギギと鳴りつづける。どうぞ目的地まで分解飛散せぬようにと心《しん》から考える。

東京を発つときはうす曇りであったが、途中から小雨になったり晴れたりする天気、遥か向こうの山々は雨をかぶって暗くしぶけている。袋田駅についた頃は烈しい小雨に駅の中に走り込む。はじめて着く旅の駅にしては旅情が湧かぬ。詩のない村かも知れぬと思うとちょっとためらう心になる。駅前に待つバスに詰め込まれた荷物のように乗る。旅館の門前で止まってくれたのはうれしい。思ったより広い門内の庭は白い砂利に光っている。玄関での印象は婦人客を迎えるにしては先ずよろしいというところ。

山の麓にあるこの宿は静かであるが、ちょうど、茨城地区の労働組合大会が開催されていて、各室に組合名のビラがブラ下がり活気づいている。婦人代表が見当たらぬのはどうしたことであろう。湯につかっての帰りに廊下にはり出した「茨城県教員組合、首切教員資金カンパ」のビラにシャツ、歯ブラシ、メンソレータム、ナイフ、シャンプー、などと共に避妊薬が二三あったのは時代であるし、戦後の社会の一つの相を物語っている。室に戻り、早速、女中を介してそこばくの金のカンパを申し入れたが、すでに帰ったあとのこと。残念な心がしきりに湧く。

ぬかを落としているような重い小雨であるが、雨音の高く繁《ママ》るのは樹木の多いためであろう。二本の柿の老樹が硬い青い花をつけている。秋もみじの季節はさぞかし美しかろう。二階からの広い庭の眺望は深くてよいが、奈良でみるような紅い木の灯籠はちょっとおかしく、この風景に不自然である。庭に沿って流れる滝川の谷の流れの音が川幅以上に大きくきこえる。夜が深くなればいよいよ水音がさえることだろう。雨雲が近く走り、緑が深く雲の中に混合して、きき慣れぬ小鳥の鳴き声がチチチと静かな自然の伴奏をする。雨と小川と風声と小鳥はこの深みどりの自然と一つに抱き合ってシンフォニーを創っている。満開のつつじとぼたんはビロードの芝生の観客席に陣取った貴婦人のようにしずかにじっと動かない。淡い夜が樹木をねむらして更けてゆく。三更（一）の山々は哲人の沈黙を深く守って外に語るを止める。夜の海が芸術家であるのとよい対照である。

小雨の晴れた翌日、この村の名勝である四度の滝を訪れる。田舎道の両側の田圃《たんぼ》は六月の田植をまぢかにひかえての耕作に忙しい。五十を過ぎた老婦が照りつける五月の太陽の下、鍬《くわ》を手に畦作りに余念ない。小みぞには田ぜりが一面に繁茂している。喰べられるのですか。ときくと、喰えないことはないが、道端で汚いでネと返事する。都会に住む人間にとってはちょっと参ったという感じ。いかにわれわれが食料にこと欠いていることか。老婦は言葉をついで肥料が高くてやりきれないと、つづった野良着の袖で汗をふく。

並木路に桜の若木を植えて、観光地としての体裁を調えようと立札などにも心をこめている。素晴らしく樹姿の美しいなめらかな木はただの大木が四方に枝を張って、丸いサナダ紐を幾本もブラ下げている。青いヒモと見えるのは雄花、雄花の上に真紅の雌花が三つ四つ咲いている。これが例のクルミの木と知って、チャイコフスキーの「クルミ割り人形」、さては童話や昔みたなつかしい映画の印象などを連想する。クルミの木か花かとしばらく懐かしい心で樹下に旅想をとどめる。

弘法大師が四たび足を運んだという四度の滝は、左右の新緑にはさまれた渓谷の中に突如として溝幅一杯に私の眼につき当たる。美しい幾百幾千の水線条が立ちけむる水煙の中に優雅である。鉄条に寄りながら上に登るにつれて二段三段と四階に作られたこの滝は、各々の岩面に水条を刻んで久しい歳月のあとを偲ばせている。

周囲の樹木も美しく清らかである。サンショウの葉に似たさいかち、かや、かし、樹齢百年に近い雄大なけやきの老木は二葉の初湯《うぶゆ》この方四度の滝の古い親しい友であろう。

滝を離れた山腹の簡素に古い茶屋のばあさんは、ペイ、ペイ、と啼くのは山がらでナ、小さい可愛い鳥ですがナ。と問いにこたえる。若く見えるが、もう七十近い前歯の抜けたこの老婆は、かれた手で茶をつぎながら親切にこの滝にまつわる物語をボツリボツリと話してゆく。

戦争が終わって小さい日本が一層に小さい四つの島国にかぎられて、手の届きそうなせまい日本を考えたが、今はヒョイと滝つぼを見ていたら、下からいかにも親しそうに話しかけてくる若い女性にバツを合わして返事をしていると、どうも様子がおかしいので、たずねると、私鉄労組婦人の代表として東京から来たと言って私と同じ宿に泊まっている。私を東京で知っている人であった。こんな田舎に来てまで知人に会うかと考える。

その夜私は原稿をおそくまで書いたが、久しぶりによく眠った。翌日宿の女中さんのすすめで観音堂へ行ってみる。バスを一時間余も待つ。汽車が延着したそうである。不思議な心でそれをきく。延着ということを忘れていたが、地方では未だ汽車が一時間も延着しているかと思うとまだまだ日本の復興など幹線的な表面ばかりであろうと考えたりする。その証拠には毎日一家心中や自殺が後をたたないことでも証明される。

観音堂はクルミ、杉、桜、など茂った月居山の峠にある。


（一九五〇年五月一一日）

編注

（一）三更……五更の一。今の午後一一時から午前一時頃。子《ね》の刻に当たる。

山川菊栄さん（一）の転落

これを書くまえに一寸ことわっておきたいことは、私がこのようなことをいえるようになったのも一つに山川菊栄氏のおかげであるということである。それは私ひとりにかぎらず、およそ私たちの年齢で少しでも進歩的な思想をもっている婦人は、多かれ少なかれ当時の山川菊栄氏夫妻の思想に影響を受けていないものはなかろう。ことに私は山川氏夫妻の思想、運動、評論等には早くから、かなりの熱心さで傾倒したものである。

今から二十年ほどもまえに、こんな原稿をあの山川菊栄氏にむかって書かねばならぬとは、私自身ゆめ考えなかったことである。

昨年の国際婦人デーの翌日、すなわち三月九日に、商業新聞が証文の出しおくれのように掲載した、ウィード女史のセイメイ（二）いご、わが山川婦人少年局長もようやく共産党にたいして積極性をおびるようになり、自主的な行動をする民間婦人団体にたいして、自主性をうしなった反動的行動をとるようになった。

たとえば八月十五日の婦団協（三）主催の（自由党婦人部さえイギなく共同した）平和大会に、山川氏は日本女子勤労連盟に人をよせて、共産党との共同主催を中止するように申しいれた。

今年の婦人の日大会にも、例によって民婦連（四）から山川氏の意志とおもわれる申しいれが書面で新日本婦人同盟にとどき、そのなかでも噴飯ものは同盟提唱の平和行進を、軽率にも共産党の発案だからと注意をうながしてくるなど、同盟委員会のものわらいとなったほどである。

このように最近の山川菊栄氏はことごとに反共の権化のように行動しているが、そのむかし山川氏が中心となってできた「赤瀾会《せきらんかい》」は、堺真柄（五）、仲曾根貞代（六）、久津見房子（七）氏らによって大正十年四月組織されたのである。この「赤瀾会」の綱領にはつぎのようなことがかいてある。

「私たちは私たちの兄弟姉妹を窮乏と無知とれい属とに沈リンせしめたる一切の圧迫にたいして断固として宣戦を布告するものであります。」

貧しいきょうだいたちのためにダンコとして宣戦を布告した赤瀾会は、大々的な活動を計画して、さっそく同年の五月メーデーにはなばなしく参加したものである。

それより前、大正八年に平塚雷鳥《ママ》氏を中心として、市川房枝、奥むめお氏らによって「新婦人協会」が運動をおこすに及んで、山川氏は当時の雑誌「太陽」誌上で次のような攻撃を辛らつきわまりない言葉でたたきつけている。

「――われわれは資本主義の下においては婦人労働者の悲惨はぜったいに緩和せられる方法がないと信じている。資本主義の〇〇のみが労働婦人をすくう唯一の道である以上、さらぬだに微弱な労働者婦人の力を労して益なき議会運動、労働条件改善の運動に浪費することの大なる罪悪たるを信じてうたがわぬ」

一方、赤瀾会の同志にたいしては男女のてっていした無差別を要求し、女なるがゆえの一切の特別性を無視して、

「労農ロシアでは女子も男子と同じく諸般の社会的活動はもとより、軍務にまでふくしているけれども、女子が男子に伍してたたかうということは、なに人もとくに称揚せず問題にすることもないほど平凡な当然のこととなっている」

と、日本革命婦人の社会活動のあり方を、山川菊栄氏はソ連にならわんとしている。

いまは労働省の、こともあろうに婦人少年局で客観的権力のヒゴの下に、ながれる水をせきとめるような時代おくれな考えで、てっていした感情的反共の旗をおしたて、おくれた婦人団体の啓もうをよそに、うしろしか見ることのできない蛙に彼女らを仕立てようとする山川菊栄局長の過去にも、以上のようなねつれつ果敢な運動の歴史のあったことは、今にしておもえば御本人にとり、メイヨであろうか、はたまたフメイヨであることか。山川氏自身のご感想をセツに拝ちょうしたいものである。

（『働く婦人』一九五〇年六月号）

編注

（一）山川菊栄……「私のかかわった戦後初期の婦人運動」編注（一四）参照。

（二）ウィード女史のセイメイ……一九四九年三月八日、GHQのウィード中尉は「共産党の宣伝にのらず四・一〇を祝え」と声明した。「私のかかわった戦後初期の婦人運動」編注（二九）参照。

（三）婦団協……婦人団体協議会。「私のかかわった戦後初期の婦人運動」編注（三七）参照。以下民婦連（民主婦人

連盟）以外の婦人団体については同編注のそれぞれの項目参照。

(四)民婦連……民主婦人連盟。山川菊栄が神近市子とともに一九四七年に設立した社会党系の婦人団体。

(五)堺真柄《まがら》……(近藤真柄)一九〇三年東京市生。社会主義者、女性運動家。堺利彦の娘。高等女学校卒業後、出版社に勤務。二一年久津見房子らと「赤瀾会」を結成。メーデーのデモに女性として初めて参加し、検束・拘留される。翌年国際婦人デーを記念して山川菊栄と「八日会《ようかかい》」を結成。日本共産党にも入党。高瀬清と結婚。二五年政治研究会婦人部の結成と共に参加。二八年山川菊栄らと「無産婦人研究会」を結成、無産女性戦線の統一を志向。翌年「無産婦人同盟」を結成、婦選運動との共闘を促した。三二年社会大衆婦人同盟の役員となる。高瀬と離婚後、近藤憲二と再婚。戦後は「日本婦人有権者同盟」に所属し、七一～七四年会長となる。八三年没。

(六)仲曾根貞代……一八九五年熊本県生。旧姓緒方サダヨ。女性活動家。小学校五年のとき父の転職で沖縄に移り住む。花嫁修業に反発し小学校教師になるが、教え子たちが遊郭や漁村に身売りされる現実を目の当たりにして社会に疑問を抱く。沖縄を貧しさから救いたいと意気投合した同僚の仲曾根源和《げんわ》と結婚、二年後上京。夫は堺利彦の元へ、貞代は堺真柄とともに「赤瀾会」を結成。女性初のメーデー参加など運動に身を投じ、軍隊赤化事件の連座者として逮捕・投獄される。二九年離婚、その後消息を絶つが、源和の死去を報道で知り、五〇年目に熊本の老人ホームでの存命を明らかにする。八一年没。

(七)久津見《くつみ》房子……一八九〇年岡山県生。社会運動家、社会主義者。女学校在学中に山川均と知り合う。家出し上京して景山（福田）英子宅で『世界婦人』の編集を手伝う。二三歳で結婚し二児をもうけたが離婚。一九二一年、堺真柄らと「赤瀾会」を結成。大阪に移り三田村四郎と同棲、左派労働組合運動、産児調節運動に携わる。まもなく非合法共産党に入党、北海道でオルグ中の二八年に検挙された（三・一五事件）。女性初の治安維持法適用を受けたが拷問にもかかわらず非転向を貫き、三三年札幌刑務所を満期出獄。三田村ら獄中転向組の支援活動をする。のちゾルゲ事件の諜報活動に参加し、四一年逮捕、投獄。敗戦後釈放された。戦後は日本共産党からの復党の誘いを断わり、運動に距離を置いた。八〇年没。

混とんたる婦人界

——婦団協〃休会〃あとの課題

昨年五月発足いらい、とかくイザコザはありながら婦人の統一戦線という大きな役割をにない、今日まで活動してきた婦人団体協議会もことし四月十日の婦人の日大会に違約問ダイをおこしたのがキッカケとなってその存続論が表面化し、討議を重ねていたが、さる五日午後五時からＹＷＣＡ本部で二十三団体がまたもや対立、ついに意見の一致をみず「戦争はイヤです」の共同声明を出して無期限に休会ということにきまった、その一致点である「戦争はイヤです」の平和運動はこんご各団体のそれぞれの活動にまかされることになった。

〃解散のための解散〃、平和大会はぜひやる

存続論の女子勤（労連盟）委員長　浜田糸衛さん

婦団協がつぶれたのは具体的に各団体の意見がくいちがったわけではなくつぶそうという大きな力が働いていい

た、自由党の某婦人などは共産党のフラク活動が盛んになるから婦団協もつぶさねばならんといったそうだけしからんと思いますね、党利党略でつぶれ《ママ》そうなんて解散のための解散だもの、共産党とやっていけないっていう自由党と、自由党とやっていけないっていう社会党が解散で一致したんだからおかしい。結局あの人たちは戦争で本当に苦しむ勤労者と血が通ってないということでしょう、日本女子勤労連盟としては、これから平和署名やほんとに平和をのぞんでいるＹＷＣＡ、新日本婦人同盟、クラブなどといっしょになって平和大会もぜひやりたい。

平塚さんらの声明も大いに支持し、平和□□□の三つの条件を基本に進むつもり、女子勤の紡績工場に働いている人から「平和を守ろう」というだけで班長に監視され首が危いと訴えてきている、それを思うと叫ばずにいられない。

（「婦人民主新聞」一九五〇年七月一五日号）

このムチは団結の力で

K青年は希望もよろこびも楽しい夢も消え失せたこの地獄のような生活から逃避するために、一種の自殺の方法として戦争を選んでいます。恐ろしいことです。生活に打ちひしがれて虚無的になり自暴自棄的なこうした考えの青年が多いとしたら、何という日本の世代にとっての悲劇でしょうか。しかし私は自分の周囲を知っているのでそうとばかり考えておりません。

もちろんいまの日本はK青年の言う通り事実不幸な矛盾した悪い政治のもとに国民の多くの人びとが貧しい生活に呻吟《しんぎん》しています。しかし、そのために戦争をのぞみ自分だけの苦しみを死ぬることで解決するということは、自分と同じようにしいたげられ苦しく生きている気の毒な日本の働く大衆は一体どうなることでしょうか。戦争がまた起きることによって、この上の不幸な苦痛な生活が私たち国民大衆の上にますます重くのしかかってくることを、つまり悲惨なK青年一家を一層多くこの日本につくることをK青年は知っているでしょうか。

国民はK青年に「よろこんで死んでもらう」ことなど希んでいません。働く人びとの幸福を犠牲にする悪魔である戦争に反対して、平和のために苦しくとも生き抜いて闘ってくれることこそ熱望しています。

事実、軍隊と何の変わりもない警察予備隊(一)に日本の青年が一人も入隊しないということになったら、それほどの運動が全日本の青年の間にホーハイとまき起こったなら、どうでしょうか。それこそ、人殺しに消費されるこのボウ大な予算は農村の窮乏を救うことができるでしょう。そして戦争におびえている日本人の生活は物心ともに明るく転換してゆくことでしょう。

それには日本人の一人ひとりが苦しい生活から逃げることではなく、一人が起ち上がるために一人が勇気づけ、五人、十人と多くの力を結集して、大きい力をつくり上げてゆくことです。私たちの力の結集が強力な運動となることによって必ず一つひとつの問題を解決し未来の明るい社会建設に偉大な力を発揮することを私たちは信じています。それはこの悲惨などん底生活から抜け出る唯一の道であります。一家心中の数が昨年の三倍になったと「朝日新聞」は報じていますが、自分だけのことを考えていては、また個人の力だけではこのむごたらしい心中の数を減少することはできません。

人民にあてられている苛酷なムチはへし折らないかぎり、永久に人民の頬を打ちつづけます。

（推定一九五〇年八月〜五二年一〇月）

編注

(一)警察予備隊……ポツダム政令により、国家地方警察および自治体警察力を補うため、一九五〇年に設けられた機関。五二年保安隊に改編、五四年に自衛隊となる。

輝く先輩につづけ

このごろでは巷に遊んでいる無心な子供たちまで戦争の恐怖に童心をいためている。半世紀に二度も悲惨な大戦の経験をもつわれわれが、戦争をにくみ平和を熱望するのは、人類の幸福をねがいもとめる人間のごく自然な欲求である。

にもかかわらず原爆の被害者である日本の婦人が、一部では平和運動に積極性をかいているのはどうしたことであろうか。それにはいろいろの理由もあろうが、平和を口にすることのむずかしい客観的情勢への気がねが被占領国民としての日本人全体の素直な意志の表現を不自然なものにしていることは事実である。けれども原子爆弾による「戦争か平和か」の人類存亡の重大岐路に立っているわれわれは、またここであいまいな意志表示や権力への泣き寝入りなど過去に犯した同じあやまちをふたたびくりかえすようでは、現在の不幸な境遇から絶対にぬけ出ることはできない。

だれでも「戦争もうコリゴリです」と口をそろえていう。「妻は夫を、母は息子を、今度こそは戦場へ送るまい。」と決心のホゾを固めなければならない。

瑞典《スウェーデン》の作家セルマ・ラゲルレフ女史（一）はいう。「私の舌が言葉を話しているかぎり、私の血汐が私の血管を流れているかぎり、私は平和のために働かなければならない。たとえ、そのために、私の生命と幸福を犠牲にしても」と。これこそ恐ろしい原爆の脅威にさらされている全世界の婦人の胸底にうずく悲痛な叫びとして私はこの言葉をきくのである。

ネール首相は「原子爆弾は悪の象徴だ」といったが、この悪魔にひとしい爆弾に愛する夫を息子を犠牲に供するか否かは、ただ考えるだけではどうにもならない。「考える葦」はその考えを今度こそ具体的に行動化しない限り戦争は容赦なく、われわれの愛する者を奪ってゆくであろう。エレン・ケイ（二）は戦場で死んでゆく多くの人々がいまわの際に、お母さん！　お母さん！　と呻く声を、「この母よ！　の叫びこそ彼等を戦争の恐怖から救ってやれなかった絶望の象徴のように私には思われる。彼等は何よりも母親に訴え、この世界を戦争の恐怖から救うものとして全婦人に呼びかけている」と述べている。

私は日本の婦人指導者たちが世界を戦争の生地獄と化することを防ぎ、平和のために全力をつくして「一切の婦人運動は平和運動を以て完結する」と喝破したエレン・ケイの至言を確実に実践することを切望する。戦争への道は憲法をじゅうりんし、「ビッコ的」講和条約を促進し、自由と人権を束縛する。われわれの明るい道は平和へ通じ戦争はわれわれを暗い墓穴へと案内する。

（一九五〇年一二月一六日「明るい道か暗い道か」のタイトルで記、「婦人民主新聞」一九五一年一月一日号）

編注

（一）セルマ・ラーゲルレーヴ女史……一八五八年生。郷土の伝説に基づいた『イェスタ・ベルリング物語』などにより、一九〇九年世界初の女性ノーベル賞作家となる。一四年アカデミーで最初の女性会員。第二次世界大戦の勃発に深く心を痛めつつ四〇年に世を去った。

（二）エレン・ケイ……「婦人運動について」編注（三九）参照。

再軍備反対婦人大会（挨拶）

みなさん！　お互いに生きて行くだけでも忙しい毎日を送っているとき、今日はようこそおいでくださいました。これは取りも直さず、皆さんたちの平和への熱意がいかに熾烈であるかという一つの表れでありまして、私たち主催側といたしましても非常に嬉しく思っております。

さて私どもがきょう、再軍備反対の婦人大会を持ちましたわけは、今更、くどくどと申し上げる必要もないかと存じます。

終戦以来、平和をおびやかす戦争の足音が日を経るにしたがって、荒々しく私たちの生活の周囲に迫って来ております。すぐお隣の朝鮮では二年この方、悲惨極まる戦争が、ますます深刻に繰り返され、いつ果てるとも分からない状態であります。そして祖国、日本は他国の軍隊によって海も陸も空も埋められているのであります。

こうした、特殊な内外の状態の下で、皆様も御承知の通り、日本は再軍備へ再軍備へと走っております。私たちは今こそ平和憲法のもとに、絶対に再軍備に反対しなければなりません。そうしない限り日本の皆様方の愛する御主人もお父さんもまた人的資源として育てたはずでない、可愛い可愛い息子さんも、あるいは将来の夢のかずかずをいだいて愛し合っている大切な恋人たちを、再び戦場の血の池におくり込むことになるのであります。

私たち婦団連準備会(一)では、このようなことを少しでも多くの皆様に知っていただき、かつは実践していただくために、今度の総選挙にあたりましても、このようなビラを十三万枚も印刷して都内にまいたのであります。

そして、今日、この集会をもった次第であります。本日は、神近、深尾、高良の諸先生がお忙しいところを御来会くださいまして、再軍備反対の問題につきまして十二分にお話しくださることと存じます。なお、お話の後では、皆様方からのよい御意見もいただくことになっております。

最後までどうぞ、御熱心にこの大会に御協力くださいますようおねがいいたします。

主催者側一同を代表いたしまして、ちょっと御挨拶申し上げました。

(婦人団体連合会準備会　再軍備反対婦人大会　虎ノ門共済会館講堂　一九五二年九月二三日)

編注

(一)婦団連準備会……一九五二年七月二七日、日比谷公会堂で開かれた高良とみ歓迎会(「私のかかわった戦後初期の婦人運動」編注三六参照)において婦人の統一組織が提唱され、一〇団体が参加して八月二日婦人団体連合会準備会が組織された。再軍備反対と平和憲法擁護をスローガンに、折からの衆議院総選挙に「再軍備に賛成する人には投票しません」のビラを流し、九月二三日虎ノ門共済会館で再軍備反対婦人大会を開催、関西主婦連合会でも再軍備・戦争反対を呼びかけた。この挨拶はその大会でなされた著者の挨拶である。

共同墓地

昔の同僚の女教師は頭が半分以上も白くなっていた。昔の思い出を惜しむように一つひとつたぐりながら、案内の道すじを急に途中で変更しては、ここの川では魚を釣りましたね、あすこ《ママ》の森ではギンナンを拾いましたよ、という工合に私の魂を二十歳まえの若さに引き戻そうと、どんな些細な思い出にも記憶を新しくして私を引っ張り廻した。

――先生、キンカンは酸いねエ。子供たちはニッコリ笑ってチュッとよだれを可愛いあごに垂らしていました。いまでも眼にみえます。まン丸い黒い二つの瞳をいたずらそうに輝かしていた、あの子供たちを！　二宮金次郎のお話をきかせたら、ボクも金次郎とオンナジ（ここで特に力を入れて）ようにしてエラクなります。とまじめくさって答えたあの子も！　この子も！　私の思い出は冬空の星のように一つひとつ頭の中にさえてゆきます。私の実社会での初体験のなつかしい可愛い対象であった無邪気な子供たちが、このように無惨に踏みにじられ、この世界からまっ殺され、そしてもうこの世のどこをさがしても生きてはいません――

これは二十八年ぶりに最近訪れたT村での見ききを胸のしめつけられる思いで宿の窓からキラキラまたたく三星をながめながら、知人に宛てて書き送った手紙の一節である。

このT村については私はいろいろの深い思い出を持っている。二十二、三歳の頃、私はこの山間の僻村を題材にして「読売新聞」の短篇小説に当選した（一）ことがある。その小説の中に、「学校うらの共同墓地に行って見い。あんなにたくさんの若い善良な男が罪もないのに殺されているではないか、それも外国の兵隊たちに」と書いたことを覚えている。この共同墓地が当時、小学校の教員をしていた私の教室から斜めに見えて、日露戦争の犠牲者の石の姿を朝夕私はぼんやりながめながら一年をこの電灯もない僻村で暮らした。

その共同墓地が今度はずっと拡張されて百に余る新墓が十糎《センチ》おきの間隔で縦横幾列にもギッシリ肩をすれ合わせてつまっていた。女教師は夜更けの職員室に私を案内して整理された書庫の中をかきわけて、私が担任していた二年生徒の学籍簿の綴りを一冊取り出して、一人ひとりの子供の姓をよみ上げながら、この子も戦死しました。あの子は遺骨もかえりません。可哀想にこの子は戦場で発狂してまだ病院におります。五十人近い子供の殆どが戦死したり、不具者になったり、女の子は未亡人になったりして戦争の犠牲者であった。私は墨筆で記入した二十八年前の自分の字の上につらい涙をぼたぼた落としながら、女教師の語りつづける話を胸にしみ通る思いできいていた。

夜つゆのしっとり降りた大気の中に、白い石塔が闇をぬって浮いたり沈んだりして、いまにも幽鬼がすゥーとおどり出して怒りの舞踊でもはじめそうで鬼気迫る思いであった。

私は心のうちで、可愛い可愛い私の教え子たちよ、静かに眠ってくださいね、二度といたましい戦争が起こらないように、先生がきっと平和を守ってあげます。と悲しみにつぶれそうになった心に言い言い宿にかえった。

私は一夜中まんじりともせず、友人に手紙を書きつづけた。そして私の生涯にあれほど多くの涙をこぼしたこともなかった。

（『文芸新潮』一九五三年二月号）

編注

（一）短篇小説に当選した……井元直衛作「黙殺」として、「読売新聞」一九三〇年二月一〇日号に掲載された。本著作集下巻所収。

憲法改正の国民投票のあとに来るもの

まだ私たちの記憶に新しい昨年の電産スト（一）と炭労スト（二）は、電産ストが三カ月余り、炭労ストが一カ月余りで二つとも長期にわたったストライキでした。もしこんな長いストライキが戦争中に起こったとしたら、どうなることでしょうか。必ず戦争をつづけてゆくことはできなくなるでしょう。

自由党の吉田政府は「ゼネスト禁止法」（三）という法律案を作って次の国会に提出しようと準備をすすめています。これは労働者にストライキをさせないという法律で、労働者の生活を守るただ一つの権利さえこの法律で吉田政府は、労働者から奪おうとしたり、また学校の教職員を公務員にして民主的な政治活動をさせないようにもくろんでいます。どうしてこんな無茶な法律を作ろうとするのでしょうか。そのわけは他でもありません。日本が戦争をするときの準備です。

こんどの「憲法改正国民投票法案」も、早く憲法を改正して、いつでも日本が武器をとることのできるようにするための第一歩です。この法律案も私たちが知らないうちにできていました。殆どの人は一月二十一日の新聞を見て初めて知らされたのでしょう。この法案は、日本の憲法を改正するとき国民投票をしなければなりませんが、その国民投票に必要な技術的ないろいろの規則を法律で決めるための草案です。

私たちが問題にしなければならないことは、もともと憲法には附属していなければならないはずの「憲法改正国民投票法」そのものよりか、その後に来る憲法改正の問題で、吉田政府は何のためにまたどんなに憲法を改正するかということです。ある人は、憲法改正国民投票法案が議会を通過したらすぐ憲法が改正されるように思うのは間違った考えで、憲法が改正されるかどうかは分からないではないかといいますが、しかし自由党が今までやって来たいろいろの政策を見れば誰でも憲法改正を速急にやるつもりで今度の法案を出したと思うでしょう。

もともと憲法を改正しようと思えば、まず最初に衆議院と参議院でそれぞれ三分の二以上の賛成者がないと憲法は改正できません。また、たとえ国会で三分の二以上の賛成があったとしても、それだけではダメでなおその上に政府は国民から直接に賛否の意見を国民投票によってきかなければなりません。投票した国民の半数以上が反対した場合は憲法を改正することはできません。このことは憲法第九十六条ではじめから決まっております。

吉田政府は先ず憲法を改正するためにどうしても必要な「国民投票法案」をこんどの国会で通過させておいて、その後で憲法を改正するコンタンです。

憲法を改正するといっても、どのように改正するかはまだ何にも吉田政府は発表しておりません。ただ私たちが内外の状勢を判断し、自由党の政策を通して想像されることは自由党の吉田政府は、「永久に平和を守ろう」と宣言した現在の平和憲法を捨てて「いつでも戦争ができる」という戦争憲法に改悪するだろうと考えられることです。

改進党の芦田均氏も社会党の西尾末広氏も熱心な再軍備論者ですからキット戦争憲法には賛成するでしょう。

吉田首相は再軍備を口にこそ出しませんが、軍隊とちっともかわらない陸海の保安隊をドンドン作って事実上の再軍備をもうすでに始めています。おまけにソ連が攻めて来るとジャンジャン宣伝して、今から憲法改正のための運動をやっています。

一方アメリカはマッカーサーが数カ月で始末して見せると豪語した、朝鮮の戦争は三年近くにもなるけれど手を焼くだけでどうにもならず、アメリカ本国でさえ、朝鮮から手を引けとさわがれています。一月二十九日の「朝日新聞」にはアメリカのマンスフィールド大佐が、「朝鮮動乱が始まって以来、ほとんどの米軍歩兵師団に極めて多数の敵前脱走事件が起こっている」と言明したことが報ぜられております。また、音よりも早いソ連製のミグ戦闘機が出現して、アメリカのB二九爆撃機が一年間も昼間は北朝鮮の上空に攻めて行けなかったことなど、こんな朝鮮の状態の中で私たちがなお一番重大に考えなければならないことは、アメリカの重要な位置にいる人たちが公然と、アメリカ兵の代わりに日本の青年を朝鮮へ送れと言ったり、アメリカの軍事基地が北海道から九州のはてまで六百余りもあるという事実です。

このように内でも外でも日本人にとって全く火薬庫の上に坐っているような、キケンな状態の真っ唯中にこんどの憲法改正の国民投票法案が発表されたことです。いくら何でも平和憲法のもとでは戦争はできません。何故なら、平和憲法の第九条にはっきりと、「武力で外国をおどしたり、せめたりすることはしてはいけない。だから陸海空軍はもちろん、その外一切の戦争に役立つ力を日本は持ってはならない。そして国と国とのあらそいを武力で解決したりするようなことは永久に日本は、これを放棄する」と、きびしく戦争を禁止してあります。

だからこそ、自由党の吉田政府はさきにのべた、「ゼネスト禁止法案」を作ったり、教職員を国家公務員にしばりつけたり、憲法を改正するために、「国民投票法案」などを火事ドロ式に今どき持ち出したりして、実際の腹は憲法を改悪しようとしているのです。そしてアメリカの要請があった時、いつでも日本が戦争できるように、戦争の準備態勢を日本の国内にどんどんと作っているのです。

憲法改正の、「国民投票法案」が今度の国会を通過しても、大切な憲法を改正するか、しないかは別問題ですから、自由党の吉田政府がそのあとに必ず持ち出す憲法改正のその時にこそ、国民投票によって私たちは平和憲法を守るように今から腹をきめておかなければなりますまい。国民がその気になれば私たちの一票で平和憲法は必ず守れます。国民の一人ひとりの意志が、私たちの直接の投票によって、憲法を守り通して平和な日本にするか、それとも憲法を改悪してまた戦争への道をひらくか、憲法の改正を最後に決定する権利は国民の一人ひとりの手中にあるわけです。

おわりに、「国民投票法案」の条文の一、二の内容について少しお話しいたしましょう。この法案は最初、選挙制度調査会が考えたものを参考にして、自治庁の役人が作り上げたものです。

投票のできる資格（投票権）は、衆議院の議員を選挙できる人なら誰でも投票できます。けれども前にも言った通り、再軍備のやかましい時に憲法が改正されるとしたら、軍隊や徴兵に一番関係があって発言もしたいであろう、高校と大学の学生は満二十歳に足りませんからほとんどの学生には投票権がありません。

次に日頃から教室で憲法の知識や憲法擁護の精神を説いている教員が、憲法改正の期間中は学生生徒に一言半句も憲法の改正についてしゃべってはならないことになっていますが、全くおかしなことです。

投票期日が憲法改正案が提案されてから三十五日以後九十日以内に投票をすることになっていますが、最低三十五日位では重大な憲法を改正するのに期間が短かすぎるし、もし衆参議院の議員選挙と同時に行われる場合などは、技術的にみても大変なことで、さきの最高裁裁判官のときのように何でもかんでも○印さえつければよいという結果をまねくことになります。憲法改正という重大ごとを、単に投票さえやればよいと形式一ぺんで片づけるのではなしに、改正の条項も詳しく国民の一人ひとりに徹底さすように、あらゆる機関を動員して、また投票技術もなるだけ簡単に誰でも解るようにすることが大切ですが、この法案にはそれほどの親切が盛られてないようです。

（一九五三年一月三〇日記、日本女子勤労連盟機関誌『女性と文化』）

編注

(一)電産スト……一九五二年九月六日、電産（日本電気産業労働組合）は中労委の賃金調停案を拒否し、二四日第一次六時間ストライキを開始。以後、妥結まで三カ月間に一六回ストを実施。一二月一〇日には一二〇時間ストを実施したが、中部・関西地本がストを批判して単独交渉を開始、闘争体制は崩壊した。一二月一八日、中止。

(二)炭労スト……一九五二年一〇月九日、炭労（日本炭鉱労働組合）の賃金交渉が決裂、一三日大手一七社は四八時間ストライキに入る。一七日以降無期限スト、地方ブロックも一一月一一日無期限ストに入る。一五日常磐労組は単独妥結し、一九日炭労脱退。一二月一五日政府は緊急調整権を発動、一六日炭労はストライキ中止を指令、一七日妥結。

(三)ゼネスト禁止法……一九五三年七月四日、三七単産、三〇〇万人が参加してスト規制法反対第1波スト、一一日第2波スト、二七日第3波スト。八月五日、電気事業および石炭鉱業における争議行為の方法の規制に関する法律（スト規制法）案衆院可決、八月七日公布、即日施行。

公務員の政治活動は一九四九年九月一九日、「公務員の政治活動を規制する人事院規則」施行によって規制された。五三年四月八日、最高裁判所は公共の福祉による公務員の争議権制限は違憲ではないと判決。

五月の選挙には

――参議院議員選挙

三年前の参議院の選挙のとき私は次のように人びとに訴えました。みなさんが戦争はもうコリゴリだ。これからは平和な日本をどうしても守って楽しく暮らしてゆきたいと希んでいるならば、戦争をするために憲法を改正したり、再軍備を考えたりする政党や人には、みなさんの大事な一票を入れないでくださいと。昨年の十月にあった衆議院の選挙（二）のときにも憲法を改正して徴兵をしたり、警察予備隊を作ったりして、日本をまた昔のように再軍備するような政党や人には投票しないでください。それは日本を他国の戦争にまき込み、日本の青年を他国の青年の代用品にして肉弾とすることです、と話しました。

けれども昨年十月の選挙には再軍備に反対しながら実際にはやっている自由党に多数の票が入りました。何故でしょうか。自由党も再軍備反対、憲法は改正しない、平和を守ると宣伝したからです、何故こんな根も葉もないウソを自由党は宣伝したのでしょうか。それは平和を守ろうとする国民が多く、それに婦人が圧倒的に戦争はもうコリゴリだと言っているからです。もし自由党が本音を吐いて、憲法は改正します。再軍備もやります。吉田首相がサンフランシスコで日米安全保障条約（二）を結んで来たから、アメリカに協力して朝鮮へも日本の兵隊を出兵しなければなりません。と選挙のときに正直に言ったらきっと自由党は惨敗していたでしょう。

息子を二人も戦争で亡くしたおばさんが、戦争や徴兵はもう私はどんなことがあってもいやです。といいながら選挙のときに自由党へ投票していました。これなどは自由党の候補者のトラックに「平和を守る自由党、憲法改正反対」と大きく書いてあったりして、むしろ自由党が平和平和と選挙のとき宣伝したから、みんなダマされたでしょう。

吉田首相も議会の答弁で「再軍備はしない。憲法は改正しない」といつも言っていますが、警察予備隊を最近、保安隊とかえ戦車や大砲や軍艦を持たせ、この頃では飛行機まで買い込んでアメリカの軍人が保安隊に猛訓練をさせています。いくら吉田首相が再軍備はしませんと言っても事実はドンドン再軍備をおし進めています。まるで昔噺の中に出てくるタヌキが手に白いメリケン粉をぬって人間をバカしたやり口と一緒です。国民を最後までだましギリギリの最後のドタン場に憲法をサッと改正して名実共の再軍備に持ってゆこうとしているのが自由党の腹の内でしょう。

それからいうと改進党は日本一の再軍備論者の芦田均氏の意見に屈したか、今度の党大会でハッキリ再軍備をすると決定しました。自衛軍と言葉をなんとなくゴマ化して、まるでどこかの国がいまにも攻めて来るから日本にも軍隊を作らなければアブナイような口ぶりですが、駐留軍という名目で日本をいま占領しているのはアメリカで、ソ連も中国も平和平和と叫んでいるのに、どうしてこの貧しい日本に莫大な費用をかけて軍隊を作らなければならないでしょうか。改進党は再軍備もする。社会保障もやる。と言っていますが、イギリスでも「バターか、大砲か」と言って社会保障か軍備かいずれか一方を選べば一方は金がないのでできないと言っているのに、改進党の代議士のみなさんは二つとも貧乏な日本でやると言うのですから全く理屈の通らない次第です。ニセ紙幣でも乱発する外に道がありません。これも国民をバカにした政策です。

それにまた、働く勤労大衆の味方であると主張する右派社会党が平和を口にしながら、上の方では西尾末広氏一派に引きずられて、再軍備をチョロチョロ袖口からのぞかせたりしています。西尾氏は人も知る通り社会党の実権を握っていた最高役員の一人で、昭電事件(三)で幾億円の金をゴマ化した人でいまも裁判中ですが、今度の党大会で「天下を取る政党は再軍備反対をいうべきでない」と再軍備に社会党をもってゆこうとした人です。けれどもいずれ右派社会党も選挙がすんで時機が到来すれば状勢の変化を口実にして再軍備党になるでしょう。

このように一年前まではどの政党も平和平和と言いながら、次第に馬脚をあらわして外国の圧迫に屈伏して日本を戦争にまき込むような、アブナイ道をたどろうとしています。

けれども議会に議員を送るのは私たち国民の一人ひとりの一票ですから、いくらどの政党が再軍備を実際に進めていようとも、また党大会で決めようとも、また今は袖の下にかくしておいても、選挙のときに私たちが再軍備をしている党や人に、しようとしている党や人に一票を入れないで、たしかに平和を守り通すことのできる名実ともに再軍備反対で憲法を絶対に改正しない党や人に私たちの一票を入れることによって、日本は戦争からのがれ平和な道をつづけてゆくことができるのです。

アイゼンハウアー大統領は、アジアではアジア人同士で戦争させよ。と放言しました。そして朝鮮では韓国軍と国連軍を交替させると言明し、台湾の封鎖を解いて台湾軍が中国本土に攻めてゆけるようにしました。

このように朝鮮人（中国人）を戦争にかりたてているアメリカは次には日本の青年をかりたてようとしています。私たち日本人は朝鮮にも中国に対しても相すまない心の負債こそあれ、二度と戦争をしなければならないウラミなどつゆありません。

「婦人団体連合会」では選挙対策の一つとして次のことを決めました。

㈠再軍備・憲法改正反対を主張する候補者と懇談会を持つ。㈡次の質問状を出して返事をとる。㈲憲法改正、再軍備、徴兵に対して今も将来も賛成か反対か。㈺駐留軍に居て貰うか。帰って貰うか。㈧保安隊を軍隊と思うか。否か。

以上の質問をして、候補者がインチキ平和で国民をダマさないように監視する。

議会にニセ者でないホンモノの、戦争をするため憲法改正に反対し、再軍備や徴兵に反対し、そしてアメリカ軍の駐留に反対してくれる議員を一人でも多く送ることによって私たちの平和の道は安全に守られるのです。もしニセモノ平和議員が多く出たら、今度こそ私たち日本人は外国の戦争にまき込まれて、外国のための戦争を背負うことになるのです。しかもその被害の残酷さはこの前の戦争の比ではありません。

今度の五月にある参議院議員の選挙は、平和か戦争かのわかれ道ですから、私たちは自分の一票に責任をもって自分の考えで決定して、縁故や情実や買収にのったり、また地元出身とか前議員とかの私的なことで向こうみずの投票をしないで、ほんとうにどっちにころんでもあの党だけは、あの人だけは戦争を防いでくれるということを充分みきわめて投票してください。私たちの投票は無記名ですから自分の書いた人の名は自分以外には決して誰にも知れません。

一人ひとりの一票で平和が守れると同時に、一人ひとりの一票の使いぞこないで戦争にもなります。インチキ平和やニセの再軍備反対や、自衛他衛によらず再軍備賛成の党や人には、私たちの可愛い息子や恋人や夫のために一票を入れないでおきましょう。

アジア人はアジア人同士で戦争をするのではなく、アジア人同士で話し合って仲良くやってゆくのがアジアの平和を守ることになるのです。

（一九五三年二月二四日記、『新女性』三月号）

編注

(一)昨年の十月にあった衆議院の選挙……一九五二年一〇月の総選挙の結果は、自由党二四〇、改進党八五、右派社会党五七、左派社会党五四、共産党〇であった。

(二)日米安全保障条約……一九五一年九月、サンフランシスコにおける講和条約調印と同時に日米間に締結された条約。講和後も米軍が安全保障のため日本に駐留し、また基地を設定することを定め、さらに六〇年に改定し軍事行動に関して両国の事前協議制等を新たに定めた。略称、安保条約。

(三)昭電事件……第二次世界大戦後、昭和電工株式会社が復興金融金庫から融資を受ける際に、多額の金を政治家に渡し、政界・財界人多数が贈収賄容疑で逮捕・告訴された疑獄事件。一九四八年芦田内閣崩壊の原因ともなった。昭電疑獄。

婦人の世界大会(一)に参加しよう

六月五日からデンマークの首都コペンハーゲンで「婦人の世界大会」が開かれることを皆さんしょうちでしょうか。

この大会は、一九五二年の一二月にウィーンで「諸国民平和会議」が開かれた時に決められたことを、広く全世界の婦人たちの間にひろめようと国際民主婦人連盟(二)が同じウィーンで評議会を開いてとりきめられたものです。国際民婦連では全世界の婦人たちに、この大会に参加するようよびかけました。日本ではこのよびかけの手紙を受けとった一人、平塚らいてう女史がこの大会の意義と重大性を認め、「――原爆を身に浴びた最初の、そして唯一の国、また平和憲法を持つ非武装国であるこの日本が、他国の圧迫によって軍事基地となり、兵器の生産所となり、また人的資源の供給地ともなろうとしているとき、わたしたちはだまっていられるでしょうか――」と、全日本の婦人に、この大会を支持し、この大会に日本婦人代表を送るようにと熱心に訴えています。

昨年ソ連で開かれた世界経済会議(三)・北京で開かれたアジア・太平洋地域平和会議(四)・ウィーンで開かれた諸国民

平和会議・また今年になってウィーンで開かれた世界青年権利ヨーゴ大会など、大切な会議に残念ながら日本から婦人代表が一人も参加しておりません。こうした会議に吉田政府はいつも邪まして旅券を下ろしませんでした。世界の代表たちは会議のたび毎に、日本から婦人代表が出席していないことを非常に残念がったということです。それは世界の平和のために、日本の占める位置が大へん重大だからです。

なぜなら、日本が現在アメリカの支配の下で戦争準備をちゃくちゃくとおし進めているからです。たとえば、軍事基地が海にも山にも海岸にも田畑や街の真ン中にまで日本国中到るところに作られているし、平和憲法は改悪されそうだし、日本の青年を陸海空軍の保安隊にどんどん採用し、アメリカ兵の代用品として安上りの雇兵に仕立てて、アジアを侵略しようとしているし、日中貿易は禁止して平和産業をつぶし、軍需産業を強制して、安い値段で買い上げる兵器工場に日本をしようとしているのです。

アメリカはアジアへのしんりゃくによって、アメリカでもホンの一部の死の商人と呼ばれている資本家が金をタンマリもうけたいからです。アメリカの死の商人たちは朝鮮、ベトナム、マライなどの戦争に、大量の兵器を売り渡してバク大な金もうけをしています。

アメリカは日本に軍事基地を六三〇ヵ所も作って、その軍事基地から朝鮮へ、毎日バクダンを運んで朝鮮の人民を殺しています。人を殺してもうける商人を死の商人というのです。

このように世界の平和のさまたげに役立っている日本が、世界に平和を出現させる上にどんなに、重要な位置にあるかということがおわかりでしょう。だからこそ全世界の婦人たちは、いつの会議にも日本婦人代表の姿の見えないことに落たんしているのです。それは日本の婦人の意見をききたいし、日本の婦人の発言が重大な意義を持っているからです。また世界の婦人たちの声を、日本の婦人たちにも聞かせたいためでしょう。

そして、世界のいろいろの立場に立つ婦人、侵略している国の婦人も、侵略されている国の婦人も、青い眼も黒い眼の婦人も外国に支配されている国の婦人も、支配している国の婦人も、一切合切・人種・信条、宗教のちがいを含めて世界中の婦人が寄り集って、お互いにどうしたらいま世界の国々で起っているもろもろの大きな不幸な状態を、切り抜けることが出来るかということを話しあおうというのが、六月五日から開かれるコペンハーゲンの「婦人の世界大会」です。

世界から集った婦人代表の一人一人によって、心の底から語り合われ、困難な問題を解決しようとするこの会議が私たち母や子供や婦人にとって、どんなに大切なものであるかということが分かります。だから日本中の一人一人の婦人に、このような大会が開かれるということを知ってもらわねばなりません。

そのためには私たちは、家族の者にはもちろん向三軒両隣りの人たちや、電車の中でも、職場の友だちにも、田畑で働いている婦人にも、朝にも晩にも新しい婦人に、会うたび毎に、この大会の話をして、お互いに自分の気持を話し合いましょう。あんな人にこんなことをいっても分ってもらえないと思うような人には、なお更この大会の話をするようにしてみましょう。そして自分の考えをどんな些細なことでも、またどんな短い文章でもよいのですから、どんどん手紙に書いて日本準備会に送りましょう。

大会に賛成する人々が寄り集って意見を一つにまとめ、報告書を作ったり、その集りの中から代表者を送る運動をしましょう。どこかの集りで代表者が決ったら、その代表者をみんなの力で支持しましょう。

この会議は私たち婦人の一人一人にとって、大切な大会です。こうした会議が幾回も全世界の婦人たちの手で、真剣に開かれることによって私たちの生活が明るくなり、希望のある平和なものとなるのです。

☆準備会は東京都千代田区永田町一ノ一　参議院会館八二号　婦人団体連合会内　婦人の世界大会日本準備会　宛

（『新女性』一九五三年六月号）

編注

(一)婦人の世界大会……世界婦人大会。「私のかかわった戦後初期の婦人運動」編注（三八）参照。

(二)国際民主婦人連盟……「私のかかわった戦後初期の婦人運動」編注（二一）参照。

(三)世界経済会議……モスクワ国際経済会議。一九五二年四月三日～一二日、東西両陣営の四九カ国、四七一名の民間代表が参加してモスクワの労働組合会館で開かれた国際経済会議。会議の目的は異なった国々が体制をこえて平和的協力と経済関係の発展を通じて、相互の生活水準の向上をはかることにあった。米・英・仏・日本などはこれをソ連の平和攻勢として反対したが、参議院議員高良とみが日本代表として参加した。「私のかかわった戦後初期の婦人運動」編注（三五）参照。会議は国連主催の国際経済会議の召集を要請する宣言などを採択した。

(四)アジア・太平洋地域平和会議……一九五二年六月三日から北京で開かれた一九カ国からなる準備会議には、高良とみが帆足計、宮腰喜助とともに日本代表として参加した（日本中国友好協会（正統）中央本部編『日中友好運動史』青年出版社、一九七五年および『非戦《アヒンサー》を生きる――高良とみ自伝』ドメス出版、一九八三年、および『世界的にのびやかに　写真集　高良とみの行動的生涯』同社、二〇〇三年参照）。

一〇月二日、北京で開幕したアジア・太平洋地域平和会議には、三七カ国から正式代表三六七名その他総勢四二九名が参加した。日本準備会は六〇名の代表団を決定したが、政府は北京行きの旅券を一人も許可しなかった。しかし九月下旬に金子健太、亀田東伍、中村翫右衛門ら八名が現れ、またヨーロッパをまわって南博が到着し、正式の日本代表として一四人がさまざまな苦労の末出席した。しかし女性は参加していない。

コペンハーゲンへ

——世界婦人大会へ正式参加

旅券をついに交附、代表団三班に別かれ空路出発

五日からデンマークの首都コペンハーゲンでひらかれている世界婦人大会に、日本婦人代表（一）として出席する高田なほ子（二）、赤松俊子（三）、千葉千代世（四）、浜田糸衛、羽仁説子（五）、村上とく（六）、小笠原貞子（七）、遠藤千枝（八）、宮城富士子（九）、高橋志ず江（一〇）さんら十代表の旅券は、外務省と再三交渉が続けられていましたが四日随員の野々宮初江、高良まき子（一一）、柏木敦子さんらをふくめてようやく下附されました（一二）。主催の国際婦人連盟にたいする偏見から、過去二回の世界婦人大会には旅券を交附しなかつた外務省も、全世界の平和への要望に推されて、初めて世界婦人大会への道をひらきました。赤松俊子さんが六日夜九時、高田なほ子さん、野々宮初江さんが八日夜十一時、天候のためそれぞれ遅れて、残り十名の代表、随員は十日午後六時、羽田を飛び立ちましたが、職場、地域、団体を代表する十代表の抱負を聞きました。

抱負を語る十代表

婦団連の報告を　婦団連事務局長　浜田糸衛さん

私は婦人団体連合の事務局におりまして、よく外国の声として聞きますのは日本の婦人の平和運動がよくわからないということでありますので、およばずながら日本婦人の平和運動と、婦人団体連合の仕事を報告してきます。

（「婦人民主新聞」一九五三年六月一四日号）

編注

（一）日本婦人代表……一九五三年五月二三日、第一回日本婦人大会が下谷公会堂で開かれ、六〇〇人が参加して軍事基地の問題等を討議した。この大会で、コペンハーゲンでの世界婦人大会に出席する日本婦人代表一〇人を選出した。

（二）高田なほ子……高田なお子。「私のかかわった戦後初期の婦人運動」編注（四一）参照。

（三）赤松俊子……丸木俊。「私のかかわった戦後初期の婦人運動」編注（四四）参照。

（四）千葉千代世……一九〇七年千葉県生。政治家。東京文化女学校専門部卒。一五歳で上京、書生をしながら家庭科教師、保健婦の資格をとる。港区の小学校の学校衛生婦、養護訓導。四五年社会党結党と同時に入党。日教組婦人部長となり、平塚らいてうや市川房枝らと交流。五九年参院選全国区に初当選。社会労働委員長を務め、六五年再選。七六年衆院千葉三区から繰り上げ当選し、一期務めた。九一年没。日教組婦人部長として世界婦人大会に参加した。

（五）羽仁説子……「私のかかわった戦後初期の婦人運動」編注（四二）参照。

(六)村上とく……村上トク。政治家。長崎県会議員として世界婦人大会に参加した。

(七)小笠原貞子……一九二〇年札幌市生。政治家。札幌高女卒。熱心なクリスチャンの家庭に育ち、日本基督教矯風会の運動から平和運動にたずさわる。五三年日本共産党に入党。六二年新日本婦人の会創立に参加し、事務局長になる。六八年より北海道選出で参議院議員当選四回、党婦人・児童局長などを歴任。八〇年女性としては初めて常任幹部会委員となり、八八年副委員長に就任。九五年没。『面を太陽にむけ』、歌集『きたぐに』。北海道代表として世界婦人大会に参加した。

(八)遠藤千枝……東北六県代表として世界婦人大会に参加した。

(九)宮城富士子……宮城藤子。繊維労組代表として世界婦人大会に参加した。

(一〇)高橋志ず江……高橋志佐江。自治労連代表として世界婦人大会に参加した。

(一一)高良まき子……高良真木子。高良真木。「私のかかわった戦後初期の婦人運動」編注(四三)および「二十年の記念塔」編注(二)参照。

(一二)第一回日本婦人大会で世界婦人大会代表一〇人を選出後直ちに旅券の申請をしたが、政府は旅券公布を拒否。準備会メンバーは連日外務省に出かけ陳情、外務省の窓から「旅券をいますぐ出せ」の垂れ幕を下げて廊下に座り込み、これを見た右翼十数人が座り込んだメンバーを殴る蹴るの乱暴、これが評判となって、外務省はついに旅券を交付した。しかし、それはすでに大会開会前日の夕刻。飛行機の空席待ちの後、代表九人が到着したのは大会が既に閉会した後だった。

六月五日コペンハーゲンの世界婦人大会に六七カ国から七〇〇〇人が参加。日本代表で開会中に参加できたのは最終日に間に合った赤松俊子一人のみ。ブダペストでの世界平和協議会に参加予定で滞欧中の大山柳子が急遽、大会最終日前日に出席、日本代表に代わって報告した。遅れて到着した代表たちはソ連・中国へ行くなどして各国代表と交流した。

大山柳子は一八八七年兵庫県生。社会運動家。本名りゅう。大山郁夫と結婚。一九三八年アメリカ留学中の夫のもとへ行き、四七年帰国。五五年夫の没後はその志をつぎ日本平和委員会副議長、世界平和評議会評議員などをつとめ平和運動につくした。八七年没。

ソ連・中国を見たままに

ベルリンで

コペンハーゲンでの世界婦人大会のあと私は、東ベルリンからソ連、中国に入った。

東ベルリンの街は戦争の傷がまだ生ま生ましく残っていてホテルの窓から見ても六階建て八階建ての大きな建物が無残な爆撃のあとを残しており、あちこちには瓦礫の山がきちんと積まれその上にペンペン草が生えて名も知れない花が咲いている。キャバレーもネオンサインもないこの街は夜ともなればまことに寒々として淋しく人の胸を打つ。

こうした風景を目にして一方復興された労働者住宅街スターリンアレーをみて驚いた。ここは一九四五年二月、終戦直前にアメリカ空軍の大爆撃にあって労働者住宅が全部壊滅した所である。いまは七階建てのビルディングが広い道の両側に建ち並び縦横にはるか前方の道幅が小さくせまるほど遠くまでつづいている。

東京駅前の三菱商館街のように暗くゆううつでビジネス色がなく広い道幅は明るく清潔で美しい。戸山ヶ原住宅などこれに比べると問題にならない。それにこの住宅建設に一千時間労働協力したものには住宅が優先的に与えられる。誰でも一日二時間ここで余分に働けば約一年半もすればこの住宅に必ず住めることになる。

こうした建築がほうぼうに建設され復興をいそいでいた。

東ベルリンについた二日目に暴動事件（一）に出遭った。それは旗一つない静かなデモで両側の歩道を歩いている市民たちもさほどの注意を払わず手を振るような人は一人も見かけなかった。私はこのデモ隊を二三尺はなれた所で見ていたが四千人くらいの男女のデモ隊は先頭の人びとが吹奏する明るい曲に歩調をあわせて、さけび声もあげず歩いていた。わたしはどこかの工場の従業員が公園か広場へ運動会にでも出掛けていると思っていた。夕方ホテルに帰ってドイツ婦人にきいてはじめてデモ事件であったことが分かった。この同じデモ隊にマルクス博物館前で再び遭ったが兵隊や巡査をそのときにも見かけることはできなかった。

東西両ドイツの婦人にきいてみると、「西ベルリンからはいつもアメリカのスパイが東ベルリンに入って労働者を煽動して東ベルリンの復興を邪魔します」と説明していた。

ベルリンでは地下鉄が東西を自由に往き来しているし電車もバスも自由である。西ベルリンのアメリカ兵が、首にカメラをぶらさげて東ベルリンの街を三々五々打ち連れて見物している風景はちょっと奇異な感じがした。

その当時東ベルリンには世界婦人大会に出席したアメリカ、フランス、イタリー、トルコ、カナダ、中国、朝鮮など二七カ国の世界の婦人代表数百名が滞在していた。もしあのデモ事件が発展して大流血のさわぎにでもなるようなことがあったとしたら、たいした宣伝になったであろう。東ベルリンの街では浮浪児も浮浪者もパンパンガールも混血児もみかけなかった。

汽車は喬木の深い森やアカシヤの並木の中を走って行く、遠い遠い彼方に海の地平線にたなびいた雲のように長い長いみどりの森が無限につづいているが近くの森は手入れが感心に行き届いている。美しい音楽がひっきりなしにスピーカーから流れて来て、来客たちのダンスが廊下で愉しそうにはじまった。

わたしは窓ぎわに取りつけられた机と椅子をパタンとおろしてコーヒーをのみながらこれからはじまる長い旅路の無聊《ぶりょう》を慰めていた。

ポーランドの汽車でも感心したが、ソヴェトの汽車に乗り換えてからますます感心した。長途の旅人の心を慰めるために至れり尽くせりの設備がしてある。寝室も清潔で美しい、空色の冴えた壁は明るくて気持がよい。数個の電灯が自由に消滅できて、コバルト色の豆電球は室内をやわらかく照らしている。

乗務員も俄然婦人が多くなり、鉄道で働く婦人が男女の差別なく仕事をしているのは日本人の常識ではちょっと不思議に思えた。油のベトついた鉄鋼をたくさんの婦人労働者が手に油をいっぱいつけて引張っている。そばではたくましい男が二人で指揮していた。力のいる仕事を婦人がして男子が力仕事をしていない風景がちょっと日本人の感覚にピッタリ来ないが、男女の体位が同じであったいうことがこのたびの独ソ戦における戦勝の一つの要素であったということを日本できいていたが、この風景をみてなるほどと思った。

この沿線は最もナチスの爆撃がはげしかったということを後で聞いたが、小さな村の数軒さえみのがさずに徹底的に爆撃したあとが見える。着く駅々も新しい駅が多い。だからまだ完全に復興せず建設中の街や村が車中から見られた。

赤い広場

モスクワは美しい街である。道幅も広く塵もなく、深夜に大きい清掃用のトラックが現れてモスクワの街を水で洗って行く。わたしは三週間の滞在中一度も靴を磨く必要がなかった。黄紅色の明るい感じのクレムリン宮殿に夜ともなれば赤いルビーの七つの星がキラキラと輝く。モスクワ標準時計の時計台から三〇分毎にチンカロ・チンカロとロマンチックな甘い音が聞こえて来る。一日の仕事の終わる頃になれば、若い恋人や夫婦者が、腕を組んで織るように街を埋めている。みんな美しい服装をして爪を染め化粧をして、首にも耳にも腕にも装身具をつけている婦人をたくさんみかけた。

赤い広場に立って高いビルディングを見上げるとテレビの受信機が見渡す限り立っている。モスクワではテレビが日本のラジオのように普及している。ビルディングの上から見下ろすと起重機が街の四方八方に動いている。婦人建築家のカプシチトナさんの案内で市街を見て廻ったが、三階建て四階建てのツァー時代〔帝政時代〕の古い建物がドシドシ取りこわされそれにかわって新しい近代建築が建設されている。せまい街幅を広くするために高いビルディングがそのまま後に移動されていた。

日曜日には郊外へピクニックに出た労働者がトラックや自家用車に花をいっぱい飾って楽しそうに歌をうたいながらお祭のようにあとからあとからと群をなして帰って来る。

ファッションショー

モスクワでファッションショーを見たが、ちょうど三越のようなデパートの二階の広場で開かれていた。はじ

まる前に美しく着飾って赤くマニキュアをした婦人が、

「このファッションショーは第十九回党大会の決定にもとづいて行われるものであります。ソヴェトの美術家芸術家はすべからくソヴェトの婦人を美しく優美にするために健康的で明るく美しい服装を創作することに努めなければならない」

という意味の演説を二十分ほど前口上したのは愉快であった。日本のそれと違うのは、細い腰のやせた色の白い婦人だけがモデルになるのではなく、背の高い婦人、低い婦人、またふとっちょの婦人ややせっちょの婦人、と色さまざまなモデルが種々の服装をして舞台に立ち、いろいろと所作をしてみせる。ときどきここはこうだ、ああだと説明が入る。大山郁夫氏のスターリン平和賞の授賞式がクレムリン宮殿の中で行われたとき、わたしも参列したが前日に、わたしたち日本の婦人たちに案内者がマニキュアをしなくてもよいですか、美容院に案内しましょうかとさそわれたのにはいささかびっくりした。

太陽と空気と水は

モスクワの産婦人科大学病院をみたが大きな建物で、施設の完備していることは日本などでは想像もできない。これはレニングラードで子供病院を見たときも同じであった。

純白の帽子、白衣、マスクを着せられたわたしたちは廊下で幾度も「しずかに、しずかに」と案内人に注意される。産前産後の婦人は安静が一番大切だという。同行のAさんはちょっと風邪を引いていたので病室に入ることを禁止され廊下の外でガラス越しにスケッチをしていた。

赤ん坊がまるで小さいカボチャを真っ白い布で竹の子のように包んだ格好でずらりとコケシ人形を並べたよう

に小さなベッドに寝ている。大きい口をあけてギャアギャア泣いているところはどこの国の赤ん坊も同じである。産婦と赤ん坊の部屋は分けられ、早生児を生んだ産婦の部屋、赤ん坊の部屋も生まれた日によって分けられている。

早生児の育たないというようなことはほとんどなく、レニングラードの病院でウィーン医師会議に出席した医者と話したとき、ソヴェトでは産児の死亡率はゼロに近いのにラテンアメリカでは死亡率が三十~四十パーセントときいたが不思議だと語っていた。早生児は温水の通っている二重張りの器の中でゴムの管で鼻から授乳されていた。

貧しい家庭では子供の生めない日本の状態を話すと院長は頬を紅潮させて、

「――太陽と空気と水は世界中の万人の人びとの共有すべきものです。婦人が愛する人の子供を生むということは、婦人にとってそれは本能的な喜びです。黒い婦人も、白い婦人も、黄色い婦人も、世界中の婦人が、この婦人の自然な喜びをたち切ることは不幸です。ソヴェトでは一人子供が生まれると国家から毎月補助金が支給され二人三人と段々補助金が累進的に増加されて行きます。十人生むと母性勲章がさずけられ年金がつきます。――」

とほがらかに語った。ソヴェトの病院はどこでも病室が広々として明るく清潔で美しくさえあった。

ソヴェトの子供たち

モスクワやレニングラードで子供の姿をあまり見かけないので不思議に思ったらソヴェトでは七月八月は夏休みで九月一日から新学期がはじまる、夏休みには幼稚園から大学まで生徒も先生も国家の費用で交替で山や海にキャンプに出かける。キャンプでは日頃教室の中で勉強したことが実地に活用されたり、行く先ざきのキャンプ地での社会、自然についての実地勉強もあるという。

アルメニア共和国の首都エレワン〔現エレバン〕でキャンプから帰ったピオニール〔共産主義少年団〕の街でのキャンプに行ってみたが、街の広場広場に天幕を張りめぐらし、夕ぐれともなればキャンプファイヤーがあかあかと燃え出し、その焚火の照火をうけて、二、三百名の子供たちが浮き上がり歌ったり踊ったり楽しそうに遊んでいたが、まるで原始時代の火祭りでも見るような幻想的な光景であった。

天幕の中をのぞくとキャンプ地から持ち帰った昆虫、植物の標本や自分たちでつくった童話人形、図画、作文などのたくさんの製作品が陳列されていた。

各々のキャンプは青年共産党員が指導していて各キャンプに指導者の個性が出ていて面白かった。

（中略）

ソヴェトの労働者

チェコで「作家の家」を訪れたとき「作家の家」で養成された六十歳と五十八歳の靴工婦人労働者が詩人として天分を発揮し、現在一人は詩人、一人は地方の教育委員として活動していることを作家のキッシュ氏が語ったが、ここの工場の労働者の中からも作家、音楽家、画家などに転じたものが数多くあって個人の才能を伸ばす道が容易に開けている。

アルメニアの絹織物工場へ行ったとき、仕事場へ入って行くと、職場を離れていきなり婦人たちがわたしたちを取り囲んでペチャクチャと質問をあびせて来た。勝手に職場を離れて監督に叱られはしないかと問うと、監督もここにいるとかたわらを指さした。日本ではなかなか職制がやかましいというと職制は資本家か労働者かと聞きかえして、労働者が何故労働者をいじめるかと不思議がった。そしてこのことについてはとうとう最後まで理解しないで終わった。彼女らの言葉では監督は自分たちの技術を指導するよき労働者である。自分たちはこの機械、この工場の主人であるのに、いったい誰に叱られるかという。ソヴェトの労働者は自分たちが生産をあげることは自分たちの生活を豊かにすることであり、国家もそれだけ豊かになる。豊かな生活をしている国民は平和を愛するという。どこの工場へ行っても、平和に関するポスターやスローガンをたくさん見かけた。

（中略）

モスクワを離れる日、飛行場に見送りに来たソヴェトの婦人が、自分たちもあなたのお国を見せていただき、そして日本の多くの婦人たちとも親しくなりたい。ソヴェトは毎年八千人の諸外国の人びとを招待して、ソヴェトのどこでもを自由に見て貰っているが、自分たちがアメリカ、日本その他の諸外国に行きたいと思ってもそれらの政府は入国を拒否します。日本に帰ってソヴェトを見たいという婦人があったらわたしたちはいつでも招待しますと伝えてください。鉄のカーテンはいったいどっちにあるでしょうかと、その婦人はわたしにしみじみと語った。

新しい中国へ

美しい夕焼けと思い込んでいたら午前二時の日の出前の夜明けであったりする空を飛行機は飛びつづける。白夜のうえに時差があったりして人間の頭が混乱してくる。オビ河のほとり人口五十万の街スペルドスクで一泊し、ヴォシビリヤの街も過ぎた。ゆけどもゆけどもはてしない砂漠、そして樹海、飛行機は動物のような早い速度でシベリアの平原を一直線に飛ぶ。気流の悪い低い雲のたれこめた中で両翼がはげしくゆれる。灰色の黒い雲が一面に機をつつむかと思うと、次は明るい空に雲が流れている。あるいは美しい虹が草原の天空に七色の橋を描く。草と白樺と水沼の茫々たる平原、その中に大きな近代都市がポカリと出現する。広大な無限に近いようなロシアの大自然である。西も東も目のとどく限り地平のはて。イルクーツクから中国風となってホテルの字も中国字となる。モスクワと時差だいたい八時間。青磁色の波静かなバイカル湖はきり立った山にかこまれて、細い白い道がうねうねと長く伸びてバイカル湖を抱いている。ゴビの砂漠でラクダの群を追いながら蒙古人民共和国に着陸した。ねむそうな低い丘が滑らかな姿態で重なりあい、生毛のようなみどりの草を生やしている。雨がしとしと降っていれば全く亀にまけた兎がしょげて帰るに似つかわしい風情の山である。飛行場で見かけた蒙古の子供は日本の子供そっくりである。人なつかしそうにわたしたちのそばに来て話しかけた。

夕やみに包まれた北京飛行場には小雨が静かに降っていた。

新しい中国！　それはすべての点でシンキロウの出現と言っても過言ではないほどの変わり方である。四年余りの中国生活でわたしがむかし見たものは、ドロボウと不潔と伝染病と貧民と無学と飢餓であった。その上に日本軍隊をはじめ外国支配の圧力の下に人民は苦しんでいた。その中国が今では駅の売店にも売子はいない（二）し、北京でも上海でも杭州でも、そしてどんな路地裏に行っても愛国衛生運動が徹底してハエ一ついない。勿論、蚊もいなければノミもネズミもいない。自然と伝染病も減少している。北京の道路は東京の道路よりかずっと清潔できれいになっている。街を歩いている人びとも、木綿のさっぱりとした青色の中国服を着ているし、浮浪する貧民などさがしても見あたらない。

子供はみんなくりくりと肥えて紅い頬をして元気である。そればかりか朝鮮、日本の孤児まで大切に育てている。とにかく中国はすべての点で新しく変わった。

官応水庫

汽車を下りて土木站からトラックに乗って官応村につく。官応ダムは永定河の流れをここでせきとめ高さ四十五メートルのダムを築く大治水工事である。過去二千年の間にこの延々七百キロに余る永定河は幾回、幾百回氾濫しては人民を殺し苦しめ、土地を流したことであろう。幾百万の人びとが全九州の広さの地域で来る年も来る年も水害と旱魃に悩まされつづけている。清朝の康熙《こうき》、乾隆《けんりゅう》の二帝も日本の軍隊もこの治水工事に手をつけては投げ出したという難工事の代物である。

わたしが行ったときはもう八分通り完成に近づいていた。工事長は今年末か来春四月までにきっと完成します、と言った。幾万の人間の手によってすさまじい勢いで工事が進められている。現場を通るたびにいっせいに労働者が働く手をとめて、拍手してわたしたちを迎える。わたしたちも思わず拍手で応える。あっちこっちに赤旗がひらひら風にはためいているのは模範作業班である。世界ダム建設史上でも驚異といわれるこの大工事がわずか四年で人民の手によって完成しようとしている。若い労働者が今年末には二十一億立方メートルの水を湛えた大人造湖がここに出現しますと眼を喜びに輝かせていた。ここに働く労働者は単なる労働のみに従事しているのではなく同時に、政治、技術の勉強もするというふうに、この工事そのものを中心に一つの学校と化している。工事長はわたしたちに、一年してまた来てください。そのときには、この辺一帯の風景はきっと変わっています。山々には緑の樹木が茂り、公園が出来、貯水池畔には労働者の休養所や保養所が建ち、遊楽地となっているでしょう。そのときにはトラックでなく向こう側の山ぞいに出来る鉄道で来てください、と嬉しそうに言った。男女労働者の誰と話しても祖国建設に自信満々の高い意識をひれきする。

新しい結婚

百姓と共に女を人間でないように因習づけていた、強制婚姻と売買婚姻の古い中国が解放されて新婚姻法が発令された。街でも村でも職場でも、今中国は恋愛結婚が奨励されている。婦人はやっと非人格なあの因習結婚から解放された。北京郊外のコルホーズ〔集団農場〕に行ったとき、農場長さんがコルホーズの説明の中で——当コルホーズにおきましては恋愛結婚せし者十七組、目下、恋愛進行中の者十五組、そこでお茶をくんでいる婦人も昨日、恋愛結婚をいたしました。あそこにいる婦人は目下恋愛進行中です——と説明したときには愉快この上もなかった。二人の婦人はわたしたちを見て誇らしげにニッコリ笑った。

農家を訪れたときホホベタの赤い可愛い赤ん坊を抱いた婦人が自分は今までに八人の子供を生んだが、みんな栄養不良で死んでしまった。解放後、二人の子供が生まれたが、こんなに丈夫に育ちました。自分たちは土地もロバも貰った。昔は高粱《こうりゃん》さえ食えず、おかゆをすすっていたが今では三度三度白米を食べている。あの高粱は牛や豚が食べますと、畑にタワワに実った高粱を指さした。掃除された庭には貯金で買ったという車が一台あった。ここにも虻《あぶ》はいなかった。

隣の農家の若夫婦の家の門には恋愛結婚の家と書いた赤い紙がペタリと貼られてあった。

新中国では主人も妻もお互いを呼び合うのに愛人《アイレン》と言う。農家の婦人も主人のことを愛人と言っていた。

職場でも恋愛結婚が奨励され、一つ恋愛が生まれると、みんながその恋愛を守り、よりよき恋愛、より健康な結婚へと援助の手をさしのべる。

離婚裁判を傍聴したが、日本の法廷を想像して緊張して行ったわたしは拍子抜けするほどに、和気あいあいといった感じである。高い壇もなければ、いかめしい法官もおらず、まるで日本でいうなら、田舎の映画館でフィルムが切れて電灯がパッとついたあとに、観衆が見知りの隣人とガヤガヤ楽しそうに雑談を交わしている風景に似ていた。小学校の二教室ぐらいの室に長い木製の椅子が幾つも並んで五、六十人の男女が思い思いに雑然と自由なカッコウで腰掛けている。子供が椅子の上で昼寝している。誰が訴人やら被告やら分別できない。やがて、二十五、六歳の断髪の婦人が青い木綿の中国服で現れて、一同に新婚姻法について、懇切丁寧に説明を一時間ほどした。その態度は終始人民に服務するという誠実さが、すべてに溢れていた。話が終わるとその婦人はわたしに「これから裁判が始まります、あなた方は、もはや望みのない夫婦、あるいは努力すれば再び和合できる夫婦、それともすでにこと切れて金銭上の問題が残されている夫婦、どの裁判をごらんになりたいですか」ときく。

あちこちで裁判ががやがやと始まった。一組の裁判に二人の婦人裁判員がついている。離婚裁判にはすべて婦人裁判員のみが当たるそうである。被告も原告も裁判員も同じ椅子に向かい合って、ひざつき合わしての懇談という風景である。

院長の話によると、「来る時は四角い顔、帰る時は丸い顔」という言葉が離婚法廷で流行しているように、双方円満に和合解決してゆく者が多いという。

解放された国では一様に婦人と子供が幸福に暮らしていたが、特に古い中国を知っているわたしは中国の婦人がわずか四年の間にこれほどに成長し、あらゆる職場に活動しているとは想像もつかなかった。婦人は男子と同じ同一労働、同一賃金で働いている。電車の運転はもとより、汽車の機関士にも婦人がいるし、コルホーズではトラクターを運転し、南京、上海、杭州と汽車で旅行をしたが乗務員も衛生員も全部婦人であった。病院長、学校の校長など、上海ではわずか二十七歳の婦人が三千人の紡績工場の工場長であったし、二十五歳の副工場長もいた。そして、これらの婦人が立派にその職責を果たしているし能率を上げている。

北京市婦人小児保健院に見学に行ったとき、副院長の李《り》女史は、中国婦人は政治、経済、社会、家庭から解放され、また数千年この方中国婦人を苦しめた出産の苦痛から解放されようとしている。無痛分娩九十七パーセントまで成功したと言った。これこそ本当の男女同権だと冗談交りにわたしも笑った。

（一九五三年）

編注

(一)暴動事件……一九五三年六月一六日、東ベルリンで生産ノルマ緩和などを要求する反政府デモが起こった。一七日ゼネストになり、ソ連軍戦車の出動により鎮圧された。死者一六人。著者が出遭ったのは一六日のデモであろう。

(二)売り子はいない……泥棒がいないため、という意味だと思われる。

誰でも善人になれる国

コペンハーゲンの世界婦人大会に出席した私たちは東ベルリンからモスクワに入った。モスクワを中心として三週間各方面を見て廻った。労働者の住宅もコルホーズの農民の家にも私たちは自由な立場で突然に訪問して、むしろソヴェトの私たちの案内者を逆に私たちが案内したという形になってしまった。だから見学のプランも勿論、私たちが協議して自分で作った。

解放後三十五年の歴史を持つモスクワの街の印象はさすがに、じっくりと落ちついてもはやどんな内外の嵐が吹きつけようともビクともしない、おおらかな大国の重みに静まっているという感じであった。

だから、あのドイツとの大祖国戦でさんざんにやられた後の街の復興もほとんど完成しているし、ちょうど私たちがモスクワ滞在中に起こったシベリヤの追放事件もなんのことはない、ホテルの食堂でも街を歩いても、シベリヤのことが大した話題にならないほどの平穏さだった。朝夕のモスクワの街は銀座を歩くお嬢さんのように美しく着飾った若い婦人が織るように歩いているが、これがみんな婦人労働者である。そして八つの高層建築物は空高く近代建築の美しさを発揮してそびえ、夜ともなれば赤いルビーの七つの星がキラキラと夜空に輝き、三十分毎に鳴るモスクワの標準時計は大変きれいな甘い音色で道ゆく人びとをなぐさめている。

有名な世界一といわれている地下鉄は、スターリン首相が労働者のいこいの場所として建築したというほどであって、各駅々の創造的な壮麗、美観、清潔さは芸術の粋をあつめたという感じである。地上より地下鉄の中が酸素が多いようにしてあるというからおどろく。

解放国はみんな一様にそうであったが、ソヴェトでも子供は一番大切に保護されていた。レニングラードのピオニール宮殿など、その名のように全くの宮殿であった。昔の貴族の舞踏会用として使用された宮殿が、そっくり子供のために与えられいろいろの設備が完備していて、子供の遊び場の天国である。私たちが行ったときは花のように輝くシャンデリアの大広場で三百名近い子供たちのダンスパーティが催されていた。階上から流れてくる美しい音楽の波にのって民族ダンスを楽しそうにおどっていた。私たちも子供に誘われるままに彼らの仲間に入った。

広い童話室は民族のいろいろの童話が順々に色彩の美しい壁画に物語られており、プラネタリウムの室では夜空の星の世界が、次々とロマンチックに解説されてゆく。広い音楽室では、子供たちが盛んに合唱のけいこをしていた。

幼児の孤児院も訪れたが設備といい教育といい至れり尽くせりで、日本ではどんな家庭でも公の社会施設でも、あの百分の一のこともできるものでないと思った。

だいたい、解放国では一番、子供と婦人が大切にされているということは事実で、今度の世界婦人会議の中で決定された、婦人の権利と子供の幸福を守るという活動が、解放国ではすでに完全に実施されているとしみじみ感じたことである。

アルメニアの首都、エレワン〔エレバン〕を訪ねた。この国は太陽と月とが一緒になったような国で、若々しくピチピチしてその上にとても人間が情熱的でロマン《ママ》に出来ていて、私たちの滞在中は案内してくれている婦人が、みんな車中でも夢みるように歌をうたい、その国の歴史を語り、私たちに話しかける。私たちは、荒城の月とか、手まり唄とか、八木節とかを歌ってきかせてあげた。そうすると哲学者という婦人が、荒城の月をもう一度、もう一度と何回も要求する。意味は解らないが、この歌をきいていると日本の民族の悲しみが、よく解るような気がする。きっと日本人は平和だった昔を思い出して恋しがっているだろう。きっといまに日本も美しい平和な国になりますよ。と言って私たちをなぐさめてくれたのにはびっくりした。国境と言葉を超越した音楽のもつ偉大性であろう。

この国では働く人の四十五パーセントが婦人であるというだけあって、婦人の地位の高いのには敬服した。医科大学では婦人学生が絶対多数で、大臣、大学教授、俳優、作家、議員、労働組合委員長、医者、ジャーナリスト、大学学長などなどという風に、あらゆる分野に婦人が高い地位を占めている。東洋的な血の濃い民族で頭髪も黒く、婦人たちの口許にヒゲが長く伸びていて、私たちの眼をおどろかしたが、大臣とも学長ともなれば女も口ヒゲくらいは生えるだろうなどと言って私たちは笑ったことである。

婦人をしばっている、いろいろの不幸、不平、不当なものから婦人を真に解放するということは、経済的にも政治的にも、この解放のない限りそれは不可能なことであると考えた。日本では学校が夏休みになると、学生はアルバイトをさがすが、ソヴェトでは七月、八月の二カ月を幼稚園から大学まで、生徒と先生は国家の費用で全部キャンプに行く。アルメニアではコルホーズの牧場に行ったとき、牛までキャンプに行って留守だったのには腰の抜けるほどおどろいた。

病気をしても医療費がほとんど無料に近く、教育費もまたそうである。住宅費も食費も給料の五パーセントから十パーセントで、貯金は自家用車や電気冷蔵庫やテレビやピアノなどを買うためにするというソヴェトでは、生きてゆくための生活の心配苦労というものは全然ない。いま日本でも病人を持つ家庭で医療費だけでも無料ということになったら、どんなに日本人の人相も明るく変わってくることでしょう。私たちは語り合ったことです。もし自分たちでもソヴェトで生活するようになったら、どんなに性格が変わってゆくことだろう。きっと善良な人間になるでしょうと。

(『ソビエト知識』一九五三年)

お帰りなさい、平和の旅

——故国の土ふむ婦人代表

世界婦人大会に出席し、ソヴエト、中国をまわりブカレストでの世界青年学生友好祭に出席した七人の日本代表（浜田、赤松、小笠原、宮城、遠藤、高橋、村上）は、八日夜羽田飛行場につき翌九日午後、村上さんを除く六人の代表は三宅坂の自治労会館で元気いっぱい土産話に華を咲かせました。

国民生活みたまま

どこでも行きあたりバッタリで入っていったのですがね。鉄のカーテンなんかゼンゼンなかった。ソヴエトがやはりいちばん水準が上かしら。チェッコも裕福な感じで、労働者のアパートの設備は日本の局長クラスでもない風呂場あり、電話あり、洋服ダンスの中は服がいっぱい何足もの靴、冷蔵庫の中はカンヅメがズラリ。中国は期待するのがムリですが、昔中国にいったことのある私は、解放後わずか三年の間に前の中国がどっかへ消えてしまったと思った。今食べることが第一、着物は木綿の清潔なもの、どこに行っても住宅はドンドン建ってまして。もう三十年たったら中国は世界一立派になるんじゃないかと思った。あの「ドロボーの国」の人が人間改造されて偉大になった。

（「婦人民主新聞」一九五三年九月一三日号）

解放された国の婦人たち

チェッコの首都プラーグ〔プラハ〕の街はしっとりと沈んで美しい街で、一口にいうならヨーロッパの北京のよう。丘や森があり、街全体にゆるやかな坂の起伏があって歩いていると近代化された街の通りの彼方に深い森がすうーと浮かんで見えたり、ひょいと樹木の多い丘の中に入ったり、町角を廻るとあかね色の夕陽を浴びた素晴らしいゴシック建築の寺院の塔が目の前に急に迫って来たりする。このように詩と絵画に包まれたような美しいプラーグの街のロータリーには必ずきれいな花園が真ん中に作ってあって、花も葉も茎も真っ赤なベゴニヤの花壇の周りのベンチには、老婦人がゆったりと腰を下ろしてしわの深い枯れた手に毛糸の編棒をせっせとはこんでいる。その傍には夫が妻に寄り添うように親しいポーズで妻の指先をいとしい瞳で見つめています。ときには年若い婦人が立派な乳母車に赤ん坊をのせて暖かい日射しを背にうけて雑誌を読みふけっていました。

モスクワの日曜日は大変な人出で腕を組んだ恋人や夫婦づれが街に溢れています。郊外へピクニックに行った群れが夕方になると自家用車やトラックに花をいっぱい積んでお祭りのように帰って来ます。みんな明るい楽しい顔をして、どの車からも言い合わしたように高い朗らかな歌声が流れてくる。

解放された国々の婦人はいったいどのような生活をしているだろうと私はソヴェトに入る前いろいろに想像しました。

家庭婦人は、労働婦人は、未亡人はというふうに、けれどもそれは日本での物の考え方で、向こうでは家庭婦人も労働婦人も未亡人も決して日本で考えるような別種のものではないのです。だから孤児問題、未亡人問題、労働婦人問題などというふうな特殊な問題はありません。託児所、幼稚園、孤児院、養老院が完備して、ほとんどの婦人が職場に働いているのですから失業者の多い日本の現状とはおよそちがいます。

こんなわけで東京とコペンハーゲンでだいたい八時間の時差が出来ますが、時差のあるのは距離だけではなく私の頭の中にも時差が生じたわけです。だから私たち一行はときどきトンチンカンな質問を出して相手を困らせました。モスクワでたくさんの婦人が織るように街を歩いています。それはちょうど、着飾った美しい婦人が銀座を歩いているのと同じです。私たちは労働婦人が見たいと案内者に申し入れました。ところが案内者はここを歩いている婦人はみんなみんな労働者ですよ、と笑った。私たちを案内してくれた通訳のUさんはモスクワでは最高の日本語の上手な婦人ですが、代表団のOさんに「あなたの仕事はなんですか」と聞きOさんが「わたくしは主婦です」と答えると「まあ、主婦だけなんてつまらない」と大ぎょうな身ぶりをして、自分の夫は大学の先生で夫の母もまだ元気に働いている、自分も東洋大学で語学を教えている。可愛い可愛い坊やが一人あるがちいさいのでばあやさんが養育を完全にしてくれている。いまは夏だから山の別荘に坊やとばあやが行っています。私は一週間に一度は別荘にゆくと楽しげに語るのです。

医療費も教育費も無料に近く、食費も住宅費も給料の五パーセントから七パーセントというこのような国での婦人の生活と、日本のように高い食費と住宅費との社会に住む私たちとは、何事もくいちがいが多く、質問もなかなか焦点が合わず最初のうちは困りましたが、解放された国々をみてゆくうちにだんだん頭の時差も短縮されてゆくという工合です。モスクワやレニングラードの豪華な劇場でオペラを私たちも幾度か見ましたが、観客が日本の歌舞伎座や演舞場のように金持ち階級の人ばかりで占めているのとは全くちがい、これがみんなアベックの労働者です。ことに婦人が多いようでした。隣の座席の婦人に質問すると、月に三回くらいは見ますと。日本で三回もオペラを見ると若い職業婦人は破産するだろうと私たちは話し合ったのです。

ソヴェトのジス工場の従業員のために出来た文化会館を見ました。三万六千立方メートルの建物の中には、映画室、ダンスホール、劇場、図書室、托児所、児童室等々の施設が完備しており、殊に子供の育成には力を入れ、科学、絵画、彫刻、音楽等々の専門室を置き、子供の素質を守り天分を発見するようにつとめている苦心には敬服させられました。工場の托児所においてさえ子供のときからこのように、その子供のよい素質を伸ばすように気を配って教育をしているのです。創造の国だとつくづく思ったわけです。

たとえば労働者の中でも音楽に天分があると認めるとよい音楽家になるための道を講じるというふうに、人間の特質を大切に保護しています。

チェッコスロバキヤの托児所でも、レニングラードの孤児院でも同じように感じたことは、日本のどんな富裕な家庭であっても、またどんなに高い教育者の家庭においても、あれほどすべての点でよい教育ができるものではないと思ったことでした。チェッコスロバキヤの托児所で若い夫婦が仕事の帰りに子供を迎えに来ていました。前歯の二、三本生えた坊やが両親に抱かれて私たちを見てニコリと笑った風景はいまだにほほえましい印象の一つとなって残っています。

（『婦人朝日』一九五三年九月号）

中国の招待に応じて

人間は見たらいけないと言われると、なお一層みたい感情がつのる。ましてや鉄のカーテンとか竹のカーテンとかいうことになると、国際的にスケールも大きくなる。わたくしたちが世界婦人大会のあとで、中国代表の招待に早速応じたのも、一つにはこうしたことがあったかも知れません。

一行のメンバーは遠藤千枝子、小笠原貞子、宮城冨士子（または富士子）、高橋志ず江、わたくしとそれに通訳の高良真木の六名、赤松俊子さんはブダペストからモスクワに来てわたくしたち一行に合流しました。

わたくしたち六名はコペンハーゲンからバスや船や汽車にゆられながら六月十五日東ベルリンに到着しました。ベルリンでコペンハーゲンの大会に参加できなかった朝鮮代表、ベトナム代表、それに日本代表の三カ国のためにとくに会議が開かれました。参加国は、フランス、イギリス、アメリカ、東西両ドイツ、スペイン、チェッコスロバキヤ、トルコ、チリー、ブルガリヤ、イラン、カナダ、ブラジル、ボリビヤ、インドネシア、エクアドル、コロンビヤ、アルゼンチン、ビルマ、グァテマラ、シリヤ、オーストラリヤ、中国、ソヴェト、ベトナム、朝鮮と日本の二十七カ国代表です。

議長団正面に陣取っている中国婦人代表陸璀女史の会議のさばき振りは見事なものでした。各国の代表は、英雄的闘争を勇敢につづけている朝鮮とベトナム代表に深い敬意と賛辞をおくりました。そして日本代表を激励してくれました。各国代表の演説の中に「ジャパン」と発音されると、われわれはそのたびごとに緊張します。朝鮮代表とアメリカ代表、またベトナム代表とフランス代表がしっかり相擁して、お互いに平和を希求する情景は、会場を圧する猛烈な拍手の中に、感激的な劇的シーンでした。私は日本の平和を愛する全婦人を代表して、祖国の不幸な暗い状態を訴え、朝鮮代表李姫女史とはとくに固い友情の握手をしました。背の高い李女史はおおらかな胸に私を抱き、「しっかりやりましょう」というふうに、言葉は通じないけれど、お互いはしばし目に見えない感情で誓い合いました。

コペンハーゲンの大会に参加できなかったわたくしたちは、大変この会議を有意義なものと思いました。日本代表は毎日夜おそくまで各国代表と意見の交換などもやり世界の平和について熱心に話し合いました。

その後一行は汽車で六月二十二日モスクワへ到着しました。

駅頭には先着の中国、朝鮮、ビルマ等々の婦人が出迎えてくれました。ソヴェト反ファシスト婦人委員会書記長のパール・フョーヴァワ女史から贈られた大きな美しい花たばを胸に抱いて、わたくしは、わたくしたち代表を激励し世界婦人大会に送ってくださった全日本の婦人に代わって、駅頭でマイクを通して早速、全ソ同盟婦人に団長としての挨拶を述べました。わたくしよりか遥かに齢かさの岡田嘉子(一)さんの顔も見えていましたが、何とわたくしの娘のように若々しく、元気潑剌としていたのにはおどろきました。

ソ同盟では三週間滞在し、レニングラードやアルメニア共和国などを視察見学しました。どこへ行っても平和の一色でぬりつぶされて、戦争などという気分はどこにもありません。自分たちの幸福な生活を守るためには平和は絶対の第一条件であると、ソヴェトの人たちは口をそろえていいます。今度の大祖国戦争で受けた不幸と悲しみ、そして生活の破壊をソヴェトの人民ほど身にしみて感じている者は他にないからでしょう。

何分にも医療費が全額無料で、住宅費が給料の三パーセント、食費が五パーセントから十パーセントで、婦人労働者が、電気冷蔵庫やピアノやテレビや自家用車を買うために貯金をしているという国では何から何までわたくしたちとは話が合わずはじめはとまどったものです。

それからモスクワ飛行場を発って三日目の七月十三日、わたくしたちは北京飛行場に降り立ちました。

解放されてわずか四年の新中国は、おもちゃ箱を引っくりかえしたような大にぎわいで、平和建設の大事業が進められています。北京・南京・上海・杭州と、わたくしたちはここでも三週間歩き廻りました。どこの職場へ行っても婦人の進出は実にめざましく、乞食も浮浪児も失業者もハエも蚊もいないというのが、わたくしたちの見た新中国の姿でした。健康で清潔で美しく愉しい国が、日本のすぐ隣ですばらしい勢いでいま創造されています。

なお、羽仁説子氏はブダペストの世界平和擁護評議員会へ、高田なお子、千葉千利世両氏はロンドンを経てウィーンの世界教員大会へ、村上トク氏はロンドンへ、それぞれ大会後出発しました。

（一九五四年三月三〇日記、世界婦人大会代表報告会中央準備会編『平和と幸福のために――世界婦人大会報告・決議集』五月書房、一九五四年五月）

デンマークの印象

遊覧都市にふさわしい美しい街。物価は日本より高し、ドルはいかなる国でもそのまま通用するかと思ったがそうでなし。矢張りデンマーク貨に換算して使用する。

国際民婦連、書記長クーチュリエ女史より「婦人団体連合会」に対する質問あり。結成、参加団体、組織人員、日本の婦人運動について意見交換、国際民婦連評議員正副四名（日本）を提出、平塚（未決定）、羽仁（承諾）、高田（考慮）、浜田（承諾）、大会の映画、他国代表とともに日本代表十三名全員にて見る。

ゲエンヤ駅

この駅よりブラジル、インドネシア、エクアドル、コロンビヤ、アルゼンチン、ビルマ、グァテマラ、シリヤ、オーストラリヤ、ボリビヤ、それに中国日本と交え同行して船中にて各国代表と幾班かに別れて国内状態について意見の交換をする。インドネシア代表はスカルノを罵倒し、アメリカと蔣介石と仲良しの人間は全部金持ち、メーデーにはジャカルタだけで七十五万動員。インドネシア兵は弱体。オランダ兵駐留、アメリカ資本が経済を掌握。米も麦も良質なものは全部アメリカが持ち去る。一般人民はビルマ米を食べる。

ビルマ代表は勝間田代議士と話したという。米英を憎み朝鮮や蔣介石の軍隊が入国して悪いことをしているという。共産党は全部地下活動をしており政府は都市だけおさめている。街には強盗が毎日出るが、ジャングルの中は平和で強盗も出ない。村では朝鮮兵が悪いことをするので農民は町に出る。日本軍のいた頃はラングーンは人口二百万。今は七百万。ビルマ婦人は職なくインド人、中国人と次々主人を持ち、三度目にパンパンに落ちてゆく。日本とビルマは似ている。どちらがましか知りたい。以上の如く各国代表は各自国の事情を訴える。日本代表も同じ。

ドイツ上陸

東ドイツ上陸は真夜中で剣付の兵隊が厳重に警戒に当たり、ビザのないわれわれの荷物の調査などあり代表団は少しおじけた（われわれは東ドイツ外務大臣の許可で出発した）。

午前一時頃夜半なれどドイツ民婦連の歓迎会をうける。これよりベルリンまで自動車にて七時間。

東ベルリン

コペンハーゲンを見て来た日本代表は東ベルリンの働く婦人の衣服のまずしさ（デンマークより）、市街の瓦礫の山、夜の暗さ（キャバレー、ネオンなし）などですっかりしょげ込んだ。それに機関銃の音（デモの）[二]、ホテル缶詰め（デモのため三日間）、東西ドイツ婦人との交歓の中でやっと元気をとりもどす。特にスターリンアレー（労働者の住宅街）をみてから元気をとりもどし安心する。ベルリンは東西歩行が自由であるからスパイがいつもうろついている。

東ベルリン　物価㈠　失業者　パンパン　混血児　浮浪者　キャバレー　なし。

レストランもあまりない。

西ベルリン　物価㈦　東ベルリンと全然反対。大体日本の状態と同じ。

両ドイツ婦人は何を希むかという質問に対して一様に両ドイツの統一という。

東ベルリンは住宅難。デモは建築、土建労働者をアメリカがせんどうして起きたもの。

小会議

会議に間にあわなかった日本代表、デンマーク政府が入国を許可しなかった朝鮮、ベトナムの三国代表のため小会議をソヴェト大使館（?）にて持つ。

参加国　フランス、英、米、ドイツ、スペイン、チェッコスロバキヤ、トルコ、チリ、ブルガリヤ、イラン、カナダ、ブラジル、ボリビヤ、インドネシア、エクアドル、コロムビア、アルゼンチン、ビルマ、グァテマラ、シリヤ、オーストラリヤ、中国、朝鮮、日本、ベトナム、各国代表は自国の事情を述べ一様に朝鮮、ベトナム、日本、アメリカ代表を激励した。日本と西ドイツのことは特に各国代表の重要関心事であった。

見　学

ソ連祖国解放戦士の塔。マルクス博物館。この途中にてデモ隊に逢う。静かなデモ約五千人くらい。道行く人は注目せず（結果一名銃殺）。

朝鮮代表

われわれは特に朝鮮代表と語る。

李姫代表（朝鮮民主婦人同盟副委員長）。

女性同盟の全思順さんよりの伝言をつたえる。二つの旗を手渡す（在日本朝鮮婦人より托されし金日成主席へ贈るもの）。

国際民婦連本部ソ連代表（ガリーナ）、フランス民婦連代表（シモンヌ・ベルトラン）との面会。浜田、通訳＝高良。

質問

①「婦人団体連合会」について語れ。

②婦団連の事務局長として今直ぐ婦団連を国際民婦連へ加入さすことができるか（できないと返答す）。

③代表派遣準備中の運動を述べよ。

④日本婦人民主協議会について語れ。

⑤婦団連が民婦連に加入すれば民婦協は婦団連の中で支部を解消することになる、即ち支部は日本で一つになる。

⑥次の評議員会までに婦団連が参加すること。

⑦議事録をよく読んで小グループにまで浸透させ、それに対する意見書を本部に提出せよ。

⑧婦団連の加入が日本の事情のため不利と思えば時を見よ。

⑨しかし民婦連との交渉は絶えず忘れぬようにせよ。

⑩英国の婦人団体は民婦連に加入していないが会長は民婦連の副会長である（副議長とも訳す）。

⑪日本のため副会長の席をあけてある。

⑫婦団連が民婦連に加入しなくとも平塚らいてうが副会長になれる（英国の如く）。

⑬日本の資料はベルリンとプラーグ〔プラハ〕の両方に必ず英語で送ること。

日本委員

　副会長一名

評議員正副各四名
執行委員正副各二名
○執行委員は評議員であること。
○副会長は評議員であること。
○評議員八名は異なった種々のグループを代表していなくてはならぬ。

モスクワへ

汽車にて各国代表とモスクワへ向かう。二日二晩。汽車中にて各国代表と意見交換盛んなり。日本代表はよく働く。汽車がソ連領へ入るとたんに婦人労働者が目立って多くなる。汽車も立派。ポーランド、ソ連の沿線はかなり爆撃のあとが見えて、復興未だし。裸足の女の子が貧しい服装で野の花を売りに汽車の窓へ来る。日本代表団またまた意気消沈。すべて現象的にすぐ感覚に訴えて物を見る。本質的に物を考えない。各国代表と交歓して日本代表の勉強の不足。意識の低さを知る。他国代表は意識高し。

モスクワ

岡田嘉子をはじめソヴェト反ファッショ婦人委員会書記長他多数の出迎えをうける。
全ソ向け挨拶をマイクを通して日本、ベトナム代表が送る。
○案内者
反ファッショ婦人委員会書記長高級副官のニーナ・イエレメエヴナと委員のリーダー、サムソノヴァの二人が日本代表の案内責任者となる。通訳はモスクワ最高という東洋大学の日本語教師ユリヤ（女）。

右の二案内者と午前まで打ち合わせ、通訳は岡田嘉子。
①三週間見学せよ（日本代表団は中国側と交渉。中国側は二週間でよいという。結局大山氏のスターリン平和賞授賞式に列席のため、結果として三週間滞在した）。
②要求は何でも出してほしい、見たい所、会いたい人、聞きたいことなど。
③ソヴェト歴史はじまって以来日本婦人が代表団として入国するのは初めてである故に重要に取り扱う。
④ソヴェトのよい所も悪い所も見よ。

○反ファッショ婦人委員会委員長と語る（ソヴェト最高議会議員）。
全代表一人ひとり書類と照らし合わせて質問。

浜田の場合「よく知っています」と言ったことが不思議であった。他代表もケゲンな顔をしたものあり。
○見学
①市内見学（主として高層建築物）。再建モスクワの街。
②病院
病院で日本で流行している冷凍植皮のことを聞いたら、ソヴェトではしていないと言った。病院に重病人の姿を見ず清潔。
③建築博物館
④子供の家

（推定一九五三年）

編注

（一）岡田嘉子……一九〇二年広島県生。女優。母方の祖母がオランダ人の血を引くため、エキゾチックな美貌を受けついだ。女子美術学校卒。新劇女優を経て、サイレント映画時代のトップスターとなった。三八年一月、演出家で過去にプロレタリア運動に関わったため執行猶予中の杉本良吉とともに、スタニスラフスキー・システムの勉強をしたいと厳冬の樺太国境を越えて入ソ。それ以来消息を絶っていたが、高良とみが五二年にモスクワでその生存を確認し、にわかに日本での関心が高まった。杉本はスパイ容疑で三九年銃殺され、岡田はスパイ容疑で自由剥奪一〇年の刑を言い渡されていた。四七年自由を得、戦後はモスクワ放送局日本語課に勤務、念願の国立演劇総合大学にも学んだ。日本にも七二年帰国した。九二年モスクワで没。『自伝・悔いなき命を』（廣済堂出版、一九七三年）。

（二）デモ……「ソ連・中国を見たままに」編注（一）参照。

日本婦人大会を終わって（一）

日本婦人大会は、日本子供を守る会と総評と全日本婦人団体連合会の主催で、十二月の五日、六日、七日の三日間、東京芝公会堂で開催されました。この日本婦人大会には、福井と熊本をのぞき、北は北海道から、南は四国九州の果てまで、千三百名の婦人代表が集まりました。

集まった婦人層は、家庭の主婦から、農村の婦人、女子学生、職場の婦人、日雇労働者、事務員、看護婦、教員、文化人、宗教家、それにストライキ中の婦人など、ほんとうに、ありとあらゆる婦人が、この大会に参加しました。このようなことは、日本の婦人の歴史が始まって以来、初めてのことでありました。

会場は、超満員で、通路にゴザがしかれ、それでもなお足らず、廊下に一杯あふれるというありさまでした。壇上には、平和の白い鳩が飛び、世界婦人大会のマークである、人種を超越した、白色、黒色、黄色のやさしい婦人像が、地球の上で仲良く肩を組んでいます。

議長団の机の上は、美しい花束で一杯飾られていました。こうした平和そのものの、楽しい空気の中で、各層の婦人代表は、三日間を通じて、熱心に白熱的な討論を続けました。

今年五月に、世界婦人大会に、日本代表を送るための、第一回の日本婦人大会(二)が東京で持たれましたが、それからわずか、七カ月しか経っていないのに、二つの大会を比較して見ますと、質、量ともに、目ざましい日本婦人の成長と発展を示しておりました。この原因は一体、何でしょうか。それは、私たち日本の婦人の生活が、もうこれ以上、どうにもならない。ギリギリの所まで追いつめられているので、色々の問題を、一人でクヨクヨ考えていてもどうにも解決ができない。

日本中の婦人たちと話し合って、少しでも生活を楽にする方法、あるいは平和を守るためには、どうすればよいかを話し合いたかったからです。ですから発言も、大へん真剣で、今までの婦人の会ではおよそ見られないほど、熱心でありました。

福島県双葉郡から来た一人の主婦は、夫は戦争中病死し、女手一つで子供を育て、今朝も出発間ぎわまで、畑《はた》仕事をして、子供を、おばあさんに預けて、生まれて初めて東京に出て来たと言っていましたがこの農婦は、シイナ(三)の穂を片手に持って、「私たちの村では、一反歩に三斗三升くらいしかとれず、向こう三カ月しか食べてゆけないありさまです。四人の子供と、しゅうとめを抱えて、これから先一体どうして生きて行けばよいでしょうか」と、るる訴えました。

日雇の婦人たちは、

「仕事場へ、子供を背負って来てはいけないと言われるのですけれど、赤ン坊を見てくれる托児所がなくては仕方がありません。だから見知らぬ人に、赤ン坊を頼んで就労証を貰って、また赤ン坊を背負って現場に行きます。なかには、まだ首の定まらない生後間もない児を背負って、首をブラブラさせて働いている人もあります」

と託児所の必要を訴えました。

埼玉県の高等学校の先生は、

「女教師はお産があるので困る、という理由で、だんだん首を切られてゆく。埼玉県の高等学校だけでも、五百人の女教師が、現在では三百人に減っています。なかには就職するときに、子供を生まないと約束させられた人もあるくらいです。こうして、女子職員への無理解が、女子の職場をだんだん奪い生活をおびやかしています」と発言しました。

また、京都の職安の婦人労働者は、

「むつかしい政治の話はよく分からないが、私たちは、どうしてこんなに生活が苦しいだろうと話し合った。今までは亭主のカイショがないからだと思っていたが、いくら亭主が働いても、やっぱり苦しいので、これはおかしいと考えたら、どうも戦争準備のせいらしい。そこで平和でなければ、いかんと思った。しかし自分たちが、こしらえている道路が、なんの道路かさっぱり分からなかったが、あとで軍用道路であるということが分かって、これはいけないと思ったけれども、やめると明日から生活が困るので、それからみんなでノロノロと仕事をすることに決めました」と苦しい心境が述べられました。

旭日硝子労働組合の主婦の会代表は、

「私たちは四十六日間、ストライキをつづけています。主婦の会は家庭を守るために、石鹼売りや、内職をやっています。会社は暴力団をやとって、酒を飲ませ、私たちのところへ、なぐり込ませたり、市役所から百四十九俵も非常用のお米を持ち出し、これで労働者を買収して、とうとう組合を分裂させせました」と切々と訴えました。

また北海道の軍事基地から来た婦人は、
「最近、アメリカ兵はパンパンだけを相手にしないで、娘や子供にまで手を出しはじめました。先日、父親がなく家庭が淋しいので自殺したと新聞で発表された、十四歳の女の子の死体を解剖したら、悪性の性病におかされていたことが分かりました。また、基地周辺では、特に校舎が足りないので五日制をとっています。子供たちは、休みの二日間にビヤホールで、歌を唄って生活の足しにしている子供もあります。その他、弁当のない子供、保安隊の庁舎落成式に、子供の学芸会をせよと言われたり、アメリカの感謝祭に振袖の女の子供を出せと言われたり、教師の悩みは果てしがありません」と心情を語りました。

女子学生は、
「私たちは、青年を戦争にかりたてる再軍備と徴兵に反対し、平和運動をしていると、学校からにらまれ、いろいろな圧迫が加えられています。一方では、最近は在郷軍人の集会が持たれたりしています」と発言し、また、北海道の炭婦協からも、
「ジュラルミンの回収が始まっています。これは戦争への道です」などと、平和をおびやかす戦争への危険な道が叫ばれ、平和運動の必要を力説しました。

その他、山形、大阪、福島などの未亡人代表から、ギリギリの生活に苦しんでいる者の、生きる方法を与えてください。母子寮、托児所、産院、生活保護費の値上げなど、社会保障制度の確立が訴えられました。主婦たちからは、特に消費者米価の値上げ反対、諸物価の値上げ反対など、数かぎりない訴えがつづきました。

このような訴えは、今年の六月に、コペンハーゲンの世界婦人大会で討議されたところの、
○婦人の権利と生活を守る問題と、

○子供の幸福を守る問題と、
○世界の平和を守る問題

の、この三つの決議と全く相通じております。日本婦人大会でも、世界婦人大会の諸決議が支持されました。

日本婦人大会は、二十に余る決議と、日本婦人宣言を採決しました。これらの決議の運動を、全国各地で、具体的にそれぞれおし進め、来年また必ず、第三回の日本婦人大会を開催することを、満場拍手の中で申し合わせました。

全日本婦人団体連合会の会長、平塚らいてう先生は、

「いまから三十五年前、大正八年、私が婦人の解放をねがって運動を起こし、婦人の大同団結をしようとしましたが、ほんの一部の運動にとどまってしまいました。今日、こんなに多くの婦人が、平和と婦人解放の熱意で一つになって、階層や主義主張をのり越えて、一堂に会したということは、わが国の婦人解放運動史上空前のことです。私の昔の夢は、いま実現しました。生きていた甲斐があったと涙が溢れる思いです。特に今まで婦人運動で実現されなかった、働く婦人と家庭の婦人の結びつきが、平和の願い一つで出来あがったことは、『婦人解放が平和をはなれては、できない』ということをはっきりさせました」

と七十歳の老体をおして、マイクの前で、感激にふるえて、あいさつをされました。

三日間にわたる、日本婦人大会は、日本婦人の将来にとって、非常に意義深いものと思います。

（文化放送、一九五三年一二月一二日）

編注

(一)日本婦人大会……第二回日本婦人大会のこと。コペンハーゲン世界婦人大会参加の代表が帰国後に行った報告会は五〇〇回、二五万人を数え、これをもとに統一カンパニヤが企画されて第二回の日本婦人大会がひらかれた。婦団連・総評・日本子供を守る会の共催で、各労組婦人部・炭婦協・自治労婦人部・女子学生・地域婦人会等の各階層にわたる一八〇〇人が参加、生活と権利を守る運動・子供を守る運動・平和を守る運動の各分科会に分かれて、労働強化・首切り・企業整備・物価騰貴など当面する問題を討議、その結果すべての苦しみが再軍備に結びつくことを確認し、平和を守るためあらゆる活動を起こしていくことを決定した。米価値上げ反対・義務教育費の国庫負担・基地反対など二八項目を決議。日本婦人の宣言を採択した。幅広い階層を結びつけた点で画期的な集会であり、のちの母親大会の下地となった。

この大会で平塚らいてうは、国際民主婦人連盟の副会長に就任したことを発表した(「平塚らいてう　年譜」『平塚らいてう著作集』補巻、大月書店、一九八四年所収)。

なおこの婦人大会について、平塚らいてうは「一九五四年の婦人運動の方向」をはじめ、いくつもの文章を書いている(前掲著作集第7巻所収)。

(二)第一回の日本婦人大会……「コペンハーゲンへ」編注(一)参照。

(三)シイナ……殻ばかりで実の入っていない籾《もみ》。

今年こそ婦人の力を一つに結ぶ年にしよう

昨年は五月と十月と二回も日本婦人大会が開かれました。こんなことは今までに見られなかった、大きい婦人の前進をものがたっています。そして、この二つの婦人大会を比較して、また驚くことは、わずか六カ月しかたっていないのに、婦人の力が恐ろしいほど伸びて来たことです。

五月の大会には六百人しか集まらなかったのに、十二月の大会には千五百人も全国津々浦々から集まって来たのです。それだけ日本の婦人の生活が苦しくゆきづまっている証拠だと思います。もうだまってはおれない、大会へ行って日本全国の婦人に訴えよう、聞いてもらおう。そして何かみんなでできることは力を合わしてやりたい。という思いが集まった婦人の胸の中にもえていたにちがいありません。

お米が上がる、税金が上がる、ガスが電気が、汽車賃がと物価は上がる一方です。それにアメリカのニクソン副大統領は、平和憲法ゴメンナサイ。と言って日本をまた再軍備して戦場にしようとしています。けれども、もうもう日本の婦人はだまされますまい。あの婦人大会に結集した婦人の力のあるかぎり。わたしたちは今から三十六年前に示した、富山県の婦人の力（一）を忘れてはいません。一升十七銭のお米が五十銭に暴騰したといって立ち上がった主婦たち。そしてたった五十人の主婦の力は、全日本の人びとを動かし、全国的に運動が波及して、ついにお米の値段は暴落して、おまけに政府までつぶしてしまいました。

新しい年をむかえて、わたしたちは昨年の婦人大会にもり上がった全国の婦人の力を、今年こそ一つに結びつけて、わたしたちを貧乏にする一つひとつの障害と闘ってゆきたいものです。

婦人の力の偉大であることを忘れずに‼

（「商工新聞」一九五四年一月一日）

編注

（一）富山県の婦人の力……一九一八年七月二三日、富山県下新川郡魚津町の漁民の妻女ら数十人が、米価高騰防止のため米の県外への船積み中止を荷主に要求しようとして海岸に集合したことから、米騒動が始まった。

国民生活の危機

——婦人の力の結集を

今年は大変な年だと誰もがいう。大変だ、大変だ、といわれているうちに、ほんものの狼がやってきて、あんまり驚かなくなるという諺の心理を利用した危機説だとみるむきもあるが、ともかく一九五四年の危機の正体は何か、どうしたら打開できるか、を各界の婦人指導者たちにきいてみよう。

浜田糸衛さん　婦団連事務局長

一九五四年の危機はたしかにあります。まずＭＳＡ（一）が通ると思わねばならぬしそのための再軍備が強行されると思わねばなりません。ただ再軍備はよその金でされるのでなく今度の予算計上にもでているように、国民の生活をナラクにおとしこむもので、その総仕上げとして政府は平和憲法の改正をはかっています。

この危機をふせぐエネルギーが日本人の中につよくでてきたこともたしかです。婦人の側からいえば、昨年一年で、日本婦人は質、量とものすごく前進しました。主婦は脅かされたギリギリの台所から、職場の婦人は合理化の首切りから、またニコヨン、学生もそれぞれの生活の中からエネルギーをだしてきているのです。

ことしは危機に抵抗するそのエネルギーの結集をはかることが第一です。婦団連はまだまだ力もよわく、数も少いので、傘下団体とともに組織化へ強力に運動を展開しなければならないと思う。そのためには、セクトを捨てて、他の婦人団体とも手を結べるところは結んで反対してゆくつもりです。

（「婦人民主新聞」一九五四年一月一五日号）

編注

(一)ＭＳＡ……(Mutual Security Act) 相互安全保障法。アメリカが、自由主義国家群の防衛力増強を目的とし、友好国に軍事援助を与えるために、一九五一年に制定した法律。アメリカはこれに基づいて英・仏をはじめ四七カ国とＭＳＡ協定を結んだが、日本とは五四年三月に調印した。

メッセージ

――伊野町婦人会結成に（一）

第二次世界大戦が終わって、ほっとする暇もなく私たちは再び冷たい戦争の声におびえて八年を送りました。私たち日本の婦人はこの戦争によって、どんなに苦しい悲しい思いを生活の中に経験して来たことでしょう。二度の原爆投下は一瞬に二十万人以上の罪ないきょうだいを殺しました。私たちは世界の国の誰よりか戦争のもたらす不幸と悲しみを体験したのであります。

にもかかわらず、現在の祖国の情勢は日一日と準戦時態勢の姿へと変わりつつあります。

このようなときに日本の自由民権の発祥地といわれる高知県の伊野町に、婦人の組織する会が誕生したことは誠に意義深く喜ばしいことであります。なぜなら、婦人は地上で最も平和を愛し、また平和を地上にもたらす聖職に適しているからであります。婦人運動の世界の偉大な大先輩である、エレン・ケイは、「婦人運動の究極の目的は地上に平和をきずくことにある」と申しました。

伊野町婦人会が今後の活動の中で、母性を尊重し、婦人の地位を高め、子供の幸福のための運動に一致団結して、誠実に一つひとつ仕事を仕上げてゆくことを切望してやみません。一つの託児所、一つの婦人のための相談所を作ることでも、それは平和へ通ずる尊い仕事であります。困難な仕事に当面しても、全会員が辛抱づよく話し合い理解の上に立って、努力してゆくことを希みます。

私は昨年六月、デンマークのコペンハーゲンで開催された世界婦人大会に、日本婦人代表として出席いたしました。アメリカ、イギリス、フランス、ソ連、中国など六十余カ国から参集した会議で世界の婦人たちは一様に口を揃《そろ》えて、戦争を防ぎ平和の到来のため尽くすことを誓い合いました。

その後、三カ月余にわたって諸国を視察し、各国の婦人団体の指導者とも話し合いましたが、西ドイツの婦人は、「第三次大戦の口火を切る危険な国は、ヨーロッパでは西ドイツであり、アジアでは日本です。私たちは固く手を結び合って、お互いの祖国がその暗い運命に屈伏しないよう運動をしてゆきましょう。それは罪ない全世界の人びとの幸福のためにも」と私の手を強く強く握りました。

ルーマニアのブカレストでは、フィリッピンとユーゴを除く全世界の代表四万人が集まって、平和のための大会議がありましたが、私はそこでもはや世界には平和が到来したという錯覚に襲われました。それほどに世界の人びとは平和への熱情に燃えておりました。

その後、中国に参り農村の七十歳余りの一婦人と話し合ったとき、この老婦人が、「私は人生七十年を過ぎて、はじめて幸福な生活に出逢い、平和に暮すことができるようになりました。生きていた甲斐があったと思っています。それにしても、あなたのお国では軍事基地がたくさん出来ていると聞きますが、一体どこの国の軍事基地で、どこの国を攻めるためでしょうか。そしてその軍事基地にある大砲の口はどこの国の方に向けられていますか。どうぞ私たちの国を再び戦場にしないよう、お国の婦人に訴えてください」とこのような質問と依頼を受けたとき私は、まことに返事に困りました。

私もこの老婦人も深い親愛の友情の中で、「中国と日本は再び戦争をしない」と固く誓い合って別れました。

どこの国に行っても、婦人はみな一様に平和に対して熱心な関心を見せました。そして、注目すべきことは平和の声の高い国は、デンマークをはじめみな一様に国家の予算が、社会保障費に多額に割り当てられているということでありました。アルメニアでは厚生大臣が婦人でしたが、その婦人は、「私が国家予算の半分を使っている」と誇らしげに語っておりました。

私は皆さんが、婦人と子供の幸福な生活のために、特に地道な仕事をコツコツとやりとげて行くことを、それがすなわち平和への道であるということを申しあげたいのであります。

伊野町は私の生まれた懐かしい故郷でもあります。この伊野町が日本の平和を愛する婦人の町として発展することを楽しみながら見ております。

最後に心から発会をおよろこび申し上げると共に、今後ますます発展してゆくよう祈ってやみません。

一九五四年二月二十六日

全日本婦人団体連合会事務局長　浜田糸衛

伊野町婦人会殿

（一九五四年）

編注

(一)伊野町……高知県吾川郡伊《い》野町《のちょう》。二〇〇四年一〇月一日よりいの町となる。

韓国問題をめぐって

世界婦人大会に出席したわたしは帰国後、各地の報告会に出ているが聴衆から次のような意見が出る。「自分は戦災でひどい目にあった。もう戦争はコリゴリだが再軍備は必要ではないか。日本に軍隊がないために李承晩にさえあんなに見くびられる」と。

李ライン(一)及び竹島を含む日韓関係は諸問題と結びつけて、再軍備やむを得ずという空気が一部に台頭して来たことは遺憾である。船田中氏が先日この欄で述べられた如く、李ライン問題が韓国のみの計画的悪意かどうかは知らないが、再軍備反対の平和的国民運動の嵐の中で実質的に再軍備を着々とおし進めているとき、李ライン問題が起きたことは、吉田政府にとってむしろ大きなもうけものであったということは事実であろう。

わたしは高度に民主主義の発達しているという北欧の王様《キング》の国デンマークで、たった一つの軍事基地の要求にさえ婦人が先頭に立って全国民を動かし議会も賛成してこれを拒否したという事実を聞き、日本では血に染まりながら内灘基地反対(二)に闘っている婦人のことを思い浮かべ、胸の熱くなる思いがした。民主政治とは国民の意志を踏みつぶして政府の考えを是が非でも通すことではない。政府は国民の意見を大切に守って政策の上に素直に実現させてゆけばよいのである。だから民主国家にワンマンなどあろうはずはない。

過去の日本が歩んだように武力で国際問題を解決するという方法は、アメリカが日本に再軍備を要求している今日、平和憲法の下で平和国家を守ると決意しているわたしたち国民にとって非常に危険なことである。

（推定一九五四年）

編注

(一)李ライン……韓国の李承晩大統領は一九五二年に海洋主権宣言を発して、漁船立入禁止線を設定した。このため、済州島付近から対馬海峡にわたる漁場での日本の漁船の立ち入りが禁止された。六五年、日韓漁業協定の成立とともに撤廃された。

(二)内灘基地反対……石川県河北郡の町内灘（金沢市に隣接）は、一九五二年、日本海を含めて砂丘地帯を米軍射撃場に接収され、反対闘争が展開した。五七年に返還された。

童話の国デンマーク

美しい花の街

プラーグ〔プラハ〕から四時間半で飛行機はデンマークの首都、コペンハーゲンに着きます。空から見たこの国は美しい海に散在する島嶼《とうしょ》です。人口わずか四百万であるのにコペンハーゲンには百万の人が集まり住んでいます。

アンデルセンの生まれた国だけあって彼の童話に出てくる、人魚の青銅像などが海の岸辺に紅い夕陽を浴びた幻想的な風情は私たちに物語を回想させます。

道路は整然と舗装されて清潔です。真ん中の広い車道を中心に両側には自転車専用道路と歩道があります。朝早く街を散歩すると美しく剪定された街路樹の下を一家族が自転車を連ねペダルを軽快に踏みながら、通勤、通学している風景は睦まじく、和やかです。人口に比例して自転車の多いのは世界一だと誇っています。

私は六月と九月の二度デンマークにまいりましたが、九月頃になるともう日本の晩秋のようで木々の葉が黄に色づき散りはじめて夜はオーバーコートを着るほどですから、この国の人びとは夏のうちに充分太陽を浴びるのです。汽車の窓から見るとほんの小さい沼沢の中でさえ裸になって水浴しながら陽光を満喫しています。小学校の生徒は短い袖の短いパンツで腕も脚も露わに出しています。

街の両側の家々の出窓には赤白いろいろに咲き誇った花鉢が、各戸毎に十数個ずつ一階二階三階と遥か向こうまでずらりと並んで、まるで花の帯を架けたように美しく道行く人の眼を愉しませます。なんと花の好きな国民でしょうか。

話し合う母子

北欧三国はデモクラシーの精神が生活の中に消化されていると聞いていますが、デンマークに来て私はつくづくそれを感じ羨ましく思いました。その一つの例をお話しいたしましょう。

——お母さんが用たしに出掛けることになりました。四、五歳くらいの女の子が自分も連れていって欲しいとねだっています。お母さんはそこに子供を同伴することが幼い子供のために良くないことを知って、そのことを諄々《じゅんじゅん》と言いきかせますが矢張り子供のことですから、なかなか承知しません。それでもお母さんは話し合いを止めようとせず、もう一時間以上もアパートの廊下で二人で話し合っているのです。隣家の老婦人が通りかかり、お母さんから事情を聞くと〝あなたの意見は正しい。もう少し話し合ってごらんなさい〟と立ち去ります。日本の習慣から、〝そんなこと言っても子供さんに解るものでしょうか〟と質問すると、このお母さんは、〝この子供は先日、知能テストに合格しました。いま私の話していることは充分理解する能力を持っています〟と開き直ります。

民主主義とはなるほどこのように長い歳月をかけて、幼い日から話し合うこと、理解し合う精神訓練の結果でこそ、強靭《きょうじん》な根を持ち美しい花を咲かせるものだと敬服し讃嘆させられました。この母親は特別な教育者の家庭人でもなんでもない普通の人です。

愛は老人に

この国の婦人たちは六十歳になると養老院に入る権利が出来ると喜びます。ちょっと、日本人には不思議な気がします。なるほど、養老院を見学してそのことを理解できました。美しい花園の中にある養老院は日本の高級ホテルのように清潔で設備も完備し美しく住み心地よさそうです。

院長さんのお話を紹介しましょう。院内で老人同士の恋愛や結婚もあるのか。とたずねると、〝あなたは何をおっしゃるのですか、若者には名誉や学問等への希望や情熱があります。人生の終わりに近づいた淋しい境遇の老人の孤独にこそ愛が最高の希望となるのです。死ぬるまで愛は人間から消え去るものではありません〟と言う。当然すぎるほどのその当然な考えが日常の人生生活の常識として存在せず、踏みにじられがちな日本の現状を憶うのです。

この国では税金を楽しんで納めるという。その税金が自分たちの生活に還元されることを知っているからです。社会保障費を削るような議員は次の選挙には確実に落選の憂目をみるということです。国家予算はまず――社会保障費を！　これが国民の最大の関心といいます。

街のお巡りさんの印象も丁寧親切でなつかしく、道をたずねて別れようとすると、ニコニコ笑いながら投げキスをして見送るのです。なんとホホエましい風景ではありませんか。オイッコラッといかついピストルのおっかないお巡りさんとちがって。

（一九五五年六月二二日記、『PAVONI』一〇号）

六匹の仔犬
（構想発想）

六匹の仔犬が生まれました。きれいなほかほかした茶色の毛をしたお母さんは、もう八歳（犬の年は、八歳でもう初老）になるので、お産も大へん軽く、やすやすと、六匹の子供を、一匹、一匹、つぎつぎと生みました。

それは、空の青い、白い梅の花が庭の隅で咲き誇っていた、冷たい日の夕方でした。

花の下で、クキュッ、キョッ、と異様な、ききなれない細いやさしい音がしたので。宙太は、すばやく耳をじっと縁側の床下に向けてすましました。

「オギァー」と啼《な》いたようにも思えます。

宙太くんは、トンボ草履を引っかけて、縁の下をのぞきました。

一匹、二匹、お母さん犬のクマは、生まれた二匹目の仔犬を、大きな舌でなめなめ産湯をしてあげています。

仔犬の小さい体が、べったりぬれて光っています。ネズミのように小さい体です。

一匹一匹、番号をつける。いずれ他所へ貰われて行くので、名前はつけない。けれども少年の心の中には、もう、ちゃんと少年だけの知っている名前がついている。白足さん、ショボさん、モヘヤさん、下がり目さん、ボッチャン、オシャマさん、オミミさん。

一匹、一匹を貰われた家を、おとずれる。よい犬が、悪い家に行き、悪い犬が、よい家に行く。右の描写を中心点に、人間、世間、運命、など語る。

日中は暖かい。その庭での仔犬のけんか。アオイの葉、や、□の花びらをたべる仔犬。

おしっこ、ごはん、お母さんのじゃけんな態度、独りで寝る仔犬たち。それでもお母さんは絶対的。

（一九五八年構想）

一度無条件に服従すれば

警職法(一)がラジオや新聞でやかましく問題にされだしても、どうしてこんなに国中が大騒ぎしなければならないかと、私ははずかしいことですがほんとうのところ最初は理解できませんでした。それがようやく、最近になっておそまきながら納得することができて、私は自分が十四年前に遭った災難を思い出し、電気に打たれたように慄然としました。

人間にはいろいろ一生の中には忘れられないことがありますが、私の生涯に、あの時の出来事は若木に爪のようにどうしても消え去りません。私は文章を書くことに慣れていませんから、あの死にも勝る屈辱と憤激をそのまま表すことができませんが、このことが今度の警職法と大へん深い関係があると思ったのでどうしても書かずにはいられない気持になりました。それは当時満洲国の新京に住んでいた私が、母の病気で幼稚園の保姆をやめて日本へ帰る途中の汽車の中の出来事です。新京、奉天と汽車がだんだん朝鮮に近づきます。その間に幾度か背広を着た刑事さんが乗客と問答しながら私たちの箱の乗客を同伴して下車させました。私たちはそのたびに隣の乗客と「きっと悪いことをした人でしょうねえ」とひそひそ声で話し合いました。それが、汽車が朝鮮へ入って間もなく、私は今でもその時のことを思い出すと、かあーと体中が熱くなって屈辱感と怒りがこみ上げて来ます。四十歳前後の背広の刑事が私にチラと手帖を見せると、ギロリと据わった眼つきで失礼な言葉づかいでいろいろのことを質問します。果ては私の風呂敷包みの中を調べ、その中にあった私の日記帖を読み始めました。私はまだ若かったので、日記を他人に見られるということだけでもはずかしくて生きた気がしませんでした。刑事は「お前はアカだな」と圧しつけるように言いました。私は最初アカという言葉がピンと来ず、何思わず「アカとは何ですか」と無邪気にきき返しました。すると「こいつ、とぼけるな」と言って私がいくら弁解しても聞き入れずとうとう次の駅で強制的に降ろされました。〈早く戦争が終わって、世の中が明るくなるとよい〉というような単純な、大した意味もないわずか二行足らずの箇所だけに因縁をつけて、私をアカと決めてしまったのです。留置場での苦しみと悲しみは世の中をまだ充分知らない当時の私には言語に絶したと言っても過言ではありませんでした。不潔と汚臭、ノミとシラミに夜通し嚙まれ、私は舌を嚙んで死のうと何度も思いました。もし私の友人が、当時満洲国の役人をしていた人に連絡をとってくれなかったら、私はきっと若い娘の純粋な誇りのため、あの物心《ママ》のはずかしめに堪えられず死んでいたかも知れません。警職法がまた昔のあのような警察に逆戻りするのであったら、絶対反対するために、溺れる者はのたとえで私は鬼にでも蛇にでもおねがいすることを決して厭《いと》いません。昨日読んだホイットマンの北米合衆国に、という数行の短い詩に、一度無条件に服従したら、いつになってもその自由を回復することができないとうたってありました。ほんとうに今つくづくそうだと思います。

東京都中野区沼袋六五〇　春野芳枝[二]（三十六歳）

（一九五八年一一月一七日）

編注

(一)警職法……警察官職務執行法の略。一九五八年一一月五日、警職法改悪反対闘争が国会抜き打ち会期延長で激化、総評・全労・中立系労組・文化人・学生・婦人等が統一闘争を行った。

(二)春野芳枝は著者のペンネームであろう。ただしこの原稿はおそらく発表されなかった。

二十年の記念塔*

一九五三年(一)
一九七三年
二十年の歳月が経った
この二十年
画家高良真木(二)
作家浜田糸衛
二人の仕事はと問えば
画家は一つの個展を持った(三)
作家は童話一作を出版した(四)
これは重要で大切な仕事である

二十年の記念に何を決意すべきか
画家　高良真木は
　毎年一回　個展をどこかで開く
作家　浜田糸衛は
　毎年一冊　作品を出版する
二十年記念塔を二人して決意実行しよう

芸術家には芸術家以外の「同情」を必要としない
画家の実践は作家の道を歓喜に輝かせ
作家の実践は画家の道を偉大に彩ろう
過去の天才的芸術家は「孤独」で悲劇的な生涯で去った
芸術する者の大切な「同情」が偉大に光輝されなかったためであろう

二十年の記念塔よ
空高く偉大に　光り輝け!!

　一九七三年　春

（一九七三年春）

編注

(一)一九五三年……国際民主婦人同盟の第2回世界婦人大会がデンマークの首都コペンハーゲンで開かれた年。著者はそのために結成された日本婦人代表団で高良真木と出会った。

(二)高良真木……「私のかかわった戦後初期の婦人運動」編注（四三）参照。高良真木は代表団に通訳として随行し、コペンハーゲンから浜田糸衛を団長に、原爆の図を携えた赤松俊子（のちの丸木俊）ら七人と東ベルリン、ソ連、中国、ルーマニア、チェコ・スロバキアを回り、再びコペンハーゲンを経てパリに落ちつく。その後スペインにも滞在して画業に専念した。一九五五年三月、一八歳の妹美世子を拒食症と自死によって失い、失意の父武久を迎えてフランス、スペイン、イタリアを旅行し、同年五月に帰国した（高良美世子著、高良留美子編著『誕生を待つ生命――母と娘の愛と相克』自然食出版社、二〇一六年参照）。

(三)一つの個展を持った……一九七一年三月二九日～四月一〇日、銀座・現代画廊で開いた「高良真木油絵展」。七三年一二月にも現代画廊で「高良真木　油絵と水彩展」を開いた。

(四)童話一冊を出版した……浜田糸衛『野に帰ったバラ』（理論社、一九六〇年一一月、カバー絵とイラストは高良真木による）。著者は一九五三年世界婦人大会からの帰国後、その報告会を全国で活発に展開した。五四年から西宮の実家で病気療養、五五年三月に八〇歳の母を失う。同年秋と翌年六月に高良真木と西宮で再会し、七月末上京。五七年春頃、中野区沼袋の浜田宅に転居した高良真木とその後真鶴で同居生活を始める。しかし著者はさまざまな理由で、七〇年代後半まで真鶴の二重生活をつづけたようだ。

著者の六〇年代の活動については、解説「浜田糸衛をよむ――戦後の日中関係を中心に」と「歓迎夕食会あいさつ」の編注（二一）参照。

歓迎夕食会あいさつ

親愛な巴桑《ぱさん》団長先生をはじめとする中国婦人代表団(一)の皆さん、
尊敬する洪蘭《こうらん》参事官先生をはじめ中国大使館の諸先生、
横浜華僑婦女会の諸先生、
横浜市長夫人、飛鳥田幸子先生、藤沢市長夫人、葉山淳子先生、来賓の諸先生
中国婦人代表団歓迎のため結集された神奈川県下の四十団体の婦人の皆さん!!
私たち神奈川県の婦人が待ちに待った天の半分を支えることのできる婦人として、世界で最も高貴な解放をかち取った中国婦人代表団の皆様とも、あと数十分でお別れする刻《とき》が参りました。
ここ数十日を振りかえり、私の胸には万感せまり、熱く溢れるものがあります。
県下の日中友好運動の中で、今回ほど色さまざま、多種多様な各方面の団体の婦人が、これほど多く、大同団結して、広く結集したことは全く初めての経験であります。

歓迎準備活動が発足いたしますや、これまた四十団体の婦人は、大小を問わず、一家族のような親密さで、老、壮、青、互いに力を出し合い、助け合い、補い合い、終始はげまし合い学び合って、今日の日を迎えました。こういうことは全く県下の婦人運動の中で画期的な出来事と申しても過言ではなかろうかと思います。

その間、数え切れないほどの、誠実と友情のエピソードが次々と生まれておりますが、それを申し述べる時間が私に与えられておりませんのが残念でなりません。

夜更けに突然、お腹をすかした事務局の仕事場に、オニギリの差し入れがあったり、あるいはホカホカまんじゅうが届けられ、寒い夜の仕事を助けたり、あっち、こっちから思わぬカンパが届けられ、会計係を安心させたり、用意した会場がはちきれはしないかと心配したり、数え切れない美しい光景が出現いたしました。

さて、今回、初めて知り合ったという団体も多くあったと思いますのに、どうして、このようにまで皆さんが協力し、運動を大切に、育て、進めることができたのでしょうか？　これは一体どういう理由からでしょうか？

私は考えました。

それは唯一つ、日中両国婦人の友情と交流を、両国婦人の力で、子々孫々末代まで、受けつぎ、手渡し、永遠に断ち切ってはならないというこの大切な、道理にかなった、正義の道、日中友好の道が、唯一の大目的であったからこそ、ではないでしょうか。

私たち、今回結集された神奈川県下四十団体の婦人と、今後も親密に、より一層、力を合わせ、手を取り合って、日中両国婦人の友好団結と、日中平和友好条約の締結のため、運動を成功させてゆく決意を固くしております。

四億中国婦人の友情をたずさえられてはるばると来日されました中国婦人代表団の諸先生!!　今度は私たち神

奈川県下婦人の、この誠実こめた熱い友情を、お持ち帰りください。そして、中国四億の婦人に必ず、お伝えくださるよう希望いたします。

私たちは、今日の日を、日中両国婦人の友情の日として、永遠に胸の中に刻み記念として、子々孫々に伝えてゆくことでしょう。

折しも貴国では、第四期人民代表大会第一回総会が盛大に開催され、新憲法が採択されるという、素晴らしい知らせが、私たちにも聞こえてきました。

社会主義中国の前途は洋々と輝かしいものでしょう。ご同慶に堪えません。

終わりに、巴桑先生と団員の皆様が、お元気にお国へお帰りになることを、みんなで祈っております。

私たちは諸先生から、多くのことを深く学びました。心から感謝いたします。

再見。

一九七五年二月

日中友好協会（正統）[二]　浜田糸衛

中国婦人代表団歓迎記念の集い

代表団が羽田に着いた翌日の一月十一日、神奈川県総合センターの三百席の会場は、県下婦人の歓迎に向ける期待と熱意でいっぱいとなった。

〔横浜〕市長と市民の会の仲川勝子さんの司会で進められ、映画「私のお母さんは労働者」、樋口恵子氏[三]の訪中報告「天の半分を支える婦人たち」は、家庭でも職場でも男性と平等で、お互いに尊敬し合うことのできる関係をうち立てつつある中国婦人の生き生きとした姿を身近に感じさせ、また日本の現状を考えさせられた。
最後に、日中（正統）の浜田副会長の日中共同声明(四)の重要性と平和友好条約締結へのよびかけがあって、歓迎の気運はさらに大きく高まった。

（『結成五周年記念　友好をめざして1975～1980』日中友好神奈川県婦人連絡会（婦連）一九八〇年）

編注

（一）中国婦人代表団……この代表団（巴桑《ぱさん》団長）を神奈川県に迎えたことを契機として、一九七五年三月八日、県下ではじめての日中友好をめざす新たな婦人の組織「日中友好神奈川県婦人連絡会」（略称「婦連」）が結成された。三月八日代表団の歓迎は、県下四一団体が参加した中国訪日婦人代表団神奈川県実行委員会の主催で行われたが、三月八日の総会で実行委員会が解散し、婦連が結成されたのである。著者と高良は、四一団体の一つである日中友好協会（正統）神奈川県本部の婦人部員として歓迎活動をしていたが、この総会で同時に婦連のメンバーにもなり、著者は副団長に就任した。八五年第三代会長、九二年名誉会長に就任し、二〇一〇年一〇二歳で死去するまで日中友好のために尽くした。

婦連の運動はたんなる日中友好ではなく、友好＋平和運動として、また女性解放運動として存在している。「天の半分を支える婦人」という中国の解放運動にならい、女性の社会参加、発信力、自立などを求めて慰安婦問題にもとりくみ、特に歴史問題には力を入れている（現事務局長・番場明子《めいこ》氏談）。婦連は二〇〇五年三月に創立三〇周年を迎え、『結成三〇周年　友好をめざして――友好・平和・女性』（二〇〇六年四月一〇日）を編集・刊行し、さらに二〇一五年三月に創立四〇周年を迎え、『結成40周年記念　友好のあゆみ40年――友好・平和・女性』（一〇月三日）を編集・発行した。（資料と意見参照）

(二)日中友好協会(正統)……日本中国友好協会は中華人民共和国が成立した一年後の一九五〇年一〇月一日、一年間の準備活動を経て創立された。初代の理事長には内山完造が選ばれた。六三年から「中・ソ論争」が公然化し、中国国内では六五年一一月、姚文元《ようぶんげん》の論文発表を皮切りにプロレタリア文化大革命がはじまった。毛沢東の指導するソ連共産党指導部への批判と文化大革命の評価をめぐって、日中友好協会と日本共産党は対立を深め、六六年一〇月、協会は「日中友好協会(正統)」の旗をかかげて声明を発表、全国組織から反中国分子を排除し、再編成した(『日中友好運動史』(青年出版社、一九七五年)。

一九六六年九月~一〇月、日中友好協会「北京放送聴取者代表団」の団長として中国各地を約四〇日間視察・交流し、毛沢東思想に深く心酔した著者は、同年一〇月に「日中友好協会(正統)」に参加し、高良真木とともに神奈川県本部(一九六七年一月)と西湘支部(一九六九年六月)の設立に中心的役割を果たした。そして編注(一)でのべる「婦連」の活動と並んで、終始その活動を担った。なお「日中友好協会(正統)」は、現在(正統)を名乗ることをやめ、西湘支部は「西湘日本中国友好協会」(略称「西湘日中友好協会」)と改称している。

(三)樋口恵子……一九三二年東京生。評論家。東京大学美学美術史学科卒。時事通信社、学研、キャノンを経てフリーの評論家になり、女性問題、福祉、教育の分野で評論活動を行う。東京家政大学名誉教授。NPO法人「高齢社会をよくする女性の会」理事長。

(四)日中共同声明……一九七二年九月二九日、日本の田中角栄首相と中国の周恩来首相は日中共同声明に調印し、国交を樹立した。日本側は、戦争で中国国民に重大な損害を与えた責任を痛感して深く反省し、復交三原則を尊重する。中国側は、賠償を放棄する。日台条約は存続の意義を失い終了する、と表明した。日中戦争状態は終結し、国交を正常化した。

日中友好神奈川県活動家訪中団（自己紹介）

日本の自由民権の発祥地といわれた、南国土佐（高知県）で一九〇七年に生まれました。孔子思想が社会のすみずみまで浸透した当時の日本で、自由精神を愛した両親のもとで比較的のびのびと育ちました。

長じて私は姉兄たちの影響もあってか、形而上学的な哲学文学の世界へと次第に没入してゆきました。こうした傾向は必然的に人間を孤独に暗くし、人生に対し否定的となり、あるいは虚無的となりました。ニイチェ、ドストエフスキー、マックス・スチルネル（一）、シャカ、キリスト等々と思想遍歴に青春を没入しました。特に老子五千言は私をとらえて放しませんでした。思想混乱の私の周囲にはいつも死がうろつきまわりました。

一九五三年に私は初めて、新しい中国に参りました。その時、私の心に一つの淡い陽がさしましたが、土壌のないところに種子が蒔《ま》かれても不毛であるように、そのままで終わってしまいました。

一九六六年再度の訪中（二）にあたって、私の精神は雷鳴にあったように震がいしました。これは私の人生にとり大きな出来事となりました。

現在、私は日中友好のため、確信にみちた道をコツコツと楽しく、誇らかに歩いています。心も明るく未来が展望され、人生に対して確信が持てるようになりました。

私は創作生活の中で、中国のプロレタリア文化大革命後の作品を一冊でも多く読みたく、また、そうした作者のお話を承りたく思います。

人類が初めて経験した、この偉大な革命十年の中国社会に、たとえ十数日にしろ身をおくことは、すべての点で私には巨大な関心であり、無上の喜びであります。

（『私と中国　日中友好神奈川県活動家訪中団　自己紹介』日中友好協会（正統）西湘支部、一九七五年四月）

編注

（一）マックス・スチルネル……マックス・スティルナー。一八〇六年生。ドイツの哲学者。ヘーゲルを聴講、フォイエルバッハの影響を受け、ヘーゲル左派に属した。主著『唯一者とその所有』（一八四五年）で、極端なエゴイズムを軸とする哲学を展開。個体すなわち自我のみが実在であり、それ以外の一切のものは自我に仕える限りにおいてのみ価値を有するとした。またアナーキストと自称してはいなかったものの、個人の価値を阻害する家族、国家、社会等のあらゆる権力を唯一者に対して否定し、後続世代の個人主義的アナーキズムに深い影響を与えた。

（二）一九六六年再度の訪中……「歓迎夕食会あいさつ」編注（二）の後段参照。

日中友好協会創立二五周年を迎えて

――およそ過去の日本がおかした帝国主義的侵略のあやまりを深く反省した上、相互の敬愛と平等の立場の上においてはじめて両国人民がかたく手を握るべきであることに賛成する人々は、その階級、職業、政治的信条の如何を問わず、各層各界にわたってすべて本会の会員たりうるものでなければならぬ――（結成総会の規約から）

一九五〇年一〇月一日、日中友好協会が生まれて、今年で二五周年になります。

この日は中華人民共和国成立の一年目でした。日本はまだ米軍が占領中で、その米軍は朝鮮戦争をやっていました。

戦略戦争の反省から出発した協会の、中国人民との友好の運動は、はじめから困難にぶつかりました。というよりは、困難であったからこそ、運動がはじまったのだと思います。

日中友好運動は、世界の歴史にも例のない、国境を越えた人民同士の友好を深める大運動です。侵略した国と侵略された国の人民が、戦争という体験を通して、人民同士の友好がなければ平和はない、という貴重な教訓を得たところから、この運動ははじまりました。

このような人民同士の友好運動があったからこそ、三年前の日中国交回復も、また、日本の歴史の中で初めて、正しい原則に立って出来ました。わが国の首相がおおやけに、戦争の責任を深く反省すると述べたこと、中国が一切の賠償を放棄したこと、がそれです。国交回復を最大の目的として運動してきた、協会の一つの大任務が達成されました。

協会は休むことなく、つぎの最大の課題である、「日中平和友好条約」の締結のために活動をつづけています。内外の反中国分子たちが、歴史を後もどりさせようとしています。

広いアジアの国々が、国家の独立と国家の主権を守り、覇権に反対して団結してゆこうという時に、「覇権反対」に反対して、日中両国が平和と友好の条約を結ぶことを妨害しています。

このような反中国勢力が、政府の条約締結をおくらせているとしたら、私たちはそれを上まわる巨大で強力な勢力となって、政府を動かさなくてはなりません。

日中友好運動の中核として生まれ、育ってきた、協会の二五年の高貴な歴史は、それが必ずできることを立派に証明しています。

子々孫々までの友好をめざして、固く手を結び合って、ともに前進しましょう!!

(『日本と中国』西湘版40号、一九七五年八月二〇日)

新生事物の社会

解放前と一九五三年、一九六六年、そして一九七五年と、十年前後の間をおいて、私は中国の社会を見てきた。解放前の中国の人民のほとんどは、人間の最低の生きる権利である、「食う」ことにさえ窮し、子は売られ、路上で見る子供たちは、顔も手足も垢にまみれ、浮浪児の姿で、国からも社会からも見捨てられ、放り出されていた。郊外では、まだ息のある病児が捨てられ、私は幾どか人間の死骸に群れる野犬の怖ろしい光景に出遭った。貧困は極限に迫り、「眠った獅子」と評された中国は、帝国主義ハイエナの貪欲な餌食となり、いまにも、その生命を亡ぼすかと思われた。

一九四九年！　中国は、毛沢東主席の指導する、中国共産党の打ち鳴らす民族解放の号砲に目ざめ、内外の人民の敵に向かって決然と立ち上がり、三十年近い歳月を闘いぬき、旧い中国を地上から葬り去った。

一九五三年、解放後四年目の中国をこの眼で見たとき、解放前の中国が、どこに消え去ったかと自分の眼を疑った。まだまだ、物質的にすべてにこと欠く、中国人民の生活ではあったが、街にも村にも全国いたるところで、新緑の若芽のような健やかさで、新しい生命のいぶきが、烈しくむせかえっていた。幾億人民の力によって、新国家建設の大事業が始まったところであった。「你吃飯嗎《ニーチハンマ》」（めしをたべたか）の人民の挨拶に、「你好《ニーハオ》」が取って替わっているのを、私は胸を熱くして受けとめた。

一九六六年、何一つといってもよいほど、何もなかった荒地、天安門前の広場に、まるで蜃気楼が出現したかと、私は自分の眼を疑った。

天安門と向かい合って、空高くそびえ立つ、祖国に尊い生命を捧げた人民英雄を記念する美しい塔、人民大会堂、中国革命博物館、中国歴史博物館などの建物が、広びろとした空間を区切っていた。

解放前の、あの有名な蠅《はえ》の大群は、私の四十五日間の旅行では、ほとんど見かけることがなかった。街にも公園にも路地にも、紙屑や塵など見当らず、喫煙者は吸いがらを捨てるのに、不便を感じたほどであった。

当時、すでにソ連の対中国への大国覇権政策が強化され、工場でも農村でも、ソ連の国際信義にもとる行為に対する怒りを耳にした。工場の空地には、ソ連技術者引き上げのため中途半端となった工作機械が、赤さびて放置されていた。

この年！　一九六六年の中国を旅した、私の大きな感動は、私の生涯に輝く星として、消え去ることはないだろう。毛沢東主席が発動し、みずから指揮するプロレタリア文化大革命！　幾千万の紅衛兵の出現、中国の各都市は、紅衛兵が大河の流れの如く溢れていた。

「人民、ただ人民のみが世界の歴史を創造する原動力」と、毛主席が謳いあげた、中国幾億の人民が、またも立ち上がった。上部構造は歴史の潮流の中で、未だかつてなく震駭《しんがい》した。プロ文革運動は、人類の歴史に新しい芽吹きをはじめた。帰国して私は胸の高鳴りをおぼえながら、中国人民の中に誕生しつつあった、気高い品性を身につけた、「新人」の出現について語ったことである。

一九七五年は、プロ文革十年目。出発まえ、私には未知の世界へ旅する想いであった。

労働を必要とする教育制度の大改革、五・七幹部学校、労農出身の新幹部の続出、知識青年の農村への下放、針麻酔・漢方薬麻酔による高度外科手術、おびただしい紅衛兵、(一)婦人の各職種への大進出、農民画などなど、これらの「新生事物」は、すべてプロ文革の中から発生したものである。このような、「新しい社会」を創造している、新中国の社会見学で、私は時に驚きあるいは感激した。

ろう唖学校の、健やかな明るい顔の生徒たち。熱烈な情熱をかけて、教えている若い女の先生。子供たちは大きな声で、「春がきた、春がきた」とリズム正しく歌って、私たちを歓迎した。

盲ろう唖工場の労働者たちの独立自主、自力更生に徹した心意気、彼等は私たちに「日中平和友好条約」の締結を点字に打って、日中両国の友好を語った。盲ろう唖者に対する治療は、プロ文革の中で初めて大きく発展した。中国人民は旧い観念を大胆に打ち破った。

新中国では、「子供は国の華」という。

上海の少年宮で語り合った少年少女たちは、美しい瞳をキラキラ輝かせて、健康でピチピチとしてピンポン玉を連想させた。眼の美しさについていうなら、子供に限ったことではない。中国人民の眼は一様に涼しい。

「私たちは、少年宮で遊んでばかりいるのではありません」という、頭にきれいなリボンをつけた可愛らしい一少女は私の質問に答えて、

「いま、張春橋同志の論文――ブルジョア階級に対する全面的独裁について――を学習しています」と明確に答えた。私たち一般の常識では、おおよそ、すぐには理解できないことである。

プロ文革を闘いぬいた、新中国人民の中では、「理論と学習」が広範に実践化し、深化しているようであった。

武漢市で、七歳くらいの少女が、物語り風に一人二役（孔子とその弟子）で演じた、「孔子」批判の独演は、その内容の面白さと名演技とが相まって、ただただ脱帽するばかりであった。

この子供たちの、十年、二十年後の中国社会を私は想像した。

「新生事物」は、積極的に発展させなければならない、と中国人民はいう。プロレタリア文化大革命の嵐が、旧い思想、文化、風俗、習慣を吹きとばした後に、続々と生まれてきた「新生の事物」は、いま、ひろびろとした中国の大地で、幾億人民の手によって、日々、生長し発生をつづけている。

（『人民の春――日中友好神奈川県活動家訪中国・訪中報告』日中友好協会（正統）西湘支部、一九七五年）

編注

（一）紅衛兵……一九六八年、中国で毛沢東の指示のもとに作られ、文化大革命初期に活動した青少年の組織。

一尺のびた手は、一尺のうちに断ち切ろう

一九七二年九月、田中前首相と今は亡き周恩来首相とによって調印された、「日中共同声明」(一)が発表されたとき、日本の津々浦々にまで歓びの声が潮のようにわきあがりました。そのとき私たちは久しく閉ざされた両国間の暗いトビラが開かれ、パッと日本の未来に明るい光がさすのを感じたものでした。

日中平和友好条約(二)の締結も目前のことと誰もが疑いませんでした。

それから三年余りの歳月がいたずらに流れました。正に「いたずら」に過ぎ去りました。多くの国民の願いを裏切り、条約の締結を今日まで引き延ばしてきた責任は、日本政府がすべて負わなければなりません。国会においても満場一致で可決された「共同声明」を、なぜ、三木政府は今更あれこれと、いいわけにもならないいいわけで、国民をダマそうとするのでしょうか。特に宮沢外相は、「ボールは中国から返ってくる番」など一連のごまかしの言辞を弄して、国民を瞞着しようとしました。故周恩来首相は病床の中から、この宮沢発言のウソを、訪中した藤山愛一郎、川瀬一貫の両氏に、はっきりさせました。

共同声明の第七項に明記された、覇権条項は平和五原則と、切っても切れない共同声明の根本であります。そうであればこそ、私たち日本国民は、この日中共同声明の持つ高貴な内容に胸を張り大きな誇りを持つことができたのです。日本の外交史上に、これほど立派な外交文書が取り交わされたことがあったでしょうか。

それなれば何故政府は、条約締結に逡巡《しゅんじゅん》するのでしょうか。もちろん、理由なく政府も締結をためらっているのではないでしょう。それには内外の一部反対があることは事実です。共同声明にさえ反する台湾派の保守党内の一部と、ソ連になびく「革新」などが陰に陽に反対しています。

特に宮沢外相を、ウソつきにしヘッピリ腰にさせている原因は、ソ連の「日中平和友好条約」締結に対する脅迫です。国民の多くがすでに承知のように、ソ連は幾度となく、わが国の内政にあからさまに干渉し、おどしをかけています。例えば、「覇権反対を明記した条約を結べば、ソ連は日ソ関係を再考する」とか、また、「日本が覇権反対に賛成するか、しないかによって日本がソ連に友好か非友好かを判定する」と。まるで戦前の強大国が弱小国に威丈高に振る舞うような乱暴な態度で、日本政府を威嚇しました。

他国を勝手気儘に自分の思うようにしようとするソ連という国は、一体どんな国でしょうか。私は、戦前の中国に対してとった、軍国主義日本の侵略政府の姿を想い浮かべます。

ソ連は、日本の昔からの領土である千島を奪って、日本に返そうとしません。日本は戦後、他国から奪った領土は、ことごとく返還しました。それは正しいことでした。ソ連は、日本の先祖代々が生活してきた日本固有の領土を奪って返そうとしません。国民の悲願としている北方領土返還要求に対しても、ソ連は、「国境は解決ずみである」とか、「返還を要求するなら、しかるべき反撃をうけるであろう」などと、全く強盗さながらの論理で、大っぴらに強弁しています。火事のドサクサに物を盗む人を、「火事場ドロボウ」と言いますが、ソ連のすることは火事場ドロボウに輪をかけて、盗んでおいて、そのうえに殴りつけると同じ態度です。ソ連は、わが国に、どのような反撃をしようというのでしょうか。

ソ連は、口さえ開けば、「平和」をとなえていますが、することは全く反対です。自民党の古井喜実氏は、「問題はソ連だ。日本海はいまやソ連の軍事的な内海と化している。ヨーロッパでは、地中海へ進出し、スエズからインド洋へ、さらに東南アジアへ勢力の拡張をはかっていることは、いまや疑うことのできない事実である」（「日本と中国」四三八号紙上）と言っています。

覇権に反対する「日中平和友好条約」の締結に反対するソ連は、ソ連自身が覇権の道を突走っているので、覇権に反対することが、腹の底から腹が立つのでしょう。しかし、自国の領土を守り、自国の外交を打ち建てるということは、国家の主権と独立にかかわる大切で重要なことです。自国の主権を保持できない政府が、どうして他国の主権を尊重することができましょう。

私たちは三木政府のソ連へのヘッピリ腰をしゃんと立て直すよう、国民的大運動をまき起こし、一日も早く、覇権反対を主柱とする、日中平和友好条約を結ぶよう強力な運動を展開させましょう。

一尺のばしてきたドロボウの手は、一尺のうちに断ち切らないならば、その手は二尺、三尺と伸びてきます。そして、国家の主権も領土も、いつかは失うはめに追いこまれることでしょう。私はソ連に言いたいのです。ソ連が他国に対して覇権をふるう野心がないなら、すなわち、ソ連が覇権に反対する崇高な国家であるなら、ソ連はどうしてこの「平和の基本」となる条約に賛成しないのでしょうか。また、ソ連自身も、覇権反対を明記して、日ソ平和条約を結べばよいではないか、と。

（推定一九七五〜七六年）

編注

（一）日中共同声明……「歓迎夕食会あいさつ」編注（四）参照。

（二）日中平和友好条約……「日中共同声明」をふまえて、一九七八年八月一二日北京で調印された。

日中平和友好条約締結の大輪の花を（閉会の言葉）

敬愛する　楊純団長先生、団員の諸先生
親愛なる　御来席の友人の皆さん
今日、私たち両国婦人は、この会場に相寄り、多くのことを話し合いました。
さて国交回復以来、両国の友好往来は、日増しに深まり前進しています。今回、中国婦人の御来日が決定し、前回につづいて、わが神奈川にも訪問されるという朗報が入るやいなや、日中友好協会（正統）神奈川県本部の呼びかけにこたえて、多くの婦人団体ならびに、多くの個人が歓迎委員会に参加しました。
特に、今回は、わが県下から派遣された、青年の船、県民の翼、横浜市民の翼、二次にわたる全国婦人の翼など、そして県下から送り出した、二度にわたる婦人訪中団に参加した婦人たちが、中国における熱烈な、友情溢《あふ》れる歓迎に感動し、その熱情を、今回の歓迎活動に注ぎました。また訪中した婦人たちの経験を伝えきいた多くの婦人たちが、歓迎活動に参加しました。

このことは、両国人民の友好往来が、今や、県民の中に深く根を張り、二千年来の日中両国友好の伝統を、よみがえらせ、子々孫々に受け継いでゆく、大きな歴史の流れとなっていることを、示しているのではないでしょうか！

今日、私たちは、両国婦人の共通の問題を話し合い、相互に学び合いました。

中国の婦人は、偉大な指導者、偉大な教師、毛沢東主席の思想にはぐくまれ、導かれて華国鋒《かこくほう》主席のもとに団結し、前人未踏の、社会主義社会の建設に邁進されています。

中国の婦人は、この建設の中で、まさに、天の半分の力を発揮しております。

中国の婦人たちは、世界の婦人の歴史の中で、いまだかつて一度も経験したことのない

新しい男女の関係、

新しい家族のあり方、

新しい労働のあり方、

をみずからの力で創造してきました。

私たちは、中国婦人の前途が、洋々たるものであることを確信いたします。

さて、御参列の皆さん、私たちは二年前、巴桑《パサン》先生を団長とする、中国婦人代表団を、神奈川にお迎えいたしました。中国婦人代表団は、その時も、やはり、一日の日程の中で、献身的に、私たちと友好交流をされ、多くの美しい友好の種を、この神奈川に、蒔いてくださいました。そして、その誠実な種は、元気に発芽して、「日中友好神奈川婦人連絡会」という、県下では初めての、日中友好をめざす、婦人の組織を、花咲かせました。

今日、また私たちは、中国から、楊純団長先生をはじめ、十二名の中国婦人代表をお迎えし、交流を深めまし

た。私たちは、この両国婦人の意義ある友情の絆を、何に発展させたらよいでしょうか！

それは、まさに、私たち日本の全婦人が久しく熱望し、希求してやまなかった「日中平和友好条約」の締結という、大輪の花を咲かすことではないでしょうか！

「覇権を許さず、求めず」は、もとより両国人民の切実な願いであります。日中両国が覇権反対の立場で、手をつなぐことこそ、アジアの平和をきずき、ひいては、世界の平和へ通じる道となるでしょう。

楊純団長先生
団員の諸先生
皆さんが、今日、貴国の四億婦人の友情をたずさえて、私たちを訪問されたことに、私たちは深く感謝いたします。

お帰りになられたら、私たち神奈川の婦人の友情をも、必ず、お伝えください。

日中両国婦人の末長い友好万才！

一九七七年十一月六日

歓迎委員会副会長　浜田糸衛

（『天の半分を支える婦人たち――中国婦人代表団・神奈川の一日』中国婦人代表団神奈川県歓迎委員会、日中友好協会（正統）神奈川県本部、一九七八年二月一日）

中国婦人代表団歓迎

このたび中国から来日される婦人代表団の中に児童文学者、葛翠林女史がおられるということに、同じ道に志す私は今から大きい期待で胸をふくらませております。

中国では、「子供は国の花」であり、保母や教師は、「園丁」だと言われています。そうであれば、児童文学者は花園に丈夫で美しい魂の育つ土壌をつくる肥人《こやしびと》でありましょうか！

いま世界的に子供の暴力、自殺、非行などが心配されております。本来、自然児として生まれた彼らを、このようにまで汚辱する私たち大人の社会で、児童文学者に課せられた使命は命がけでなければならないと思います。

葛翠林さんは、すでに多くの児童のための作品を発表されておられるときいております。

これを機会に日中両国の広範な児童文学者との交流が、ひきつづいて盛んになることを私は願っております。

（『中国婦人代表団歓迎ニュース』一九八二年三月　中国婦人代表団歓迎委員会）

閉会のあいさつ

——友好平和の道を子々孫々へ

御来席の皆さん！　楽しい時間は短く早く過ぎます。今日の中国婦人代表団との交流もアッという間に過ぎてしまいお別れの時を迎えました。

日中両国の交流は遠く二千年の昔にさかのぼる程の古い歴史を持っております。けれども数十年の侵略と断絶の不幸な歴史も私たちは決して忘れてはなりません。

日本の敗戦によって日中両国の歴史にも新しい光がさしはじめ、両国の国交が回復されて、今年は十年を迎える喜ばしい記念すべき年であります。この佳き年に、神奈川の私たちは五年振りに、中国婦人代表団を今日お迎えいたしました。

さて、私たち神奈川での歓迎運動は二月に入ってから開始されました。この間、多くの熱心な友人知人がこの運動に参加されました。

特に今日、皆様にお伝え申したいことは、時、たまたま中国から戦争孤児が日本へ里帰りいたしました。当時、テレビは毎日のように、幾度となく熱心に孤児たちの様子を報道致しました。私たちは、すでに両親や肉親を亡くした孤児たちの悲しみや嘆きに胸を熱くし涙を流しました。

この度の歓迎活動の中でも、「よくぞ今日まで日本の孤児を、あれほどまでに養育してくれた！　これは中国人民であればこそ、孤児たちは立派に成人した」と、中国人民への熱い心がよせられました。

皆さん！　私たちは今後、決してこのような孤児を再び出してはなりません。それには、日中両国は、子々孫々にわたって、友好平和の道を固く守り前進させてゆきましょう。

——ここは大事だから、皆で手をたたきましょう。

今日、ここにお集まりの婦人は、平和を愛し守るということでは、単に神奈川の婦人を代表しているというより、全日本の婦人を代表していると考えます。

また、遠路はるばる中国からお越しの康克清団長先生をはじめ、十二名の団員の皆さんも、全中国の婦人を代表されておられると思います。

日中両国の婦人は、平和を守るという崇高な精神で、固く手を結び合い前進いたしましょう!!

日中両国の平和は単に両国のみならず、アジアの平和、また、大きく世界の平和に寄与することでしょう。

今日、子供の問題、公害の問題など多くのことが語られ、討議されましたが、これとても、平和あってのことであります。

今日の意義ある集会を、さらにいっそう意義深いものへと前進させようではありませんか!!

康克清団長先生はじめ、代表団の皆さんの明日からの日本各地での視察交流が成功しますように、そして、お元気にお国へ帰られますように祈ります。

代表団の皆さん！　どうぞ、神奈川の婦人の今日の意見を、お帰りになられたら、忘れずにお国の婦人にお伝えください。

今日は、皆さん！　ほんとうに有難うございました。

——皆さんに代わって私が代表団の一人一人と握手をします。

一九八二年四月十三日

日中友好神奈川県婦人連絡会副会長　浜田糸衛

（『結成10周年記念　友好をめざして　１９７５～１９８５』日中友好神奈川県婦人連絡会、一九八五年三月一六日）

万色旗

どうして花はあんなにたくさんの色彩《いろ》をもっているだろう
どうして鳥は、あんなに形がちがうだろう
どうして動物にはあんな種々《いろいろ》の姿が生まれただろう
浜の貝がらのかぞえきれない形のいろいろ
海の波は怒ったり、しずかにささやいたりする
人をとりこにする夕焼けぐもの虚しい風景
空にはあんなに、たのしい雲が歩き走っているのに
この実はまるまる、ながく、太っちょ、
いろいろある
それにしては

ヒトはなんと単純で、おもしろくない存在よ
黒、褐、黄、白、たった四つ
もっともっと、たくさんの種《たね》が
どうして、生まれなかっただろう
そうすれば
たくさんの文化が、この地上を
豊かにこやしてくれただろうに
白はもうたそがれ消えかかっている、おしいから
もっともっとたくさんの
混合彩のヒトを、
私たちは創造して
おこうではないか、
あとのあとの子らや
世界のために!!

(一九八三年八月一六日記)

意義ふかい中国の旅

日中友好神奈川県婦人連絡会（婦連）は、これまでにない意義ふかい中国訪問の旅をいたしました。

婦連は発足して一二年余の歳月を、山坂のけわしい道をただひたすらに、全会員が手を結び合って乗り越えてきました。

婦連の第六次訪中団は今回はじめて、中国全国婦女連合会からの正式招待をうけました。

今年は、七・七盧溝橋事件の五十周年記念の意義ふかい、忘れてはならない年であります。その記念すべき年に訪中できましたことは、まことに恵まれた訪中団でした。

私たちは中国到着の翌日、人民大会堂で、中国婦女連合会会長、康克清※先生が主催する歓迎会に光栄にも招待されました。

康克清会長は別記のように中国の現状を話され、中国は社会主義社会の建設のために奮闘していられることを力説されました。

康克清先生には五年前に私たちは神奈川県の、中国婦人代表団歓迎で、お会い致し再会のなつかしい友情が沸きあがりました。

南京では「南京虐殺記念館」を初めて見学しました。陳列されたかずかずの記念品を眼にしたとき私の胸は悲しみと怒りにはりさける思いで、激情の嗚咽をおさえることができませんでした。二度とこの悲劇をくり返すなら、私は死をもって阻止すると胸に誓いました。

教科書問題、靖国神社問題、最近の光華寮問題と私たちはつぎつぎと日中友好を阻害する事件の流れに、心をひきしめて立ち向かわねばなりません。

団員の皆さん！　中国訪問のあの感激を心にとどめ、これからの日中友好の道を、より強力に前進しようではありませんか!!

※康克清《こんこくせい》さんは全国政治協商会議副主席、全国婦人連合会主席、中国人民児童を守る全国委員会主席、中国宋慶齢基金会主席

浜田糸衛団長のお礼のあいさつ

（前略）

私たちの日中友好神奈川県婦人連絡会は長ったらしいので、神奈川県では通称〝婦連〟で通っています。

婦連の誕生は一二年前で、その誕生の起因は、中国の訪日代表団が、神奈川県に来られた時、神奈川県の全婦人団体が挙げて歓迎したことに始まります。ですから、こちらの中華全国婦女連合会とは全くの他人ではありません。姉妹とは言えないまでも従姉妹くらいにはなると思います。

私は、今回の訪中は大変意義深いものであることを自分自身の心に刻み、団員の方々にも知っていただきました。というのは、今年は七・七　五〇年の記念の年に当たります。その記念すべき七・七　五〇年に御地中国を私たち二二名が訪れ、その土地を踏んだということは、われわれ日本人が五〇年前に侵略し、じゅうりんしたその土地を踏んでいるということです。

私たちは、御地、中国の土地を一歩一歩、日中友好の音をたてて踏みしめております。

婦連は〝日中友好〟と〝平和〟と〝婦人解放〟の三つを大きな柱として、今日までその運動を展開してまいりました。これからも、これら三つの柱を軸に、その一つの柱をも折ることなく、子々孫々、婦連のある限り運動を続けてまいる所存です。

一九八二年に康克清先生を神奈川にお迎えしました。そのときの記事がこれ（「婦連十周年記念誌」）に載っております。その時、ここにおられる黄甘英先生もおいでくださいました。

康克清先生は神奈川での講演で次のようにお話されました。「女も男もともに手をとり合えば、アジアの平和、世界の平和に寄与することができるでしょう」

私たちは、この先生の教えを堅く守り、そのように運動を展開してまいりました。

みなさんも既にご承知のように、日本の軍事費は一％を突破しました。そして、言論の自由が閉ざされてはならないのにもかかわらず、先ごろ朝日新聞の記者が残酷な死を遂げました。このことは日本人民を憤慨させました。私たちはこうした波を小波のうちにふせがなければならないと思っています。婦連はそのために、これからも大きな情熱をもって頑張ってまいります。

中華全国婦女連の先生方、婦連をお援けください。そして、いっしょに頑張っていきたいと思います。

（第六次日中友好神奈川県婦人訪中団　団長　浜田糸衛）

（『友好の道――第6次日中友好神奈川県婦人訪中団報告集　1987年5月23日〜5月31日』日中友好神奈川県婦人連合会、一九八七年）

要請文

貴方は去る二月十四日の国会答弁で「第二次大戦が侵略戦争だったかどうかの問題は後世の史家が評価する」と述べました。これは歴史の事実を歪めるものです。

明治以来日本が行ってきた戦争は、すべてアジアを戦場として行われてきました。日本が「大東亜戦争」と呼んだ第二次世界大戦は、日本がアジアの人々を欧米の植民地のくびきから解放するという大義名分のもとに、実際には新たな支配者として君臨しようとした侵略戦争でした。

貴方の発言は、この侵略戦争の反省の上に立って、日本国憲法のもとに平和国家として出発し、アジアと世界の平和を求めてきた日本国民の意志を踏みにじるものです。

貴方は二十四日、銭其琛《せんきしん》中国外相との談話で、日中関係の基礎の一つとして「日中共同声明」を挙げています。この声明の中で日本は「過去において日本国が戦争を通じて中国人民に重大な損害を与えたことについての責任を痛感し、深く反省する」と表明しています。その後、「侵略」を「進出」に書き換える教科書問題や、戦犯を合祀する靖国神社への首相・閣僚の公式参拝問題（一）、藤尾・奥野発言が起こって、中国やアジア諸国から、日本は過去の戦争について〝深く〟どころか少しも反省していないのではないかと指摘されました。

日中共同声明で日本が表明し、約束した「戦争の反省」「一つの中国」にもとづいて、中国は日本に対する賠償を放棄しました。

首相が今回の発言を本当に反省し、「日中共同声明」を日中関係の基礎とするならば、それを「言葉」ではなく、次のような具体的な実行で示すことを私たちは要請します。

一、日本がアジアで行った戦争が侵略戦争であったことを公けに表明する。

一、侵略戦争の結果として生じた中国残留孤児と養父母への支援を強化する。

一、中国及びアジアからの留学生、研修生への援助を強化する。

一、光華寮問題（二）を「一つの中国」の原則に立って早急に解決する。

一九八九年二月二十五日

日中友好神奈川県婦人連絡会　会長　浜田　糸衛

内閣総理大臣

竹下　登様

（『結成15周年記念　天の半分を支える婦人たち　中国婦人代表団　神奈川の一週間』資料3、日中友好神奈川県婦人連絡会、一九九〇年九月二四日）

編注

(一)靖国神社への首相・閣僚の公式参拝問題……一九八五年八月一五日、中曽根康弘首相が初めて内閣総理大臣として靖国神社を公式参拝。九月一八日、北京の天安門広場でこれに抗議する反中曽根デモが起こった。翌八六年八月一五日、首相、外相、官房長官を除く一六閣僚が参拝。十数日後の九月三日、中曽根首相は「A級戦犯は侵略された相手側の国民感情を刺激する。私はあの戦争は侵略戦争だったと思っている」と発言。九月一七日、首相は間接的にA級戦犯の靖国合祀が適切でない、と表明した。

(二)光華寮問題……京都市内の中国人留学生の寮・光華寮の所有権をめぐる日台両国の争い。この抗議文の翌二月二六日、大阪高裁は台湾の所有を認める判決をくだした。

『友好の長征』（西湘日本中国友好協会(一)20年史）発刊にあたって

もう二十年の歳月が流れたか！　と思うと、感無量な熱いものが、こもごもに胸の奥に湧きあがります。

神奈川県の西のはての小さい町、真鶴で、最初はわずか高良とみ、浜田糸衛、高良真木の三人で、真鶴班が誕生しました。一九六九年、小田原の蔦田英尾(二)さん宅へ十名ほどの会員がつどい、西湘支部を結成しました。そして真鶴で芽を出し、小田原で一人前の運動が動きはじめました。

この頃は、日中国交回復はまだ成立していないため、運動には随分と苦労が多く、いつもケイサツの眼が私たちを監視していました。それぞれの運動の詳しい報告は他にゆずっても、二十年の運動を語るとなると、千枚の原稿紙も足りないと思います。

私たちの運動は、政党、政派を問わず、〝日中友好〟を希《のぞ》む誠実な人なれば、誰でも歓迎しよう、そして会員は、誠実で、真面目に、私心を捨てて、友好の運動を発展させてゆこう、というのが、西湘日中友好協会の運動の大切な芯でありました。現在もその道は少しも変わってはおりません。

しかし、多様な人びとの集まりである以上、いつも平坦な道を歩いて来たわけではありません。時には運動に暗いかげを落とし、誠実な会員を心配させたこともありましたが、〝日中友好〟という大切な運動を誠実一途な活動家は守りとおして、今日の「西湘日中友好協会」を築きあげました。

現在は、日中両国は有史以来、最もよい関係にあります。が、そうかといって、全面的に安心しているわけにはいきません。〝時代おくれ〟な放言で大臣をやめた人間もおり、また「今次大戦が侵略戦争であったかどうかは後世の史家が評価する」と言うような首相があったり。私たちは心をひきしめて、これからも、日中両国の友好を、次々と次代の人びとに手渡してゆくという決意と情熱がなくてはいけないと思います。

西湘日本中国友好協会の発足二十年にあたりまして、全会員一同が西湘日中をわが愛し子《いとし》のように愛し、大切にして、会の発展に向かって全情熱を捧げようではありませんか！　質量ともに日本一の友好協会へ、力を合わせて前進しましょう！

一九八九年五月八日

西湘日本中国友好協会　会長代行・副会長　浜田糸衛

（西湘日本中国友好協会編『西湘日本中国友好協会20年の歩み』一九八九年一二月）

編注

（一）西湘日本中国友好協会……「歓迎夕食会あいさつ」の編注（二）の後段参照。

（二）蔦田英尾……蔦田英尾《ふさお》。女性。日中友好運動の活動家。西湘支部の支部長を務めた。高良真木と蔦田氏との出会いは、神奈川県の日中友好運動発展のきっかけとなった。

親愛な中華全国婦女連合会の皆さんへ

日中友好神奈川県婦人連絡会の仲間は、中華人民共和国と中国人民が大好きです。私たちはこの十五年、日本と中国両国人民の友好のため、草の根の運動を続けております。

特に両国婦人同士の友好と理解を深めるために、私たちは中国婦人を結集する貴中華全国婦女連合会と交流を深め、お互いに尊敬しあい、学びあって来ました。

このたびの中国の学生運動で、国を愛し、人民の幸福を願って、夢と情熱とほとばしる血潮をみなぎらせて立ち上がった若者たちに、市民たちが呼応する姿を、私たちは深い感慨をもって見つめておりました。

ところが六月四日、貴国の人民解放軍戒厳部隊は、非暴力に徹して運動を進めてきた学生・市民を戦車で攻撃し、銃撃を加え、多数の死傷者を出しました（一）。

私たちは一瞬、自分の眼を、そして耳を疑いました。なんとむごいことを！　このようなことが人道上許されてよいことでしょうか？

私たちが信頼し、疑わなかった人民の国、中華人民共和国の行動とは信じられません。

重ねて申し上げます。これ以上若者たちに対する攻撃は止めてください。未来を創造する原動力である若さの芽を摘み取ることは、即刻中止してください。そのための行動を貴会にお願いいたします。

私たちはこれからも、日本と中国がよき隣人として互いに尊敬し、助け合って栄えていくことを心から願い、行動していきます。

一九八九年六月十一日

日中友好神奈川県婦人連絡会会長　浜田糸衛

〈付記〉一九八九年六月、婦連（日中友好神奈川県婦人連絡会）は著者を団長とする第9次訪中団を派遣していた。一日から一〇日まで北京・敦煌《とんこう》・蘭州《らんしゅう》・北京と回る予定で、事件当時は蘭州~北京に滞在していたが、急遽予定を早めて七日に帰国した。一一日、早速幹事会を横浜の古アパート二階六畳の事務所で開催し、一六名ほどの幹事で事件をどう考えるかなどについて意見交換した。事件の衝撃は大きく、中国はもうだめだ、今後交流はできるのか、などさまざまな意見が出たが、婦連と友好関係を紡いできた中華全国婦女連合会に手紙を書くことになり、浜田会長名で送ったのがこの手紙である。その返事が七月一一日に届いた。

その幹事会で翌年の15周年記念に何をするか話し合ったとき、著者は中国婦人代表団を招待しようと提案したがそのときは賛成を得られず、秋の懇親会で再度話し合い代表団の招待を決めた。一九九〇年五月一一日~一七日、代表団が訪日し友好交流を深めた（婦連の現事務局長　番場明子《めい》氏による）。

編注

(一)多数の死傷者を出しました……一九八九年六月四日、北京の天安門広場を中心に起こった、当局・人民解放軍による民主化運動への武力弾圧事件を指す。胡耀邦《こようほう》主席の追悼式をきっかけに、学生の運動は全国に広がったが、同月「反革命暴乱」として鎮圧された。

〈資料〉返信

尊敬する浜田糸衛先生

六月十一日のファクシミリ受け取りました。近頃仕事が忙しいため、返事がおそくなってしまいましたが、どうかお許し下さい。

先生が、中国人民の古い友人として、一貫して中国に関心を持ち、日中友好に関心を持ち、肝心の時には尚更のこと、このようにしてくださることが、私たちはとても嬉しいのです。先生の中国に対する熱愛、中国人民に対する想いは、私たちを深く感動させました。そして、私たちは改めて中国公民として背負う歴史的使命の重大さを感じました。同時に、私たちもまた先生に、中国の実際の情況と私たちの考え方をお話しする責任と義務があります。先生が、問題を判断する時の参考として下さい。

この二カ月、ひとにぎりの下心のある人間が、学生の熱い愛国心を利用して、北京及びその他の地区において、計画的な、組織的な、前もって仕組まれた政治動乱を引き起こし、最後には北京での反革命暴乱にまで発展させました。彼らの目的は、即ち中国共産党を覆し、社会主義の中華人民共和国を転覆させることでした。このような情況の下で、首都の業務、生産、生活秩序を回復させるため、また広大な人民大衆の生命と財産の安全を防衛するため、戒厳部隊は命令を奉じ、市内に入り、暴乱平定の断固たる措置をかちとったのです。

暴乱平定後、北京の形勢は迅速に正常に戻り、中国共産党は、第十三期四中総を開催し、「趙紫陽同志が反党、反社会主義動乱の中で犯した誤ちに関する報告」を通じ、中央指導部の一部構成メンバーの調整を行い、江沢民同志を党の総書記に選出いたしました。同時に、中国は経済建設を中心とし、四つの基本原則を堅持し、わが国の社会主義現代化建設と、改革・開放を推し進めて行くことを明らかに致しました。中国共産党中央第十三期四中総大会はまた、「性質の異なる二種類の矛盾を厳格に区別しなければならない」「民主と法制の強化に力を入れ、腐敗を懲罰する」「人民が普遍的に関心を寄せるいくつかの事柄を立派になしとげる」という事も強調していました。

わが国の反革命暴乱平定という正義の闘争は、必ず世界の人びとの理解を得られるようになるでしょう。そして、わが国人民と世界各国人民の友好関係も、必ず発展し続けることでしょう。

紙面に限りがありますので、以上では先生の疑問や御心配に対して完全な回答にはならないかも知れませんので、資料を少し同封させていただきます。それが少しでも助けになれば幸いです。他に何か御質問などありましたら、お手紙を下さい。私たちは、先生と率直に、誠実に意見の交換を行いたいと願っています。くれぐれもお体を大切に。

高良真木先生、そして婦連の友人の皆様に心からよろしくとお伝えくださいませ。

一九八九年七月四日

中華全国婦女聯合会国際連絡部

(『友好の道——第9次日中友好神奈川県婦人訪中団報告集　1989年6月1日~7日　北京—蘭州—敦煌—北京』

日中友好神奈川県婦人連絡会、一九八九年)

抗議文

西湘日本中国友好協会は、一九六九年結成以来今日まで、日本と中国の永久平和を願い、両国人民の友好のために運動を進めてきました。

中国の将来の発展を願い、中国人民の幸福を願っている当協会会員一同は、六月四日、北京天安門広場において、中国人民と人民解放軍戒厳部隊の間に発生した流血の惨事を知り驚愕と深い悲しみを覚えました。

当協会は六月十五日、緊急理事会を開催し、今回の犠牲となった中国人民に対し、深い哀悼の意を表すと共に、非武装の人民に対して武力を行使した中国政府当局に強く抗議します。

日中両国人民の友好を願う当協会は、人道的見地から貴国政府が、人民に対するこれ以上の武力行使、並びに弾圧を行わないよう強く求めます。

一九八九年六月十六日

神奈川県西湘日本中国友好協会
会長代行　浜田糸衛

中華人民共和国
駐日特命全権大使
楊振亜　閣下　殿

（西湘日本中国友好協会編『日本と中国　西湘版』日本中国友好協会、一九八九年九月五日）

友好の歴史は永遠に

〝人民、ただ人民のみが、歴史を創造する原動力〟、その人民の軍隊が、人民に対し戦車と機関銃を向けるとは、私には考えも及ばなかったことです。北京の宿舎で私は深い憂愁におちました。

訪中団の皆さんの報告書を読んでいるうちに、私は大へん安心しました。というのは、あの天安門広場の事件で、団員の皆さんが、〝中国は、もう、コリゴリ〟と、中国離れがしているのではないかと案じたからです。皆さんの報告が、そうでなかったことを立証しています。さすが、〝婦連の主催する訪中団だ〟と私は心が明るくなりました。訪中前に、岩崎富久男氏の講演で、日中両国の歴史について、団員の皆さんが、よく理解しておられたのも嬉しいことでした。

二千年の交流の歴史は、そんなに脆く崩れるものでないと心を強くしました。

〝日中友好は子々孫々に!!〟は言葉でなく行為です。

婦連は、これからも一層、力を入れて日中両国人民の友情と交流を深めてゆきましょう。

天安門事件は、両国人民にとっては悲しいことでした。このような悲劇は二度とあってはならないのです。

一九八九年七月三十日

第九次日中友好神奈川県婦人訪中団　団長　浜田糸衛

（『友好の道——第9次日中友好神奈川県婦人訪中団報告集　1989年6月1日～7日　北京—蘭州—敦煌—北京』日中友好神奈川県婦人連合会、一九八九年）

中国を想う（会長あいさつ）

みなさん、お忙しい中をお出でくださいまして、私は胸がいっぱいです。レントゲンがあったら私の胸の中をお見せしたいくらいです。私は情熱の国・土佐の産ですので感激しやすい癖があってこれまでも失敗したり成功したりしてきました。しかし十五年前、日中友好神奈川県婦連設立を発想したときには神奈川県民の中でも、中国人を見たことのない人も多かった。そういうときに婦連をつくったのでその仕事は並大抵のことではありませんでした。しかし集まってきた人たちは、ほんとうに中国を愛し、中国を尊敬し、再び戦争を起こしてはならないという人たちでした。その誠実と情熱と努力で十五年間歩んで来ました。その十五年間は、いまから顧みますと涙多きこと、腹の立つことなどいろいろありました。それに従《つ》いていけない人は離脱し、私のような生粋な人たちによって今日があるのです。これからも、いろいろの苦難があると思いますが、中国と日本の交際は昨日・今日のつきあいではありません。二千年の昔（正確には千二百八十四年前）、阿倍仲麻呂（奈良時代、七一七年、唐に留学）在唐五十余年、その間、安南に赴き、後で長安で死亡しました。私も願わくは中国へ行って中国で死にたいと思うが、果たして中国は受け入れてくれるかどうかわからない、そのくらい私は中国が好きです。だから中国がノミや蚊にさされると、自分がノミや蚊にさされたように感ずるのです。

しかし中国はどんどん発展の一路をたどり、今年九月には中国でアジア大会開催の予定です。そこで中国は一層世界的発展を遂げるだろうと思います。

とにかく私は中国を想っています。寝言にも中国のことを言い、夢にも中国の夢を見ています。これはウソではありません。ウソであれば私はこんなに貧乏しながら運動できるはずはないです。

私たちは阿倍仲麻呂に見習って、いかなることがあっても日中友好の道を歩みましょう。中国が病気したら……日本は大きな病気をして中国に迷惑をかけたのだから……。

中国には十一億の人民がいます。毛沢東はその人民を抱え、わずかの期間に世界的地位を確立した偉大な人です。

日中はいかなることがあっても縁を切ってはならない。日本は中国と戦争したら絶対に損をする。だから私は婦連の運動を、そういう私の情熱で進めています。

きょうは中国大使館から韓秋芳先生が、お忙しい中をさいて御出席くださいました。十五年前のこの会の発会式にも中国大使夫人洪蘭先生が出席され、激励してくださいました。中国と日本は兄弟といったらいいすぎかもしれないので義兄弟としましょう。その義兄弟の関係にあります。今日御出席のみなさんも、浜田の言うように中国と日本は義兄弟関係にあると思って御協力ください、そうすることによって私どもの運動はより一層発展することと思います。

会長　浜田糸衛

「結成15周年記念のつどい」一九九〇年五月一二日にて

（『結成15周年記念　天の半分を支える婦人たち　中国婦人代表団　神奈川の一週間』

日中友好神奈川県婦人連絡会、一九九〇年九月二四日）

日中両国婦人の友情は永遠に

昨年（一九八九年）の秋の幹事会で、婦連の結成十五周年の記念事業で、何をするのかの話し合いの中で〝中国婦人を招待しよう〟と私が提案したときには、だれひとり賛成する人がいなかった。

天安門事件が、まだ人びとの脳裡に濃く残っていたのであろう。その後、湯河原の一泊懇親会で、いろいろ話し合って、皆さんが招待しよう、という気になって、私はひどく嬉しかった。ただ話し合いの中で、「私たちは〝民〟だけれど、中国婦女連は〝官〟だから自由に発言しない、それでは本当の交流はできない」という意見も出た。

天安門事件直後の中国婦女連からのメッセージには、〝私たちは先生と率直に誠実に意見の交換を行いたい〟とあった。

つぎの幹事会では満場一致で、中国婦人を歓迎することに賛成した。

歓迎交流の中では率直な、周菊英団長さんとの意見交流は、たいへん実のある交流となった。

一週間の日中両国婦人の交流に参加したすべての人びとは、いままでにない親愛と相互理解を深めたと、互いに話し合った。

日中両国婦人の友情は永遠に!!

（『結成15周年記念　天の半分を支える婦人たち　中国婦人代表団　神奈川の一週間』

日中友好神奈川県婦人連絡会、一九九〇年九月二四日）

〈婦連は一〇月二二日、「国連平和協力法案」撤回を求める要請文を海部首相に送り、一一月一〇日、政府の「貢献策」撤回を求める要請文を首相に送付するとともに、一九日、一〇名の代表が議員会館に行き、自民、社会、公明、共産、民社、社民連、進歩各党首・代表に要請し、神奈川県議会議長に政府に対する決議採択を陳情した。〉

要請文

政府は去る一〇月一六日、「国連平和協力法案」を臨時国会に提出しました。私達はこの法案に対し、反対の意思表示をしたいと思います。

政府はイラクのクウェート侵攻以来、「中東貢献策」と称して、まず〝カネ、モノ〟を出し、次には〝ヒト〟を出さなければ、国際社会の大国としての責任が果たせないとして、自衛隊を中心とした平和協力隊を作り、海外での活動を可能にしようとしています。自衛隊を海外出動させることは海外派兵にほかならず、貴方が国会答弁で、「武力行使を伴わなければ憲法違反ではない」と何度言っても、それはごまかしにすぎません。

貴方は臨時国会冒頭の所信表明演説で、「今回の事態は、わが国の平和国家としての生き方を厳しく問われる戦後最大の試練」と述べました。まさにその通りです。四五年前、敗戦の中から再び侵略戦争を繰り返さないと日本国民が決意を固め、日本国憲法のもとに平和国家として生きてきた日本の進路を大きく変更するものです。経済大国から政治大国へそして軍事大国へ。私達はこのような動きを感じざるを得ません。

中国はじめアジア諸国はこの法案のゆくえを注視し、その内容に反対を表明しています。アジア諸国は、日本は過去に行なった侵略戦争を少しも反省していないのではないかと思っています。また日本が再び軍事大国としてアジアでふるまうことを恐れているのです。それは教科書問題や、戦犯を合祀する靖国神社への首相・閣僚の公式参拝問題などが起こり、その流れのなかで自衛隊派兵の動きを見ているからです。

日本は、アジアの一員として共に手を携え、アジアと世界の平和のために平和的な手段での解決を探るべきです。この機に乗じて、平和憲法をなし崩しにし、自衛隊派兵に道を開く動きを許すわけにはいきません。

私達は、政府に次のように要請いたします。

一、「国連平和協力法案」を撤回すること。

一、あくまで平和外交に徹した解決に努力すること

一九九〇年一〇月二二日

日中友好神奈川県婦人連絡会

会長　浜田　糸衛

内閣総理大臣
海部　俊樹様

（『友好の道――第10次日中友好神奈川県婦人訪中団報告集』日中友好婦人連絡会、一九九一年三月二三日）

鍾乳洞と私

これまで幾度か訪中しましたが、このたびの訪中で私の意識に強烈な印象をあたえたものは、桂林の鍾乳洞でした。

あの暗い世界に立って、私は自分の人間としての矮小を心に止めました。

日本でも私はアッチ、コッチの鍾乳洞を見て、これが鍾乳洞かという感情だけで終わりました。

中国の友は〝これよりも、ずっと雄大な鍾乳洞が他にある〟と言っていましたが、私には大小の差ではなく、あの鍾乳洞の中での私の意識の変化でした。

このような鍾乳洞を幾《ママ》千万年も共に生きた、中国人民を想いました。

これから、訪中するたびごとに、中国人民の一人ひとりのうしろに、この感情がつきまとうことでしょう。

中国は古い国、中国は雄大な国……と。

一九九一年秋《ママ》

団長　浜田糸衛

（『友好の道　1991年日中友好神奈川県婦人代表団報告集　北京―南寧―桂林―上海』
日中友好神奈川県婦人連絡会、一九九一年一月一八日）

中国人民への熱い心

このたびの中国訪問で私の心に強くのこりましたことは、二つあります。

一つは、四川省成都の「都江堰」の見学でした。

紀元前二〇〇年も前の気の遠くなる大昔に、中国人民が、あの「都江堰」の偉大な事業をなしとげた、ということです。

眼下の流れの中に中国人民の労働の姿が浮かびあがり、私の胸をゆさぶりました。

もう一つは、
中華全国婦女連合会の名誉会長であられる、康克清先生が、ご病後にもかかわらず、人民大会堂に、私たち全員を歓迎して食事を共にしながら、話し合って下さったことです。

この二つのことは、私たちの胸に中国人民への熱い心として、ながく残ることでしょう。

日本と中国の人民の交流が、たんに二千年近い昔からの、おつき合いということだけでなく、これからも永遠に両国人民の親交を、つづけてゆかねばならないと、私の全身に熱く燃えました。

おわりに、中国全国婦女連合会の皆様の、団への御厚情に対し、団員一同に代り、深く感謝申しあげます。

一九九一年一月三〇日

名誉団長　浜田　糸衛

（『友好の道――第10次日中友好神奈川県婦人訪中団報告集』日中友好神奈川県婦人連絡会、一九九一年三月二三日）

要請文

全世界の平和への期待にもかかわらず、一月一七日、アメリカを中心とする「多国籍軍」は、イラクへの攻撃を開始しました。

イラクによるクエート侵攻・併合は侵略であり、認めることはできません。しかし《ママ》、「多国籍軍」の攻撃によって多くの人命が失われ、さらに地球規模の環境破壊が広まっています。

日本政府は戦争の開始にともない、「貢献策」として自衛隊機の海外派遣と九〇億ドルもの資金拠出を決定しました。私たちはこれらの「貢献策」に反対します。

昨年一〇月、当会は政府に対して「国連平和協力法案」の撤回と、あくまで平和外交に徹した解決に努力することを要請しました。政令の改訂による自衛隊機の海外派遣は、この法案の廃案に至る国会の審議内容と、そこに反映された国民の平和の意志を無視するものです。

わが国は明治以来、中国や朝鮮をはじめアジアの国々を侵略し、多大な損害を与えたばかりでなく、わが国民も戦争による惨禍に苦しみました。その傷跡は内外ともにいまだ癒えておりません。このような歴史の反省に立って、国民は新憲法のもとに平和国家として生きる道を選びました。

いま、その憲法の精神を踏みにじり、実質的に戦争に加担するならば、わが国は再びアジア及び世界から孤立する道を選ぶことになります。武力による国際紛争の解決を永久に放棄した日本国憲法を堅持し、湾岸問題の平和解決に、国運を賭けて努力することこそ、わが国の世界平和への貢献策です。

私たちは、即時停戦を願い、政府に次のように要請します。

一、自衛隊機海外派遣の政令を撤回すること
一、九〇億ドルの「多国籍軍」への資金拠出を行なわないこと
一、いかなる形でも武力行使に加担せず、平和外交に徹した解決に努力すること

一九九一年二月一〇日

日中友好神奈川県婦人連絡会
会長　浜田　糸衛

内閣総理大臣
海部　俊樹様

(『友好の道——第10次日中友好神奈川県婦人訪中団報告集』日中友好婦人連絡会、一九九一年三月二三日)

「西湘日中」に寄せて

いまから何年前になるだろうか！　思えば遠い昔のようにも思われるし、また、つい先日のような気にもなる。あの頃は、まだ、日中国交も回復していなかった頃で、私たちは警察に注視され、追われながら、「西湘日中」の発足に全力をかたむけていた。

真鶴《まなづる》に小さい双葉の芽を出した運動が、小田原で枝を張り、花を咲かせた。

この長年月の足取りは、山あり、川ありの、時にけわしい道でもあった。

ようやく会員が一人、二人とふえて喜んでいると、いつのまにか退会してゆく。正直で日中友好に純真な会員は、友好運動が警察に違反する行為とは思っていないが、やっぱり一般人にとっては、かかわりたくないと思うのは当然のことであった。

政府が反中国になると警察もそれに従った。

私たちは、「日中友好」は、日中両国の未来に向かっての〝正しい道〟だと確信していた。必ず日中両国の人民が、手を結びあう日が到来する。それは両国人民の同じ願いでもあった。「社会主義国」の中国に対し、アメリカは敵視政策をとっていた。アメリカに追従する日本政府が、反中国であるのは当たり前の道であった。

しかし多くの平和を希む日本人民は、そうではなかった。幾十年にわたって隣国の中国を侵略し、搾取してきたことに対して、謝罪と自責の念が強かった。「日中友好協会」[一]が、いち早く東京で発足し、多くの会員が、この道のために運動を進めた。私もその一人であった。

東京から人口一万もない小さい真鶴町に転住してからは、町の子供を集めて、絵を教えたり、お話をしたり、大人相手には、「こんばんわ会」を、月に一度ひらいて、東京から講師を招き、講演をしてもらった。この会が発展し、小田原で、「西湘日中友好協会」[二]となった。「日中平和友好条約」が結ばれ、いまでは、首相や大臣が、中国と、ゆききする時代となった。

日中両国は永遠に、友好の道を歩かねばならない。と、思うこと切なる私である。「西湘日中友好協会」は県下でももっとも活動の盛んな支部である。

（西湘日本中国友好協会編『日本と中国　西湘版』日本中国友好協会、一九九二年九月二五日）

編注

（一）日中友好協会……「歓迎夕食会あいさつ」編注（二）参照。

（二）西湘日中友好協会……「歓迎夕食会あいさつ」編注の後段参照。

おおきな大きな白いハトが……

おおきな大きな白い
ハトが北京の空を、
ゆったりと、とびつづけている。
わたしたちは、このハトに迎
えられて、まず、北京に来た。
幾十年と長い歴史を、中国
は、日本をはじめ他国に侵略
されてきた。
今日は私にとっても無上の
よろこびであった。

日中両国、世界の人民は
いかなることがあろうとも、
親愛、友好の道を
踏みはずしてはならない。

浜田糸衛

一九九五年八月三十日

（『友好の道――第四回国連世界女性会議・NGOフォーラム(一)報告集』
日中友好神奈川県婦人連絡会　一九九六年一月二〇日）

編注

(一)NGOフォーラム……一九九五年八月二九日から九月五日まで、平等・発展・平和をかかげて北京で開催された第四回国連女性会議のNGOフォーラムに、日中友好神奈川県婦人連絡会は、二三人の団を組織し、「女性が拓いた平和と友好の道――戦後日本と中国の女性による歴史的貢献」というスライド上映と討論のワークショップをもって参加した。

お礼のことば

年の暮のお忙しいときに、拙著『あまとんさん』の出版をお祝いくださいまして、ほんとうにありがとうございました。

生田長江を師として文学の道を志した若き日から、戦争と敗戦の日々を経て、平和をねがい、人間としての生き方を求めて、いつか年月を重ねてきました。

人生の節々に出遭ったたくさんの先輩や友人の皆さまから恵まれた、かけがえのない友情に、お礼を申しあげたい気持でいっぱいです。

いま、いちばん思うことは、地球を人間の住むところにしていくことです。

これからも、皆さまといっしょに、歩いていきたいとねがっています。
皆さまのご健勝をお祈りいたします。

一九九五年十二月

浜田糸衛

（『あまとんさん』の出版を祝う会」一九九五年一二月九日、新宿プリンスホテル「ル・トリアノン」にて）

Ⅲ　資料と意見

日本女子勤労連盟の記録
婦人団体協議会の記録
婦人団体連合会の結成
友好のあゆみ40年
――日中友好神奈川県婦人連絡会（婦連）の記録

日本女子勤労連盟の記録（一九四六—四九年）

日本女子勤労連盟　規約・宣言・綱領

規約

1　名称　日本女子勤労連盟ト称ス
2　目的　本連盟ノ宣言綱領ノ実現ヲ期ス
3　本部　中央本部ヲ東京都内ニ置ク
4　支部　会員十名トナリタル場合支部ヲ置ク、支部ニ支部長ヲ置ク
5　会員　本連盟ノ趣旨目的ニ賛同スル勤労女子並ニ本連盟ト趣旨目的ヲ同一ニスル女子ヲ以テ構成スル団体
6　役員　委員長一名、書記長一名、常任委員十名、中央委員二十名ヲ置ク、委員中ヨリ左ノ役員ヲ互選ス

経理二名、庶務五名、企画五名、役員ノ任期ハ一年トス但シ再選ヲ妨ゲズ
役員ハ総会ニ於テ選挙ス

7　賛助員　本連盟ノ趣旨ニ賛同セルモノ。賛助員ハ本連盟基金トシテ毎月一口一〇円（一口以上）ヲ拠金スルモノトス

8　総　会　毎年二回以上開キ、定期総会ハ三月、九月トス
総会ハ会員ノ五分ノ三以上出席ヲ要シ、決議ハ其ノ三分ノ二以上ノ賛同ヲ要ス
常任委員及中央委員ヲ以テ毎月一回例会ヲ開ク
常任委員並ニ中央委員ハ本連盟ヲ代表シ総会ニ於ル決議事項ノ実行ニ当ル

9　経　費　連盟ノ経費ハ会費並ニ寄附金ヲ以テ宛ツ
会計年度ハ四月一日ニ始リ三月三十一日ニ終ル
普通会員年額　一〇円　　維持会員年額　三〇円

10　事務局　会務執行ノ爲本部ニ事務局ヲ置キ常任委員之ニ当ル

11　事　業　講演会、研究会、講座、講習会、生活相談
機関誌発行（会員ハ無料配布ヲ受ク）

12　本規約ハ総会ニ於ル出席会員三分ノ二以上ノ同意ナクシテ改変スルヲ得ズ

附則

支部細則ハ別ニ之レヲ定ムルモノトス

役員

委員長　浜田糸衛
書記長　丹野千利世
常任委員　坊　栄子
渡邊丈子
亀山　倫
吉原フキ
橘　久子
三條　静
篠崎芳子

（イロハ順）

中央委員　池田愛子
石原みどり
韮澤慶子
和田弘子
高橋二三子
多田清子
堤　ゑい子
松田節子
佐藤たかえ
満田タヅ
神保好恵
四方美智子
宮城支部　千葉絢子
岡山支部　照井愛子
京都支部　平井秀子

申込書

連盟ニ入会申込候
普通会員　　　　　　　　　　　　　円也　一年全納
維持会員　　　　　　　　　　　　　円也　一年全納
賛助会員　　　　　　　　　　　　　円也　　口分

住所
氏名

昭和二十一年　月　日

日本女子勤労連盟　御中

宣言

今ヤ我ガ国ハ肇国以来ノ会テナキ、興亡変遷ノ一大危局ニ直面ス即チポツダム宣言ノ受諾ハ、日本民族理想ノ具現ニ対スル、厳粛ナル反省ノ動機ヲサヅケラレタルモノナリ。

然ルニ国民ハ飢餓、疾病、失業等ノ苦難ニ喘ギ、国内正ニ思想、社会、政治、経済、文化ニ困乱虚脱ノ恨ミアリテ、国民生活ノ前途真ニ暗澹タルモノアリ。

コノ秋ニアタリ、我等勤労女性ハ歴史的伝統ニ生キ、且ツ厳正ニ時勢ヲ認識シ、旧来ノ陋習ヲ破リ以テ新日本建設ニ邁進セントスルモノナリ。

カクシテ日本的民主々義体制ヲ樹立シ、明朗ニシテ堅実ナル勤労国家ノ建設ヲ期シ、東洋文化ノ昂揚顕現ニ努メ、ヒイテハ世界平和ノ確立、文化ノ進運ニ寄与セントスルモノナリ。

綱　領

一、思　想

一　自己存在ヘノ自覚――個性ノ確立

二　民族的反省――民族思想ノ再検討

三　世界観ノ確立――倫理観

二、社　会

一　家族社会生活ノ革新――家族生活ノ科学化

二　一般社会――民族協同主義

三　国際協調

三、文　化

一　創造精神及科学精神ノ培養

二　日本文化ヘノ自覚反省

三　東西文化ノ消化

四、政　治

一　人口問題ノ解決

二　日本的民主々義政治ノ確立

三　婦人ノ政治観ノ樹立

五、勤　労

勤労国家ノ建設

新らしい日本の出発

自由の精神

デモクラシイと云えば直ちに天皇が邪魔者であるが如く軽考し、或は自主性なき自覚の伴わぬ無責任なデモ行進に狂躁し、自由と云えば他人のことなど、てんで考えず自分勝手に行動し、時には汽車や電車の窓硝子を平気で打壊わすこと位にしか考えない。これが此の頃の不幸な日本の一つの姿である。

私共は敗戦後の日本の社会に余りにも誤まられた、自由の道に陥ちている多くの人々を見るのである。

真の自由の社会は、この様に無責任で滅茶苦茶で放縦自堕落なものであろうか。若しこの様な現象が自由の道であるとすれば、私共は声を大にして自由というものに反旗を打ち立てなければならない。然し、真の自由とはこの様に軽佻浮薄で自の内にいささかの統治性のないものではない。むしろ厳然とした正しい規律と秩序の中に、人間の持つ個性を豊かに生み育てることの出來る道、この精神こそ真の自由の道であろう。否、厳然とした秩序規律こそ、真の自由の精神を把握認識した人間の内にのみ創造されるものである。

真の意味に於ける自由とは、高い個性をもつ人間にとり、それはむしろ一見不自由とさえ見える程の義務と責任と秩序の中に生きつつ尚且つ周囲の何ものからも掣肘束縛をもうけてはいないのである。支配と統治は常に厳然として、先ず自の内にのみあることを忘れてはならない。

愛国心と中国への再認識

満州事変以来の中国々民の、あの民族意識に燃えた愛国的熱情は正に吾々にとつて羨望でさえあった。敗戦以後の日本人特に青年男女の中に、愛国という言葉さえ口にするを、一種のはじらいでもある如く考えているような者はないか。中国は彼の国に会《かっ》て見ない民族的愛国を以て奮い起ち、中国の自主独立を獲得したのである。

徹底的敗戦により日本は今、あらゆる方面に混沌として、不安定な社会現象は益々深刻化し、救い難き民族危機に直面している。私共はこの秋にこそ世代を背負う若き青年男女に深く期待して止まぬのである。戦時中一部の者により、誤り叫ばれたが如きひとりよがりな愛国心でなく、自国を愛すると共に他民族をも尊敬し抱擁することの出来る真実にして純粋高貴な愛国心こそこの運命の岐路に立つ全日本の一つの道として、青年を先途とする全日本人により、高揚され醗酵されてゆかねばならない。

今次戦争が私共の最も親愛すべき中国との戦いにより開始されたことは、誠に悔いても悔いても遺憾の極みである。日清戦争以來、私共は彼の国をチャンチャンと呼び慣らされて来た。この言葉の中に含まれた中国への諸々の蔑視が、日本にとり、中国にとり、如何に底知れぬ悲劇と痛苦をもたらしたかは今次戦争の示す通りである。吾々は過去に於ける一切の狭量な島国的残シを打ち払い、歴史的地理的且つ文化的にも密接不可分の関係と運命の下にある中国に對し先づ血肉的愛情を温めると同時に、五千年の歴史に深く培い養われた古き文化をもつ、中国への再認識を深め且つ高めなければならぬ。この雅量、この真実なる尊敬なくして、民主日本、世界平和を口にするも、それは唯単なる口先きのお題目に過ぎない。

終戦直後、蔣介石氏のあの偉大にして崇高な中国民衆への声明布告を殊更に挙げるまでもなく、吾々の同胞は長い戦禍の土地、中国に於て友情に満ちた温い手を一杯にうけて帰国しているではないか。日本は今こそ、しみじみとこの意味深く高い精神を民族的思索の中に反芻含味すべき秋である。（一九四二・七・六記）

第二回婦人の日大会　趣意書

来る四月十日は三年前のこの日、日本の婦人が初めて参政権を行使した日であります。昨年はこの記念すべき日に幾多の行事が行なわれましたが、今年もまた歴史的第一歩を印した日を祝し更にすべての婦人が、一様に経済的、社会的、政治的向上の為に闘う（こと）を目的とし、四月十日に婦人の日大会を催すため、各婦人団体、労組婦人部、政党婦人部によって着々準備が進められております。

申すまでもなく民主主義の徹底はまず婦人の実質的解放なってこそ初めて実現するのであります。そして又平和を愛好する日本として国際的地位を回復するためにも婦人の進出が必要であります。私たち女性は常にその任務の重要性を認識し全婦人が共に速やかに過去を脱皮し、新しい女性としての確立のためこの日を期し更に努力致そうとしております。

どうぞこの趣旨に御賛同の上何分の御支援と御協力をお願い申し上げます。

一九四九年三月二十二日

婦人の日協議会
各婦人団体
各労組婦人部
各政党婦人部

参加団体

民主党婦人部
国民共同党婦人部
日教組婦人部
婦人矯風会
民主保育連盟
総同盟婦人部
共産党婦人部
民主婦人連盟

社会党婦人部
日本平和婦人協会
東京都未亡人組合
東京都助産婦会
民主婦人協議会
ＰＳＰ
母子問題懇話会
産業別労組婦人部
全連婦人部
新日本婦人同盟
練馬婦人懇話会
練馬婦人文化会
地域婦人団体協議会
民主政治教育連盟

日本女子勤労連盟
民主自由党婦人部
大学高専教職員組合
全農林職組婦人部
玉川婦人会
大学婦人協会
東京交通労組婦人部
日労会議婦人部
婦人民主クラブ
桜楓会
関東財務職員労組婦人部
日本共同組合同盟婦人部
日本私鉄総連婦人部
全医療労組婦人部
新宿家庭婦人部

婦人功績者に感謝の辞をおくる

提案理由

私どもは「吾が恋は燃えぬ」という映画を見ました。この映画の主題は、明治の先覚者、景山英子（一）を取り扱ったものでした。

私どもの見た試写会の司会者は、景山英子をほめたたえ、又観客も、上映中、あるいはすすり泣き、あるいは感動しての絶賛の拍手を送ったり致したのであります。

そのとき、われわれは皮肉にも、晩年の景山英子が不遇で、玉子の行商などしながらわびしく生活し、昭和二年に六一歳で一人淋しくこの世を去って行った事実を思い出し、何故、生前に、たった一言でもよい感謝の言葉を贈ってあげたらどんなにか、本人も心ゆたかに、うれしく満足して死ねたであろうと思ったのであります。

それで今度の四月十日の婦人の日大会に、「吾が恋は燃えぬ」の映画が第二部の候補に上りましたときに、われわれは考えたのであります。景山英子の同輩、あるいは後輩で、今なお、現存している婦人で、婦人の政治的な権利獲得のために闘った先覚者に、感謝の意志を表示することが出来たら、この記念すべき大会の日を一層意義あらしめることが出来ると思ったのであります。

さて、そこで考えたのは人選の問題でありますが、われわれはこの思いを、ひそかに胸に秘めて、細密に文献など漁りました。

明治から大正、昭和にかけて、婦人参政権獲得に尽くした人びとは枚挙にいとまがないけれど、万人の納得する人びととして、次の三人を選んだのであります。即ち、

明治時代を代表する人として、堺ため子。(二)

大正を代表する人として、平塚らいてう。(三)

昭和の代表者として、市川房枝。(四)

何故この三氏を選んだかの理由は、

堺ため子氏は明治三三年に出来た、治安警察法の第五条の撤廃の運動を、同志、景山英子、遠藤清子(五)らと共に、早くも明治三七、八年の戦争直後に起こして、日本の婦人の政治的解放運動への口火を切った先覚者であります。

ご承知の様に、治安警察法の第五条には、婦人にとり屈辱的な婦人の政治結社への加入並に集会参加等を禁止したものでありました。

それ以来、堺氏等は明治の終わり迄、その運動を続けたのであります。

次に、大正の代表者としての平塚らいてう氏は、明治四四年に青鞜社の運動をしたことは世人にあまりにも有名であります。が、この青鞜社運動が、婦人の解放に、あるいは婦人の自覚に大きな影響を与えたことは事実でありますが、しかし、青鞜社の運動は、その最初は、むしろ文芸運動として出発し、個人的、内省的で、その目的は婦人天才の発揮であったのであります。

私どもは、政治的婦人解放の意味からいって、むしろ平塚らいてう氏が大正八年に同志、奥むめお(六)、市川房枝

氏などと共に設立した新婦人協会の運動を取り上げなければなりません。

同協会によってかつて、堺ため子氏等がその口火を切った処の治安警察法第五条の撤廃に猛烈な運動を起こし、遂に大正十一年に同案の第二項の改正に成功したことに、より大きな功績を認めるものであります。

因《ちなみ》に、同運動の成功は、日本の婦人が自らの力によって、かち得た、最大の権利として、婦人運動史上、燦として輝き永久に特筆大書しなければなりません。

今日の婦人政治権利獲得の基礎がこのときすでに築かれたと言えるのであります。

われわれが大正の代表者として平塚らいてう氏をあげる理由もここにあるのであります。

最後に昭和の代表者として市川房枝氏を上げます。

勿論、昭和に於いては、婦人参政権運動に、市川氏の同輩あるいは後輩として、運動をした人は数たくさんありますけれど、過去三〇年間、大正の初期から、終始一貫、ただ婦人の政治的権利獲得のために、全労力を集中し、しかも、その運動の中心者として、その生涯のほとんどを婦人運動に捧げ尽くした人は、市川房枝氏をおいて、他に比較し得る人はないのであります。

こうした理由から昭和の代表的人物として市川房枝氏を上げたのであります。

以上三氏を、いまなお、現存している婦人で、婦人の政治的解放運動に尽くした、明治、大正、昭和の代表的人物としてならべたのであります。

われわれは、この日本婦人に意義ある婦人の日大会の名に於いて、感謝の微意をこの三先覚者に捧げたいと思います。われわれ後輩にとって誠に美しい義務でもあると確信し、以上、提案の理由を申し述べます。

明治、大正、昭和を代表する三氏に感謝の言葉を贈ることを大会準備会は快諾いたしました。何とぞ絶賛の拍手をもってこの決議をお迎えください。

編注

(一)景山英子……福田英子。「婦人運動について」編注(二七)参照。

(二)堺ため子……堺為子。「私のかかわった戦後初期の婦人運動」編注(二二)参照。

(三)平塚らいてう……「私のかかわった戦後初期の婦人運動」編注(二三)参照。

(四)市川房枝……「私のかかわった戦後初期の婦人運動」編注(一〇)参照。

(五)遠藤清子……岩野清子。婦人運動家、作家。筆名は岩野清。一八八二年東京生。東京府教員伝習所卒。小学校勤務を経て人民新聞社等に記者として勤務。治安警察法第五条改正請願運動に加わる。『青鞜』には創刊時から参加し、婦人論や岩野泡鳴との相剋を主題にした小説等を発表したが、本領は「母の胎内において男女は平等であった」などの評論にある。一九一一年新婦人協会に参加。一五年泡鳴との結婚、出産を経て泡鳴の女性問題で別居。一年間の離婚裁判で妻の座を法的に認めさせた。二〇年三九歳で死去。泡鳴との出会いから別れまでを日記体で綴った『愛の闘争』がある。

(六)奥むめお……「婦人運動について」編注(四四)参照。

社会保障制度即時実施へ

戦後極度に荒廃した日本の社会は、あらゆる面にその末期的死相を露出していますが、特に国民の経済面での惨憺たる面は刻一刻と顕著に深刻化いたしております。例えば国民の最低生活の支柱である配給物さえ満足に受けられず、既に次つぎとこうした家庭が出現し、あるいは重税に喘じ国民が自ら生存の権利をかなしくも放棄し、一家心中の悲劇を演じ、誠にわれわれ国民は近代歴史にその例を見ない不安な生活状態に置かれているのであります。特に昨年十二月、日本政府に下されました経済九原則の至上命令に引続き、最近のドッヂ声明の意図する大手術は、必然的に行政整理、企業の合理化により、官庁のみでも一〇人の内三人はその首切りの対象となり、民・官合わせれば厖大な失業者群が、たった三カ月のパンを抱いてこの不安定な社会に放り出されるのであります。二四年度の予算案の内容を見ましても、この失業犠牲者たちに対して、僅か二九億七四〇〇万程度の予算しかなく、一方公共事業費はと言いますと、最少限度に見積ったであろう、政府予算よりかなおかつ僅少で、終戦処理費が前年度に比し一八二億円も増加しているのに対し、現在最も大切な公共事業費は、政府予算よりか二五〇億円の削減となっております。かてて加えて、税金はますます実質的に加重され、運賃、郵税は共に六割の値上がりとなっています。この様に、われわれ国民が一方に於いて日本再建の名の下に犠牲者を大量に放出させながら、一方に於いて、国民の生活をますます困難な体制に追い込めてゆくということは、憲法第二五条に明文化された、国民の健康にして文化的な生活を保障せられるという条文に、正に反し、憲法違反の政治が出現しようと致しております。私どもはただ単に重税や失業を厭うものではありません。重税を課せられても、失業をしても、困らない社会保障制度が一方に存在するなれば、よろこんで、日本再建のために、失業希望者にも重税歓迎者にも志願するのであります。

単に失業者のみの問題に限らず、傷病、療養、死亡、出産、育児、学童、老齢、未亡人、孤児等々、誠にこれら日本国民の現在おかれている地位は風前の灯の如き生活の中に呻吟苦悩の道をさまよっている状態であります。

社会保障制度について、外国の状態はいかがと申しますと、イギリスに於いては、(ゆりかごから墓場まで)の標語の通り、医療の国営は勿論のこと、あらゆる部面に国民生活の保障が、一九四一年の戦争の真最中、即ちドイツがドーバー海峡を渡る渡らぬの大混乱の最中に、すでに立案され、現在、法律化された国民生活の保障が次つぎと実行されておるのであります。又ソ連の一例を見まするに、家族に病人がある場合、看護に休むときにさえ、これを保険事故の中に入れるという、社会保険の徹底さで国民生活を保障しているのであります。

一方アメリカでも医療の国営こそありませんが、国民はいつでも病気になれば、無料の病院で手当を受ける施設が完備されております。

日本は失業しても涙金で生活し、病気をしてもみすみす治る病人が死んでゆき、最近は疾病者が実際に増加している反面、医者にかかる患者はどんどん減少しているという状態であります。特にここで強調したいのは、あの戦争にかり立てられて、負傷した将兵の医療さえ御承知の如く国家は手を切り、現在これら療養所の経営は誠に惨憺たる状態におかれております。

私どもは以上の様な不安焦燥の社会生活の中で祖国再建といっても、まず個人の最少限度の生命の保障が先決であります。即ち、われわれ国民の生きる最低の生活が法律で確立されてこそ、祖国日本の再建へ雄々しく勇気と努力をもって安心して邁進することが出来るのであります。

社会生活が不安定となればなる程に、社会保障制度はますます強化されなければなりません。

私はここに、

完全な失業保険制度と

完全な医療制度

のこの二つを目下直面する日本の社会不安に備えて最少限度の要求として、即時法律化を要求するものである。

（日本女子勤労連盟　平井提案説明）

婦人の日大会宣言

昭和二一年四月十日は日本の婦人が参政の権利を行使した最初の日であります。この日以来今日迄私どもは国会、地方議会等選挙ごとに一票の権利を行使し政治的には一応解放されました。又二二年五月の新憲法を皮切りに相次いで法律が公布実施され、婦人は政治の面だけでなく経済的にも社会的にも男女同等の扱いを受くべきことが明文化され、いわば婦人解放の青写真は完成されました。

しかしながら今日私どもをめぐる客観状勢は複雑であり、解放の具体化を妨げる悪条件は山積しているのでありまして都市に、農村に、職場に、家庭に、封建の遺風はなお根強きものがあり「民主主義」はいたずらに空転している現状であります。職場に於ける低賃金と馘首の脅威、危機に瀕しつつある六三制、小《マ》ど《マ》もを抱えた一八〇万未亡人、ヤミに転落して行く巷の女性等々。戦争のもたらしたこの様な苦悩は解放のコースを急ぐ私どもの足かせとなりその前進を阻んでおります。

更に又世界の情勢をみれば日本憲法の戦争放棄の宣言も一片の空文として葬り去られる事なきやの杞憂を抱くものすら少くありません。しかしながら今日私どもは敗戦国民としての苦悩の中からいかなる事態にあっても絶対に武器をとって（は）ならないこの信念をかち得たのでありまして平和の道以外に私どものとるべき道はあり得ません。

この様な観点から私どもは今日ここに改めて婦人の実質的な解放への前進を誓うと共に講和会議の締結、世界恒久平和への道標を高く掲げ万国の婦人と相呼応して戦争防止に邁進せん事を全日本婦人の名に於いて宣言するものであります。

昭和二四年四月十日

婦人の日大会

婦人団体協議会の記録（一九四九—五〇年）

婦人団体協議会(一)規約

第一条　本会を婦人団体協議会といい連絡場所を千代田区永田町一丁目に置く。
第二条　本会は婦人子供に関する問題に就て検討協議する連絡協議体であり必要に応じて共同運動を行う。
第三条　本会は右の目的に賛同する婦人団体、労働組合婦人部、政党婦人部等を以て構成す。
第四条　本会の各加盟団体は同等の発言権、議決権をもつ全体会議を構成する。
第五条　全体会議は構成団体の三分の一をもって成立し、議事は満場一致によって決定する。
全体会議の議長は各団体の廻りもちとする。
第六条　全体会議は毎月一回定期に開く。必要の有る時は臨時に開く事が出来る。
第七条　本会の運営並に会務の円滑を図る為幹事若干名を置く。
第八条　前条の幹事は構成団体の互選によって決定するがその任期は三ヶ月とする。

全体会議で可決された問題の内必要とされるものは小委員会に附託する事が出来る。小委員会は構成団体の互選とする。

第九条　本会の経費は各団体の負担金ならびに寄附金をもってあてる。

経常費は月額二万円とし特別行事の経費は寄附金ならびに各団体の拠出金による。拠出額は全体会議で決定する。

附　則

第十条　本会の規約は○月○日より施行する、又規約の改正は構成団体の三分の一の賛成を必要とする。

第十一条　本会に新しく加盟する場合は協議体組織の傘下団体は原則として単位としては本会に加盟する事は出来ない。

第十二条　本会に加盟しようとする団体は全体会議の承認を必要とする。本会を脱退する場合には理由書を係へ提出する。

第十三条　本規約に定めなき事項は本会の趣旨に則り決定する。

（一九四九、一一、二四決定）

編注

（一）婦人団体協議会……略称「婦団協」。「私のかかわった戦後初期の婦人運動」のII章後半参照。

市川房枝追放解除についての決議案（全世界の婦人団体に発送す）

さてわが日本婦人解放運動史上に燦として輝く不滅の人がただ一人ある。

それは市川房枝氏である。

まことに市川房枝氏こそは、日本議会政治の続く限り、その名は永遠に日本婦人の脳裡に深い感謝と共に記憶されるであろう。

市川房枝氏は一九一九（大正八）年即ち氏二六歳の日から五七歳の今日まで過去三〇年間、日本婦人の政治解放のためにあらゆる荊棘苦難の生涯をただ一すじに歩み続けて来た人である。

いま四〇〇〇万の日本婦人が男女平等に解放され、自由の道に闊歩躍進するとき、独り市川房枝氏のみが、参政の権利を半ば剝奪され、政治への活動の道を一切截断され、公職追放の悲境にある事実は、これこそ二十世紀の道化的芝居であり、深刻な皮肉であり、正常の常識をもっては理解出来ないナンセンス的処置と言わねばならない。

市川房枝氏追放解除の運動は、四月十日の第二回「婦人の日」大会の準備会に於いて満場一致をもって決議されたものであり、その後、左は共産党より、右は民自党に至る各政党ならびに全労働組合の婦人部及び全婦人団体により「婦人団体協議会」の結成されるや、再び市川房枝氏追放解除への運動が数多の団体より熱心に提唱されたのである。

われわれ婦人団体協議会はつぶさに市川房枝氏の過去三〇年にわたる運動の足跡を調査検討した結果、同氏の活動したいかなる面に於いても、公職追放に値するものを見出し得なかったのである。

即ちわれわれの眼底に強く映じた市川房枝氏は、

一つに、徹底した自由主義者。

二つに、「戦争を人生最大の罪悪である」とまで極論し、論戦苦闘した真実の平和主義者。

三つに、暴力に対しては「現役軍人といえども犯人を極刑に処せよ」と絶叫して止まなかった勇気ある暴力絶対排撃者であった。

即ち市川房枝氏は、自由主義思想の根強い基盤の上に立ち、婦人の政治解放運動に終始一貫闘い続け、満州事変の勃発以後は、「全世界の軍備全廃」を提唱するほど、熱心に平和を希求し、五・一五、二・二六の両事件に際しては、軍人独裁政治の出現を危惧し、「暴力ファッショ政治は断じてとらず」と平和主義的議会政治を擁護する、真の民主主義者として、何ものにも懼れず、闘って来たのである。

ただ一つ、市川房枝氏の追放の公的理由である「言論報国会（二）理事」就任の真実の事情は、当時市川氏は台湾旅行中のため不在で無交渉の内に決定され、新聞紙上で初めてこれを知ったのであった。帰京後は事務局に辞意を表明したのであるが、当時の日本の諸情勢は、これを実現させるには至らなかった。なお在任中はほとんど活動せず、われわれの大部分が同氏の理事であった事すら、追放によって、初めて知ったほどである。

われわれ「婦人団体協議会」は、市川房枝氏の過去三〇年の歴史をひもとき、氏の功績に対しますます尊敬と感謝の念を新たに深めると共に日本婦人の民主化のために、必要欠くことの出来ぬ、偉大なる指導者であり、同氏の追放が日本婦人にとり、大きな損失であることを痛感し、追放の不当、不合理を全員満場一致で確認すると共に市川房枝氏公職追放解除の運動を強力かつ徹底的に展開することを「婦人団体協議会」の名に於いて決議する。

一九四九年六月廿四日

婦人団体協議会

編注

(一)公職追放……公共性のある職務に特定の人物が従うことを禁止すること。わが国では、戦後の民主化政策の一つとして、一九四六年一月GHQの覚書に基づき、議員・公務員その他政界・財界・言論界の指導的地位から軍国主義者・国家主義者などを追放。五二年四月対日講和条約発効とともに自然消滅。パージ。

(二)言論報国会……大日本言論報国会。一九四二年一二月二三日に、大東亜戦争遂行のための言論統制を担当していた内閣情報局の指導のもと設立された団体。戦争に協力的とされる評論家を情報局員立ち会いのもとで会員を選んだ。会長は徳富蘇峰。これら会員は内閣情報局や軍部の庇護の下で新聞・雑誌で戦争遂行キャンペーンを展開し、一方で報国会が中心になって『思想戦大学講座』(一九四四年)などを編纂した(林茂『日本の歴史25 太平洋戦争』中央公論新社、一九七四年)。市川房枝と言論報国会との関係については、最近の研究書、進藤久美子『市川房枝と「大東亜戦争」――フェミニストは戦争をどう生きたか』(法政大学出版局、二〇一四年)がある。

婦人平和大会

時　一九四九年八月十四日（日）正午
所　中央大学講堂（省電　お茶の水　下車／都電　駿河台）
主催　婦人団体協議会

趣旨

平和を愛するのは世界婦人の本領であります。

身を以て戦争の惨虐と悲劇を知った私共は戦争を放棄したくにの国民として更に平和を願う心切なるものがあります、もはや再びあの惨劇をくりかえすことなく世界人類の幸福を願いあらゆる暴力を打ち払わなければなりません。

戦争こそは永く築いた人類の文化を破壊し、生命の尊厳を否定するものでありこの罪悪を地球上から追放しましょう。傷つけ合うことのない生活を築くことこそ婦人に課された最大の任務であります。

日本が戦争を放棄した日を記念してここに平和大会を持つ次第であります。

プログラム

第一部

挨拶（経過報告）　　渡邊まつ子

討論会「平和はどうして守るか」　　講師　平林たい子
板垣直子
野坂龍

大会宣言

第二部

平和の歌発表と指導　　神宮寺雄三郎

バレー　　茅原イリス
則武舞踊研究所員

詩の朗読　　佐藤さち子

職場コーラス　　第一生命合唱団

演劇「結婚申込み」　　出演　文化座

平和の歌合唱

閉会

杉並婦人団体協議会の声明＊

私共　杉並婦人団体協議会では、去る十月三日の定例会で民生委員（一）について協議いたしました。民生委員の多くは生活に困っている人たちや、相談に来る人たちのために自分自身をも省みず日夜努力しています。ところが、この民生委員の中には、その名を利用して自分の利得を得ようとしている人達が、どの町にも村にも居ります。困っている人たちや弱い人達の弱い立場を利用して自分のよくない目的を果そうとしている人が少なくございません。

例えば最近杉並区内に婦人の貞操をじゅうりんしようとした人が民生委員に選出されようとした事実がございます。新聞、ラジオ等でも此のような例が数多く発表されて居ります。普通に、民生委員は都市町村会議員の足場だと云われて居ります。その為めの運動も活発に行われて居ます。しかも私利私欲にたけた人達が次々と選出されて行く現状にあります。

何故そのような人達が公然と選出されているのでしょうか？　その根拠は、民生委員は民生委員推薦委員会で推薦されるのですが、その推薦委員が大てい天下り式の不明朗な非民主的な組織のため、従って民生委員も往々にして如何わしい非人格者が選出されたからであります。私共は婦人の人権を尊重し、擁護するために此のような身近な問題を取上げて立上がらねばなりません。其のために次のような事を提唱して是非全国の婦人たちの御協力を御願い致します。

何卒貴団体の一人々々にも働きかけて、この運動がてっていするように御配慮下さいませ。

決議文

一、民生委員推薦委員の選任は人格高き各層の代表者を以てすること
二、民生委員推薦委員に婦人代表を加え、その数は総数の三分の一以上にすること
三、民生委員の選任にあたりては、同推薦委員は婦人団体の高い意向を尊重すること
四、民生委員は有給とすること

杉並婦人団体協議会

尚別紙の調査事項についても御協力御願い致します。
おいそがしいところを、まことに恐縮でございますが、次のことにお答え下さいますよう、お願い申し上げます。

一、あなたの地方では、民生委員の中に婦人委員が幾人居りますか。其の数が男の委員の何%ですか。

(答)　　人　　%

二、民生委員についてのよくない事実がありますか。

(答)

成績のよくないのは男ですか、女ですか。

㊟答

以上なるべく具体的にお書きねがいます
御返信は左記あてにおねがいします

東京都杉並区西荻窪一丁目一七一　堀　紀子方
杉並婦人団体協議会事務所

編注

(一)民生委員……社会福祉の増進のために、地域住民の生活状況の把握、生活困窮者の保護指導、福祉事務所が行う業務の協力などを職務とする者。「人格識見高く、広く社会の実情に通じ、且つ、社会福祉の増進に熱意ある者」などのなかから都道府県知事又は政令指定都市もしくは中核市の長が推選し、厚生大臣（現在は厚生労働大臣）の委嘱によって決定される。民間の奉仕者であり名誉職であるが、「非常勤の特別職の地方公務員」に該当すると解されている。

婦人団体協議会総会御通知

——重要問題のある次の総会には必ず御出席下さい

皆様お元気で職場に御敢闘と存じます。

婦団協では去る九月以来「規約」改正について数回の総会を重ねて検討して来ましたが、新規約第五条の議事決定で三分の二制と満場一致制の両方に意見が分かれて未決定のままになって居ります。

就ては次の総会で規約の件は勿論、団体出席のことについて十分話し合い度いと存じます（去る十一月十五日の総会は定員数に充たず不成立でした）

尚、左記のように非常に重要な議題がありますので、皆様御多忙とは存じますが万障お繰り合せの上で必ず御出席下さい。

万一御出席になれない団体は同封の委任状を幹事迄お届け下さい。

日時　十一月二十四日（木）午後一時—時間励行で!!

場所　日本基督教女子青年会館——省線お茶の水、都電駿河台

一九四九年十一月二十日　婦人団体協議会幹事

各団体御中

協議事項

一、規約改正の件

第五条以外は承認ずみ、総会成立は現在十三団体（過半数）を必要としますが却々定員数に達せず、成立しません。この件についても御意見をお持ちより下さい。

二、婦人少年局拡充強化の件

これは満場一致で可決、具体策を小委員会で協議中

小委員会構成団体は、新日本婦人同盟、日本基督教女子青年会、日本女子勤労連盟、日本民主婦人協議会、婦人民主クラブ、産別、日本社会党婦人部、民主自由党婦人部

三、朝鮮児童の学校の件

日本民主婦人協議会提出。在日朝鮮女性同盟委員長金恩順氏より説明。十五日の総会には（不成立であったが）朝鮮学校管理組合金氏並に東京都学務課長橘氏より実状を聴きました。婦団協でこの問題を取り上げるか否かは未決定で、重大議題ですから皆様ご意見をおきかせ下さい。

四、民生委員の件

杉並婦人団体協議会から書類を提出されて居ります。次回には提出団体より説明者が見えます。

国際婦人デー中央大会御案内（一）

一九五〇年の国際婦人デーを迎えるに当って、各方面の御協力を得て準備を進めてまいりました。

今年の国際婦人デーは申すまでもなく、国際的な戦争をおこそうとする勢力と一しょになって、日本を軍事基地として植民地としてはじない者たちに対して、平和と民主々義と民族の独立を守るための闘いの日であります。この闘いこそ今年の国際婦人デーを迎える私たちの最も大きな権利であると思います。しかもこれは労働組合、民主団体、文化団体、青年団体、その他一切の民主的な人々、平和と独立をのぞむ人々と共に、あらゆる力を挙って闘われるものでございます。

三月八日当日は、世界各地において戦争反対のデモが行われます。この日世界の人々と共に戦争反対を叫ぶことこそ、日本人の大きな任務であると考えます。戦争準備のためになされる一切の窮乏に反対して固く組まれるスクラムこそ、民族独立を闘いとる強い力であります。既に各職場でも地域でも準備が進み、その活動が八日に大きく結集されます。この大会がすべての民主的な人々によって闘われることは、国を売る者にとって一大鉄鎚であり、私たちはこの鉄鎚をふりおろさなければなりません。

すべての婦人労働者、主婦のみなさん

労働者・市民・青年・学生・文化人のみなさん

民族独立をねがい、平和と民主々義をのぞむみなさん
みなさんの属する組織を挙げて、同じ処に住む人々を挙げて、三月八日の国際婦人デー大会とデモに、腕を組んで参加して下さい。

スローガン・大会プログラムをそえて御案内申上ます。

なお八日夜、特に国際婦人デーのために、日本帰還者楽団をわずらわして、共立講堂で当夜祭を開きますので御参加下さいますようあわせてお願い致します。

一九五〇年三月二日

国際婦人デー準備実行委員会

国際婦人デースローガン

一、家を焼き、夫や子供を奪う戦争反対
二、ポツダム宣言に基づく全面講和を
三、世界平和をおびやかす軍事基地化反対
四、原子爆弾、水素爆弾の製造禁止。工場では武器をつくるな
五、電気、ガス、主食の値上げ反対。予算は生活のために
六、失業反対。平和産業と自由貿易を

七、生活を破壊する重税反対。
食えるだけの賃金を
八、戦争を準備し、パンパンをつくる低賃金と職階制反対
九、子供を不良化し、馬鹿にする植民地教育を止めよ
一〇、未亡人の生活は国家で保証せよ
一一、国を売る吉田内閣打倒
一二、平和を守るためにすべての婦人は先頭に
一三、平和のために世界の婦人と力を合せましょう

一九五〇年国際婦人デー中央大会およびデモについて

三月八日の国際婦人デー中央大会およびデモは次のとおり行います。

中央大会について
日時……三月八日十時から
場所……日比谷小音楽堂
一、開会のことば
二、議長団選出と挨拶

三、各方面の御挨拶……中国朝鮮等各国代表。社会・労農・共産党代表。労組・民主団体・青年代表。
四、提案……電気料金値上げに対する闘い
税金・主食についての闘い
教育問題についての闘い
失業反対についての闘い
職場にあらわれた軍事基地化に対する闘い
職場・地域の要求発表
五、スローガン採択
六、決議・宣言発表
七、世界の婦人へのメッセージ決定
八、閉会のことば……午後一時の予定

デモについて

一、午後一時三〇分会場出発
二、コース
日比谷小音楽堂――公園内幸町口――西銀座を通り――数寄屋橋――鍛冶屋橋――呉服橋（左へ折れる）
――大手町――人民広場に至り解散
三、解散は先着順とし、最終解散は午後四時半の予定

大会およびデモに対する注意

1、大会およびデモの時間が相当につまっておりますので秩序正しくお願い致します。
2、各職場、地域からの要求は議長が一括発表します。したがって決議文、要求は前もって御連絡下さい。
3、当日会場は混雑しますから、各団体では責任者をきめ、団体名を明記した腕章をつけること。
4、会場到着と同時に、団体名、地区名、責任者名、参加人員を明確に受付へとどけること。
5、各団体、地区の整列順序は当日会場に明示しますから、それぞれの場所にお入り下さい。
6、各団体では連絡係をおいて下さい。
7、デモの時は指揮者の指示にしたがい、整然と行いましょう。
8、解散地点人民広場では、到着順に解散する。
9、当日会場には臨時保育所を設けます。

編注

(一)国際婦人デー……「婦人運動について」の中の「国際婦人デー」の項参照。

休会宣言（最後案）

婦人団体協議会は昭和二四年五月結成以来婦人の要望による種々な問題について、活動をして来ましたが、種々なる障害により休会せざるを得ない状態に立至りました。しかし最後に戦争はいやですの一点に於いては全参加団体の意見の一致を見ましたので戦争はいやですの意志表示をして休会します。

昭和二五年七月五日

婦人団体協議会

婦人団体連合会（一）の結成（一九五三年）

経過報告（婦人団体連合会準備期間）

昨年四月、ソ連に於ける国際経済会議（二）に出席し、ついで北京での「アジア太平洋平和会議準備会（三）」に出席した、高良とみ氏（四）の行動は私たち婦人に大きな感銘をあたえました。

この報告を聞こうと三十余の婦人団体が主催する大会が七月二七日、日比谷公会堂で四〇〇〇の大衆を集めて盛大にもたれました。

大会終了後、三十余団体の間に平和を目的としての婦人連合会の存続の意見が持ち上がり、一方婦人解放の先駆者である平塚らいてう氏（五）よりも、同じ意見の力強い激励がありました。

幾回かの参加団体の討議の結果、趣意書、スローガンを決定し、婦人団体連合会準備会（六）が発足しました。

その後の運動として、高良とみ氏著の「祖国の婦人に訴える」を岩波書店、及び労組の協力で発行し全国の婦人に呼びかけた。

以後の運動の主なるものは次のようなものです。

八月十三日

平和婦人懇談会と共催で、イギリス、ビルマ、ソ連中国より帰られた、山川菊栄(七)、藤原道子(八)、高良とみの三氏の帰朝報告会を参議院会館にて開催す。

九月六日

アメリカ赤十字社、マックレーガー女史他四名の外国婦人を招いて「最も新しい団体の運営について」の話をきく。

九月二三日

「再軍備反対婦人大会」共済会館にて主催する。折から衆議院議員選挙中とて、一三万枚の反戦平和のビラを全都に配布す。

十一月一日

アジア太平洋地域平和会議日本大会に参加、比嘉正子(九)氏等が出席す。

十一月三日

アメリカ在郷軍人会長、ルイス・ゴフ氏の訪日を機に、「朝鮮戦争に原爆を使用せぬこと。日本兵一〇〇万を朝鮮戦争に使うこと反対」の書翰を米国の婦人団体に依托する。

十二月十一日

ソ連、中国より帰朝した、一ツ橋大学助教授、南博(一〇)氏の講演会を主催する。

十二月二十日

中国よりの三万名在華邦人帰国の朗報に接し、「在華邦人帰国推進会議」の開催に当り、これに参加、以来協力し今日に至る。

十二月下旬

米価を中心とする諸物価の値上反対の署名を集め、代表が各党に陳情。

一月二十日

新年総会にて二八年度の運動方針を決定。

一月二七日

「帰国打合会議」に出席の高良とみ代表に托して、中国紅十字会会長、李徳全女史(一一)、中国全国民主婦女連合会会長宛に感謝のメッセージを送った。

二月十九日

アメリカの婦人にアメリカの国際委員会を通じて、「国際婦人デー」のメッセージを送った。

三月八日

国際婦人デーに参加す。

三月中旬

中国への出迎船、高砂丸に比嘉正子氏を乗船さす。舞鶴に、鈴木きぬ、東寿恵子の両氏を派遣す。

三月二六日

世界婦人大会日本準備会に出席。

三月二八日

築地、本願寺に於けるスターリン追悼会にメッセージを送る。

四月一日

浅草、本願寺に於ける、花岡鉱山犠牲者追悼会（一二）に参加、メッセージを送る。

編注

（一）婦人団体連合会……「私のかかわった戦後初期の婦人運動」編注（三七）参照。

（二）国際経済会議……「婦人の世界大会に参加しよう」編注（三）参照。

（三）アジア太平洋地域平和会議……「婦人の世界大会に参加しよう」編注（四）参照。

（四）高良とみ……「私のかかわった戦後初期の婦人運動」編注（三五）（三六）参照。

（五）平塚らいてう……らいてうは高良とみの帰国歓迎会で「高良さん！／ようこそ、やって下さいました。ほんとうにほんとうに」と、熱烈な歓迎の辞をのべた（「高良さんをお迎えして」『平塚らいてう著作集　第7巻』大月書店、一九八四年）。この会を契機として、それまで四分五裂をくり返していた婦人団体の統一組成が提唱されはじめ、とくにらいてうや櫛田ふきたちは熱心に統一組成の必要を説き、大きな推進力となった（『非戦《アヒンサー》を生きる——高良とみ自伝』ドメス出版、一九八三年）。

（六）婦人団体連合会準備会……「再軍備反対婦人大会（挨拶）」編注（一）参照。

（七）山川菊栄……「私のかかわった戦後初期の婦人運動」編注（一四）参照。

（八）藤原道子……一九〇〇年岡山県生。政治家。幼少期に生家が没落したため、印刷女工、看護婦などをして、日本労農党の山崎釼二と結婚した（のち離婚）。四六年の総選挙で静岡県から日本社会党より山崎道子として立候補し当選し、翌年再選。五〇年からは藤原道子として参議院全国区から当選四回。社会党女性議員の代表格として活動した。八三年没。『藤原道子――ひとすじの道に生きる』（日本図書センター、九八年）。

（九）比嘉正子……一九〇五年沖縄県生。社会運動家。本名周子。大阪バプテスト女子神学校修了。戦前は大阪で保育所、児童館などの社会事業に従事。四九年関西主婦連合会を結成、五一年会長となり関西の消費者運動を指導した。九二年没。『女の闘い』（日本実業出版社、一九七一年）。

（一〇）南博……一九一四年東京市生。社会心理学者。京都帝国大学哲学科卒。アメリカのコーネル大学に留学し、四三年博士号を取得。日米開戦後は敵性市民として軟禁状態に置かれ、戦後も入国ビザが下りず四七年帰国。日本女子大、一橋大学社会学部、成城大学の教授を歴任。日本社会心理学会理事長。民主主義科学者協会でも活動。中華人民大学名誉教授。日本で早くから夫婦別性婚を行った夫婦としても知られた。著書多数。

（一一）李徳全《りとくぜん》……リー・トーチュアン。中国の政治家。一八九六年河北省生。牧師の家に生まれ、北京協和女子大卒。一九二五年西北軍閥の頭領でクリスチャン・ゼネラルと呼ばれた馮玉祥《ふうぎょくしょう》と結婚。抗日戦中は南京・重慶で女性運動を指導した。中華人民共和国成立後は中国紅十字会会長などを歴任。五三年日本人の帰国に尽くし、五四年と五七年に来日。五八年中国共産党に入党。六五年中国人民政治協商会議副主席。七二年没。

（一二）花岡鉱山犠牲者追悼会……一九四五年六月、秋田県花岡鉱山の鹿島組事業所で、強制連行されて働いていた中国人労働者が酷使に耐えかねて蜂起し、残酷に鎮圧された。中国人九八六人中四一八人が死亡した。墓もなしに埋められていた犠牲者の遺骨は、戦後一部が掘り起こされて寺に預けられたが、五〇年春、日中の諸団体によって遺骨発掘作業が行われた。同年一一月、東京浅草の本願寺で「在日華僑総会主催　花岡殉難四百六十名烈士追悼会」が開かれた。五三年「中国人捕虜殉難者慰霊執行委員会」が発足し、遺骨の送還事業が始まった。同年一月に日赤等民間六団体と高良とみが訪中して三月から在華邦人二万人の帰国事業が始まっていたが、第一次の遺骨返還は七月、華僑を含む仏教者一八名に奉持されて、第二次赤十字船の黒潮丸によって行われた。遺骨は塘沽《たんくー》港で中華人民共和国により、抗日烈士として厳粛に迎えられた。遺骨送還事業は五四年一一月、第四次で終わった。

大会案内状

いよいよ春がやって参りました。

毎日を帰国同胞の受入や、選挙にと、婦人と子供の幸福のために御努力の事と思います。

昨年夏、中ソ両国をまわられた高良女史の歓迎を機会に集まりました私たち一同は、その後も準備会のまま、平和のために色々の努力をつづけてまいりました。

一年たらずの準備会のまま、二回も総選挙を迎えなければならない程、政局は全く不安定をきわめております。この不安な社会の中で、婦人と子供の幸福を守りぬかねばならない決意をいよいよ深める人は多いことと思います。私達はこの意味で、この度結成大会を開催することにいたしました。

平和のためにかたく手をにぎり合って進む時だと思います。

そのために次の要領で結成大会を開くことを準備会運営委員会で決定致しました。

日　時　　四月五日　正午から
場　所　　参議院会館　第一会議室

規約、綱領、趣意書等の草案を同封致しました。

右の次第でございますので、貴団体で充分御討議下さいますように願います。大会にその御意見をおもちより下さいまして、婦人団体連合会をお互に好い団体につくりあげて参りましょう。

会場の整理の都合もありますので、あらかじめ出席人数を事務所までお知らせ下さいませ。

三月二十八日

婦人団体連合
所在地　東京都千代田区永田町一ノ一
参議院会館一八二号室
電話霞ヶ関(58)一二二一―九番
内線　六八二番

一、開会の挨拶……司会…東寿恵子
一、議長団選出……働く女性の集い（岩谷）
婦人民主クラブ（櫛田）
一、議長団挨拶　中野平和婦人会（浜田）
一、来賓挨拶　母の集い（堀沢）
一、書記の任命……川瀬（働く女性の集い）、柴田（婦民クラブ）、長谷川（働く女性の集い）
一、経過報告（会計を含む）……小林、小川
一、役員選出
一、審議……趣意書、綱領、規約
一、当面の運動方針
憲法改正反対、徴兵反対、衆参選挙対策

1、再軍備反対候補者との懇談会
2、各政党を集めて公開質問会
3、質問状を出す、内容公開（アンケート）
（憲法改正、再軍備、徴兵、駐留軍、保安隊）
4、未組織婦人、（家庭婦人）への啓蒙――機関紙活動、訪問、講演会
5、スローガン
世界平和を守りましょう。職場や家庭を明るくしましょう。婦人と子供を貧乏と病気から守りましょう。

一、動議受付
一、役員選出…参加団体より各一名
会長（平塚らいてう）、副会長（高良とみ）
幹事（十五名）会計監査（鈴木、島田）
事務局長（浜田）、事務局次長（東）
一、閉会の辞……堀
選挙に対する声明
組織方針

趣意書（案）

全国の婦人のみなさん！

私たち婦人は、子供を生み育て、子供の健康と将来に母親の喜びを、この上もない尊い使命として生きて参りました。

それだけに、世の中が平和で、みんな仲よく家庭の平和をねがわない婦人はありません。

戦争が終って平和憲法がしかれ、ほっとした思いで家庭生活の設計に、子供たちの幸福のために全身をなげうって参りましたが、最近の新聞やラジオの話の中に、また敵国とか、侵略とか、の言葉がとび出しました。

再軍備のための憲法改正の国民投票法案が政府で用意されているということは、女だからとて黙っているわけに行かなくなりました。

朝鮮では、いまこの瞬間に何千人かの婦人や子供が爆弾にたおれ、家を焼かれていることを考えますと、私たちは今こそ平和の問題を大きく叫びつづけなければならないと思います。

人間の住むところ、誠意をもって、愛情をかたむけて話し合うならば、戦争は必ず防ぐことが出来ると、私たち婦人は信じて居ります。

子供の幸福と将来のために、母親の喜びを心から語り合えるために。私たちのくらしの改善をはかり、世界の婦人とアジアの婦人と手を結んで、戦争への道を防ぐすべての運動に全力をあげて、すすみたいと思います。

本年度運動方針

一、引揚者の受入

　舞鶴出張、留守家族連絡、身上相談、就職、就学、住宅

二、参院選挙対策

　ハガキ、座談会、講演会

三、再軍備反対

　徴兵反対、憲法改悪反対

四、物価対策

五、結成問題

三月二八日（土）　共済会館

六、機関紙発行

新聞一枚大型、名刺、広告、寄附

七、広島孤児

選挙に対する声明

日本は終戦後、八年間に度々選挙を行い、いろいろな政府がえらばれましたが、私たちの生活はよくなりませんでした。そればかりか、最近は軍事基地ができたり、軍隊と同じ保安隊ができたりして、平和と反対の方向に進んでいます。

今度の選挙こそ、私たち婦人は、文化人、学者、働く人、青年、真面目な資本家達とも力を合せて、外国に支配されない民主的な政府をつくるよう努力しましょう。

一九五三年四月五日

婦人団体連合会　会長　平塚らいてう
東京都千代田区永田町一ノ一　参議院会館一八二号
電話(53)一二三一一―内線六八二

婦人団体連合会の選挙対策にもとづき、平和憲法を守り、一切の戦争準備と、反動諸立法に反対する。

衆議院議員候補者
神近市子㈠　（東京五区、左社、新）
柄沢トシ子㈡　（北海道四区、共、元）
刈田アサノ㈢　（岡山一区、共、元）
比嘉正子㈣　（大阪一区、無、新）
福田昌子㈤　（福岡一区、左社、前）
田島ひで㈥　（愛知一区、共、元）
参議院議員候補者
石井あや子㈦　（東京地方区、労農、新）
高良とみ　（全国区、緑風、前）
榊原千代㈧　（福島地方区、左社、新）
右の人々を、平和を守る、婦人戦士として発表します。（第一次発表）

編注

(一)神近市子……「私のかかわった戦後初期の婦人運動」編注(一五)参照。

(二)柄沢トシ子……柄沢とし子。本名松島登志子。一九一一年札幌市生。政治家、労働運動家。札幌高等女学校卒。道庁でタイピストをしながら日本労働組合全国協議会に参加。三菱美唄炭鉱などでストライキに関わり、非合法活動により数度検挙される。四六年戦後初の衆院選に共産党から北海道一区で当選。四九年再当選したが、遊説中のけがで引退。以後日本共産党中央委員会婦人部に所属し、後進の指導に当たる。

(三)苅田アサノ……堀江アサノ。一九〇五年岡山県生。政治家、婦人運動家。日本女子大卒。学生時代から社会主義に関心を持ち、三一年共産党に入党、財政活動にあたる。三三年検挙され、転向して三五年出獄すると東洋経済新報社、帰郷して西日本製紙などで働く。戦後共産党に再入党し、二四年の衆院選で当選。戦前から婦人解放運動をすすめ、戦後新日本婦人の会中央委員、日本婦人団体連合会、国際民主婦人連盟評議員などを歴任した。七三年没。

(四)比嘉正子……「婦人団体連合会の結成」編注(八)参照。

(五)福田昌子……一九一二年福岡県生。政治家、医学博士。東京女子医学専門学校(現東京女子医科大学)卒。二六歳という史上最年少でヒスタミンの研究により医学博士号を取得。四七年の衆院選に福岡一区で当選、以後連続五回当選。同年に優生保護法を自ら執筆して加藤シズエらと三人で法案提出、翌年成立させた。学校法人純真女学園の創設者。七五年没。

(六)田島ひで……一九〇一年愛知県生。政治家、婦人・労働・平和運動家。二〇年新婦人協会の書記に就き、二六年婦人運動調査所を創設、機関紙「未来」を刊行。二九年東京市電バスガールへのオルグ活動により検挙。四九年の衆院選挙で共産党から愛知県一区でトップ当選。五〇年、平和と生活防衛を訴える国際民主婦人連盟のメッセージに呼応して、ポツダム宣言に基づく全面講和を訴えた。七六年没。『ひとすじの道――婦人解放のたたかい五十年』(青木書店、一九六八年)。

（七）石井あや子……一九〇二年千葉県生。政治家。日本女子大卒。国鉄に働く。新日本婦人の会代表委員、原水爆禁止日本協議会担当常任理事、日本平和委員会常任理事、世界平和評議会評議員。二〇〇六年没。『女らしさの昨日　今日　明日』（平和書房、一九七〇年）。

（八）榊原千代……一八九八年静岡県生。政治家、教育者。フェリス女学院、青山学院卒。一九四六年戦後初の衆院選で福島一区から当選した女性初の代議士の一人。当選二回。社会党の片山内閣で女性初の法務政務次官。フェリス女学院理事長などを歴任。八七年没。

友好のあゆみ40年——日中友好神奈川県婦人連絡会(婦連)の記録(一九七五—二〇一五年)

友好・平和・女性　テーマ別活動記録

一　友好交流、相互理解

中国婦人代表団等の歓迎活動

一九七七年　中華全国婦女連合会　楊純団長
八二年　中華全国婦女連合会　康克清団長
八五年　遼寧省代表団
中国青年訪日友好の船

八七年　中華全国婦女連合会　王立威団長
九〇年　結成一五周年で　婦人代表団　王立威団長　招請
九三年　遼寧省代表団
九五年　結成二〇周年で　婦人代表団　喬雪蛍団長　招請
九七年　上海市代表団
九八年　広西壮族自治区代表団
　　　　上海市婦女連合会視察団
二〇〇四年　上海宋慶齢基金会学前《（二）》教育代表団
〇五年　結成三〇周年記念シンポジウム　代表を招請
　　「日本・中国　アジアの平和を考える」
　　　―歴史を鑑として未来へ向かう―
　　中華全国婦女連合会の盧亜民、張広雲さん　他

中国への訪問団派遣

婦連派遣の訪中団

第一次　一九七六年　北京・西安・洛陽・上海　二五名
二次　七七年　広州・桂林・長沙・杭州・上海　二〇名
三次　七八年　北京・大寨・太原・石家荘　一七名

四次　八三年　北京・南京・楊州・上海　八名
五次　八六年　西安コース　北京・洛陽・西安　一七名
瀋陽コース　北京・瀋陽・大連　一三名
六次　八七年　北京・南京・蘇州・上海　二一名
七次　八八年　北京・桂林・杭州・上海　一九名
八次　八八年　大連・瀋陽・長春・ハルピン・北京　一八名
九次　八九年　北京・敦煌・蘭州・北京　一三名
一〇次　九〇年　北京・成都・昆明・香港　一七名
一一次　九三年　北京・済南・曲阜・泰安　一二名
一二次　九九年　上海・太原・大同・北京　一一名
（中国建国五〇周年式典に出席）
一三次　二〇〇七年　重慶・長江下り・武漢・上海　一〇名
重慶市婦女連と交流・意見交換会
一四次　一〇年　上海万博・蘇州・紹興・上海　五名
（結成三五周年記念）
一五次　一二年　北京・天津（国交正常化四〇周年）　五名
中華全国婦女連と交流
一九九一年一〇月　中華全国婦女連合会招待の代表団派遣

北京・南寧・桂林・上海　六名

他団体主催の訪中団への代表参加

一九九二年　八月　日中女性シンポジウム友好交流訪中団　二六名
国交正常化二〇周年記念
九五年八／九月　第四回国連世界女性会議　二二名
・NGOフォーラムでワークショップ
「女性が拓いた平和と友好の道」スライド上映と討論
九七年一〇月　寧夏教育支援訪問団　三名
二〇〇〇年　九月　日中女性シンポジウム参加訪中団　九名
〇二年　九月　世紀の約束・日中女性北京のつどい訪中団
「日中女性友好宣言」採択　七名

横浜在住華僑との交流　特に横浜華僑婦女会との交流

一九七六年　横浜華僑不当弾圧事件抗議行動に参加
八七年　光華寮問題で各政党に要請行動
二〇〇〇年一〇月～　横浜華僑婦女会合唱団「黄河女声合唱団」
「茉莉花女声合唱団」との交流　音楽会等に参加
〇三年五月　横浜華僑婦女会五〇周年祝賀会に出席

○四年八月　横浜華僑婦女会五〇年史記念祝賀会に出席
○七年一月　婦連新年会で横浜華僑婦女会劉燕雪会長から「中日友好・婦女会の五〇年とこれから」を聴く
○八年五月　横浜華僑婦女会五五周年祝賀会に出席
一二年、一五年　横浜華僑婦女会の三・八国際女性デーの集い
一三年五月　横浜華僑婦女会六〇周年祝賀会
一三年一一月　横浜山手中華学校見学
一四年一〇月　横浜山手中華学校見学（石川町駅前）
・横浜華僑総会主催の国慶節祝賀パーティーに参加　毎年　など

在日中国人、大使館、留学生等と交流

・在日する中国人、大使館大使夫人、在日留学生を総会、講演などの講師として招聘
・新年のつどいに留学生を御招待

支援・募金活動

宋慶齢基金募金活動　一九八五年三月より

寧夏教育支援事業で寧夏回族女子職業教育支援センター支援
一、教室一棟とミシンなどを寄贈（日中国交正常化二五周年）

訪問団派遣　落成式に出席　一九九七年一〇月

二、高温型抜プレス贈呈　二〇〇〇年一二月

靴の中敷とハンカチ届く

三、センター併設の子供の施設に遊具を寄贈　二〇一一年三月

地震・災害等への募金

中国大水害募金活動　九一年　六月

阪神大震災被災華僑に義援金　九五年　二月

中国河北省地震義援金　九八年　一月

中国大水害募金活動　九八年　七月

台湾大地震義援金　九九年一〇月

四川大地震復旧支援募金活動　〇八年　五月

東アジア大震災中国人被災者募金活動　一一年　五月

その他

天安門事件に関し婦女連に文書を送付　一九八九年六月

二　歴史を鑑として未来に向かう

歴史認識問題

・教科書問題、靖国神社参拝、残留孤児、七三一部隊などに関し、映画、ビデオ上映や申し入れ、要請、抗議行動、署名運動など行う。
・七・七盧溝橋事件記念のつどいを一九八三年より毎年開催し、日本の侵略の実態や歴史認識問題などについて学習、発信
　一九九五年「私たちの戦後五〇年宣言」発表
　二〇〇七年　七・七「アピール」採択
・満蒙開拓平和記念館建設募金活動（二〇〇九年一一月～）を行い、
　二〇一三年　満蒙開拓平和記念館見学会を行う

戦争と女性

・日本軍「慰安婦」戦後補償問題に関し請願署名
・「おんな・おきなわ・安保」の旅　一九九六年一一月
・七・七盧溝橋事件記念のつどい（二〇〇一年七月七日）でビデオ「沈黙の歴史をやぶって」上映中ヤジ

暴力暴言で松井やよりさんの講演が中止に

・妨害者ら五名が起訴され、裁判になり二〇〇三年九月有罪確定

・女性国際戦犯法廷に参加し、その後の「女たちの戦争と平和資料館」建設募金活動に〇三年二月から参加、完成後、見学会三回開催

・上海で中国「慰安婦」資料館見学　二〇一〇年　など

日本・中国・アジアの平和

国連平和協力法、湾岸戦争での自衛隊機派遣、ＰＫＯ法案、盗聴法などに反対などの行動、市民団体共同声明に参加、安全保障法案反対行動　など

以上　詳細は「四〇年のあゆみ」及び報告集など参照

三　刊行物

「友好の道」訪中団報告書　第一次―一〇次

「友好の道」訪中代表団報告集　一九九一年

「友好の道」第四回国連世界女性会議　参加報告集　九五年

「友好をめざして」結成五周年　一九八〇年

一〇周年　八五年

二五周年　二〇〇〇年
三〇周年　〇六年
四〇周年　一五年
二〇周年　一九九五年
「女性が拓いた友好の道」
「天の半分を支える婦人たち」中国代表団歓迎報告書
一九七七、八二、九〇年
「午前八時の太陽」　中国青年訪日団歓迎報告書　八五年
「戦後四〇年『靖国』を考える」古川万太郎氏講演記録　八二年
「最近の中国情勢」安藤彦太郎氏講演記録　八九年

四　その他

毎年行っているもの
・新年のつどい　在日中国人、留学生と交流
・日中友好婦連バザー　年一回
一九八〇年四月～九〇年まで　ギャラリーデュモン
その間　八一年　岡田屋デパート入口
九一年～九九年まで　横浜華僑婦女会「小紅託児所」

二〇〇〇〜一四年まで　山下町町内会館

一五年　かながわ県民センター

・市民活動フェア・フリーマーケットに参加　九八年より

活動の写真展示と物産販売

日中交流基金　浜田糸衛元名誉会長の寄付を原資に発足　九三年三月より

（結成40周年記念『友好をめざして——友好・平和・女性』日中友好神奈川県婦人連絡会、二〇一五年）

編注

（一）学前……学校へ行く前の。

浜田糸衛論——思想と活動の軌跡

〈一九四五年から一九五四年前後まで〉

早川紀代

浜田糸衛は一九〇七年七月二六日に高知県吾川郡伊野町で生まれ、後半生の数十年間は神奈川県の真鶴で画家の高良真木と共に暮らし、二〇一〇年六月一三日に東京都中野区で息を引きとった。日本社会が大きく変化する一世紀以上の間、まるまる生活と思想を営んだ女性である。浜田は伊野町の豊かな自然のなかで、自然の実りとともにのびのびと成長し、文学を志した。一九三〇年代は京都府立三条隣保館に勤めて被差別部落での保育・生活指導につづき、奥むめおの深川のセツルメントで活動、その後満州・奉天（現瀋陽）の日本企業の社内誌を編纂し、帰国後四三年から大日本産業報国会の活動（副参事）を、赤松常子（参事）とともに行い、女子勤労挺身隊など戦時労働に従事する女性労働者を指導した。

アジア太平洋戦争終了後、浜田は日本女子勤労連盟や中野平和婦人会などを組織すると共に、戦争を拒み、平和な社会を求めるさまざまな女性団体のまとめ役を果たす。米ソの対立が明らかになる世界情勢のもとで、日本が侵略した国ぐに、交戦したすべての国家との講和、全面講和を求める浜田は、高良とみの、国交がないソビエト・中国訪問をきっかけに設立された婦人団体連合会の事務局長として、世界の女性運動にコミットしていく。一九六〇年代以降、浜田は活動を中国との友好運動に移していった。

この間、自然のなかに永遠性、真理を求める童話を四冊著している。浜田の文学活動については下巻の高良留美子論稿が扱う。

この小論では、浜田の一九四五年から五四年前後までの思想の模索と活動を紹介したい。

1　一九四五―一九四七年

八月一五日のポツダム宣言受諾の玉音放送の内容を知った国民は、戦争が終ったとほっとした者も、悔やし涙を流した者も、戦争続行を望んだ者も、灯りがともる家いえをみて、安堵した。けれども、無差別爆撃を受けた広島や長崎、東京をはじめ、沢山の都市、家族を喪った人びと、子どもたち、住む家のない人びと、今日の食べ物がない生活、物価がうなぎのぼりに上がるインフレの生活、戦地からの夫や息子の帰還をまつ家族、満州や中国、朝鮮、東南アジアの国ぐにから引揚げてくる人びと、各地の戦地やシベリアの抑留から帰還する兵士など、戦時中とまったく異なる未曾有の不安と混乱の暮らしが始まっていた。とくに、生活の担い手を喪った、あるいは夫が帰ってこない女性たちは、食糧の買い出し、その他に奔走した。食糧を手に入れ、生活を守るいくつもの運動が、あちこちで起きていた。

一方、正義と思い込んでいた戦争が否定された人びとは、自分自身の心身のもちかた、日本のあり方について模索をはじめた。平和で豊かな国とは、民主主義とは、平和文化国家とは、と自問した。戦争中もっとも戦意が高かった若い女性たちも模索しながら社会活動をはじめた。その一人が浜田糸衛である。敗戦時三七歳、けっして若くはないが、青年のように懊悩し、模索を続けた。

浜田の三つの活動

浜田は戦後すぐにいくつかの社会活動を開始している（「私のかかわった戦後初期の婦人運動」）。アトランダムに紹介する。一つは東京女子大卒、二六歳の松谷天光光が組織した餓死防衛同盟への参加である。松谷は軍国主義が掲げる正義は戦後、人道主義、社会民主主義にかわった、人道主義の発露の場は政治であると考えた。上野駅の地下道に住む孤児たちをみて、これは政治の問題と考え餓死防衛同盟を組織した。彼女は自然のなかに真理を探究しようとした（思想の科学研究会編『私の哲学　続』）。同盟、および浜田の具体的な活動は不明であるが、松谷の思想は後述する浜田の思想の土壌とよく似通っている。

浜田の第二の社会活動は引揚同胞婦人連盟の活動である（理事長吉岡弥生）。婦人連盟は引揚同胞連盟の伊藤房緒が設立し、吉岡に代表を依頼したものである。戦争孤児たちの世話が活動の中心で、孤児の収容施設の建設など浜田前掲論文に記された活動の他にクリスマス会などをしている。千葉県に孤児たちの収容施設を建設したのは四八年であるので、浜田は少なくとも二年以上この活動に参加していた（『吉岡弥生選集5』『同6』「近況報告」）。社会的弱者、困窮している人たちへの関心は、戦前の隣保館やセツルメント活動の線上にあると思われる。

三つめの活動は日本女子勤労連盟の設立である。

満州・奉天から帰国し、一九四三年頃から浜田は大日本産業報国会に参加し、赤松常子と共に女性労働者の勤労管理に従事した。大日本産業報国会は四〇年に労働組合の解散命令後、総力戦体制の一環として労働のあり方を組み直し、戦時労働を効率的に行うために設立された産業組織である。赤松は総同盟の解散に伴う社会大衆党婦人部の解散後、四一年に産業報国会生活指導部に谷野せつらと参加、企画係を担当した。報国会の「組織系統」には女子関係として、中堅指導者の養成、勤労に関する調査、技能対策などが挙げられている。赤松や浜田の仕事がどのようなものであったか、彼女たちが記録したものがみつからないので、不明であるが、産業報国会は女子労働に関する若干の提言をしている（桐原葆見、暉峻義等、谷野せつなど）。軍需工場への転換を余儀なくされた繊維工場などで働く女性労働者、四四年に始まった女子挺身勤労隊の女性たちと工場をまわり懇談し、悩みを聞き、労働条件の改善などの助言を行ったと思われる（「職場における男女の問題」）。戦後浜田が女子勤労連盟の原稿用紙として、メモに使っていた用紙は産業報国会の講習会要項や青年組織の結成に関する印刷物の裏であり、メモ群の表紙に用いた用紙は、女流美術家奉公隊に属する女性画家などが描いた「女子皆労」の春・夏季、秋・冬季の油絵のコピーの裏である（現在福岡県の神社筥崎宮と靖国神社遊就館にあり、後者は展示されている）。おそらく女性労働者を鼓舞するために印刷され、浜田たちも工場訪問の際に用いたのではないだろうか。

この戦時中の活動が日本女子勤労連盟の設立につながる。経過はつぎのようである。

市川房枝はポツダム宣言の内容をみて、女性解放、女性の（被）参政権・公民権、行政機関への参加など、女性の政治参加が実現すると考え、八月二五日に大日本婦人会から旧婦選獲得同盟まで立場を異にしたさまざまな女性指導者を糾合して、戦後対策婦人委員会を結成した。委員会名簿には赤松常子、浜田糸衛、照井愛子、丹野千利世、多田清子など、産業報国会の関係者が含まれている（児玉勝子『覚書・戦後の市川房枝』）。対策婦人委員会は、政治委員会、勤労委員会など六委員会を設けた。対策婦人委員会はGHQの命令によって解散するが、政治委員会は同年一一月の新日本婦人同盟の設立につながり、勤労委員会は同年一〇月の日本女子勤労連盟の設立につながった。戦後非常に早い段階での新しい組織の設立である。

浜田は産業報国会の女性労働者たちから、戦後どうしたらよいかとの相談などをうけ、比較的簡単に結成できたと記している。初代の委員長は赤松であるが、赤松は一一月に日本社会党の婦人部長に就任し、翌年三月には婦人民主クラブの設立呼びかけ人に、さらに七月労働基準法制定委員会委員、八月には日本労働総同盟婦人部長に就任、全繊同盟の結成もあり（赤松常子顕彰会編『雑草のようにたくましく』所収、赤松年譜）、多忙のため、たぶん四六年五月から七月にかけて委員長は浜田に交代したのではないかと思われる。赤松は四七年の第一回参議院選挙に立候補を要請され、当選したために委員長を交代したと記している（赤松常子顕彰会編『道　絶えず：赤松常子、その人とあるを』）。

しかし、一九四六年七月にだされた「日本女子勤労連盟　宣言・綱領・規約」（市川房枝記念会所蔵）は、役員として「委員長浜田糸衛」と記している。また、昭和二三年度版『婦人年鑑』「団体録」の日本女子勤労連盟の項は、代表者は浜田糸衛とし、設立年を一九四六年五月としている。筆者はこの記述は誤りであろうと考えていたが、年鑑の編集者は「宣言・綱領・規約」の公表をもって、設立年を、若干のズレがあるが、四六年五月としたのではないかと思われる。日本女子勤労連盟のガリ版刷四頁前後の会報（機関紙）「女子勤労」の発行年も四六年である。この評論集にはたぶん「女子勤労」の記事である四編が収められているが、そのほかにプランゲ文庫所蔵の「女子勤労」Vol. 2・No. 7がある。掲載記事は櫻井庄太郎「日本封建社会に於ける女性観　第四回」と会員の感想である。機関誌『女性と文化』は所在が不明で筆者はみていない。

「宣言・綱領・規約」は、会員を勤労女性と「趣旨・目的を同一にする女子」として勤労女性に限っていない。会費は年額一〇円、委員長浜田、書記長丹野千利世、常任委員亀山倫ほか六人、中央委員多田清子、堤ゑい子ほか一〇人、宮城支部千葉絢子、岡山支部照井愛子、京都支部平井秀子を記している。京都支部に関して、女子勤労連盟の一員の近藤とし子は、新聞や雑誌の婦人記事は台所や着物のことばかりで、ニュース掲載の新聞がほしいが、職をもつものばかりで、一か月に一回会うのがせいぜい（そこに谷野せつから婦人民主新聞が送られてきた、――）と伝えている（「婦人民主新聞」12号、1946・12・15）。

宣言は、ポツダム宣言の受諾は日本民族の理想にたいする反省の動機を与えた、国民生活が緊迫している現在、勤労女性は日本的民主主義体制の樹立、勤労国家の建設、東洋文化の昂揚、世界平和、文化の樹立に寄与するとしている。綱領は1、思想　自己の自覚、民族の反省、世界観の確立　2、社会　家族生活の革新、民族共同主義、国際協調　3、文化　創造・科学精神の培養など　4、政治　人口問題、日本的民主主義政治の確立、婦人の政治観樹立　5、勤労　勤労国家の建設となっている。勤労女性の問題というより、これからの日本社会の建設にとって必要なこと、個人の確立、日本的民主主義の樹立、他民族にたいする反省と個人の政治観、新しい国際関係の創造、世界観の確立を掲げている。

この宣言の最後に「新しい日本の出発」と題する一文がある。真の自由は正しい規律と秩序のなかで個性を豊かに生み育てることができる道であること、さらに日清戦争以来の中国に対する蔑視感が、（歴史上）もっとも愛する中国との戦争をもたらし、日本と中国に底知れぬ悲劇と痛苦をもたらした、古い伝統と文化をもつ中国を深く再認識することが、民主日本、世界平和の実現に不可欠であると、一五年間侵略戦争をつづけた中国にたいして、日本の反省と新たな民族関係をつくりだすことを訴えている。浜田の関心は日本的民主主義と民族問題、すなわち中国との関係のありかたに向けられている。

日本的民主主義が意味する内容はなんだろうか。浜田が描いている民主主義のひとつの内容は、女性解放、女性の政治参加であろうが、日本人がみずから創造する民主主義に天皇制がどのように絡んでくるのか、浜田は天皇制について語っていないが、天皇制の問題があるのだろうか。

一九四七年の講演原稿「婦人と政治」もまた、焦点は中国との関係にある。占領下の日本において政治はどうあるべきか、憲法は戦争放棄と民主主義を定めており、日本の政治は日本人の手でつくり上げるべきである。その際米ソ対立の世界政治の現状、とくにアジア、民族が分断された朝鮮、中国、インド（パキスタンとの分離）を考える必要がある。アメリカには負けたが、朝鮮、中国には負けていないという考えがあるが、むしろ、日本は中国に完全に負けたのである、中国で日本人が何をしてきたか深く考えた時、敗戦国日本の同胞に親愛の手をさし伸べている中国が存在する。

敗戦によって獲得した民主主義の第一の仕事は国内では階級の解放であり、国外ではアジア民族の解放である。被圧迫民族・国家がある以上世界の真の平和はない。日本人はなによりも朝鮮の完全独立を願い、中国の統一平和を希求する一人にならなければならない。それが、日本の完全な独立につながると結ぶ。

浜田の立ち位置は明瞭である。

こうした浜田の思索は当時の日記にも綴られている。一九四七年の日記は判明する限りでは社会党が第一党になった第二回総選挙が行われた四月二五日、五月一日、五月？日（日にちは破られているため不明）、同月二九日、一一月六日に記されているが、すべて破られている。わずかに残る紙片には「戦争よ平和よ」「日本の平和、世界の平和」「米ソ」「民族・国家」「満州」などの文字が読め、当時の浜田の思索の着地周辺が「婦人と政治」の講演になったと思われる。一九四六・四七年の段階で、中国への蔑視と横暴（侵略というタームは使用していないが、侵略と置き換えることは可能だろう）を反省し、朝鮮にたいしては蔑視をとりあげ、植民地支配にふれていないが完全独立を望む論理をうちだした女性は数少ないだろう。

この時期の日本女子勤労連盟の活動について、機関紙「女子勤労」から判明するものは、収入を得るために浜田のすまいで開いた平和堂と名付けられた古本屋（四九年、廃業あるいは譲渡）と講座の開催である。女性労働について、女性の差別的待遇を泣き寝入りすることはないと婦人少年局に訴えている。また、男女労働者の交際について、工員が抱える問題を議論して解決できる工場文化を管理職を含めて強化する必要があるとしている（前掲「職場における男女問題」）。産業報国会の文化運動論の残滓がみられる。連盟の会員数は、先の『婦人年鑑』によれば七〇〇人である。かなり多いが、活動の実態は不明である。女子勤労連盟の活動に関しては、後述する平和の実現と女性の地位向上をめざす婦人団体協議会の結成と存続に尽力しつくしたことを第一に指摘できる。その他、五〇年三月開催の京都市長選の統一候補を励ます全京都民主婦人団体統一会議での連盟所属女性の発言（「婦人民主新聞」167号、1959・2・3）や、後述の婦人団体連合会の加盟団体として福島・女子勤労連盟が記載されている（「婦団連ニュース」No.24）ことなどである。

なお、この時期、あるいは四八年頃に浜田は居住地の中野区新井町で新日本婦人同盟に入会したと思われる。新日本婦人同盟機関紙『婦人有権者』第四巻四号（1949・6・1）「支部通信」は、会員が昨年四〇名をこえたので、中野支部を結成したことを伝え、支部長大坪英子、副支部長浜田糸衛の名前をあげている。四九・五〇年に常任委員になっている。浜田は自分の関心が赴くところ、問題の社会的解決を求めて、まさに八面六臂の活動をしていた。

2　一九四八―一九四九年

敗戦後の日本社会をつくる外枠の環境は大きく変化した。GHQによる政治犯の釈放・言論の自由実現などの人権指令、さらに女性の解放、組合による労働運動の復活、教育の自由化、秘密警察の廃止、経済の民主化を掲げた五大改革指令、女性参政権の実現、主権在民・基本的人権・戦争放棄を基本原則とする憲法の制定と公布、教育基本法の制定などは、なかんずく女性の社会的発言と行動を促し、女性たちは政治の場に女性自らの意思によって登場した。女性参政権実現による四六年四月の最初の総選挙は、公職追放の夫の身代わり立候補が多かったという評価が定着しているが、事実と異なる（早川「女性の政治進出と社会の対応」『越境するジェンダー研究』）。四七年、統一地方選挙による少なからぬ女性の市町村議員の出現は、女性たちの主張が地域社会の人びとの間で一定の支持があったことを語っている。

しかし、初期の占領政策は光の面だけではない。軍事占領された沖縄の人びとの生活、選挙権を剝奪された在日朝鮮人、日本全国にわたって設置された占領軍兵士慰安所や町のあちこちでレイプされる女性たち、人身売買される少女たち、父や夫、舅・姑の権力におびえる嫁や女たちがいた。男性優位の社会と意識は変わらなかった。戸主制度を廃止し、妻の地位を引き上げた民法改正が、暮らしのなかに浸透するには長い時間が必要だった。

女性運動の展開

ＹＷＣＡやキリスト教婦人矯風会など戦前から活動する既存の女性団体、婦選獲得同盟・婦人問題研究所を継承する新日本婦人同盟、四六年三月に発足した地域を社会活動の基盤にする新しい組織の婦人民主クラブ、地域婦人団体連合会、主婦連合会、その他の団体、地域にめばえた内職斡旋や生け花その他のサークルが陸続と誕生した。在日の人民民主朝鮮女性同盟も誕生した。日雇い婦人の会や、戦争寡婦を中心に戦争犠牲者遺族同盟も発足した。

組織をつくって要求を社会に訴え、実現していこうとする運動があちこちで始まったのである。当時の第一の要求は米をよこせ、配給の不正をなくせなど食糧の確保であり、第二の要求は首切り反対である。

多様な女性団体のなかで、もっとも勢いがあったのは女性労働者たちであったと思われる。前述の四五年一〇月五大改革指令は、最初に婦人の解放を掲げ、第二番目に労働組合の承認、労働運動の解放を掲げており、GHQの意図にかかわらず女性労働者は二重に解放された。この改革指令に鼓舞されて女性労働者の運動は、戦前の労働運動活動家を中心に非常に活発に展開した。まず国鉄、全逓、日教組など大組合に、さらに日雇い労働組合など中小の組合に婦人部がつくられた。復員してくる男性の就業のために女性労働者の解雇、馘首計画が企図され、馘首反対の要求が階層をこえて広がった。馘首反対、女性の低賃金反対、母性（体）保護、労働基準法完全実施の要求などが掲げられ、日教組は東京都と母体保護協約を締結した。こうした女性労働者の活動は四八年に全国組織であり、労働者や主婦たちを一同にまとめた民主婦人協議会の設立となった。

一方、四七年には労働基準法の実施・調査、労働女性の実態調査、苦情に対応する労働省婦人少年局が誕生した。初代局長、戦前無産労働者の理論的指導者であった山川菊栄のもとで、戦後新しく誕生した女性官僚たちは婦人解放を実現する気持ちで仕事に携わった。

しかし、一連のGHQによる経済政策、ドッジラインやシャウプ税制勧告は中小企業経営者に打撃をあたえ、厳しい税制は日本の庶民にとって過酷なものであった。さらに、GHQは日本社会の国民による民主化の活動を抑制し始めた。四七年一月の全国官公労働組合のゼネスト中止命令からはじまり、翌年に公務員のスト権を禁止したマッカーサーの指令に基づく政令二〇一号、四八年には米国陸軍長官ロイヤルの日本を共産主義の防波堤にするという声明、四九年の下山国鉄総裁の不審死をはじめとする一連のフレイムアップ事件が続き、そして五〇年六月には朝鮮戦争開戦にともなうレッドパージが始まる。階級的観点を保持した産別労働組合内に民主主義擁護同盟が組織され、組合が分裂する。

GHQの方針転換は女性運動にも及んだ。四八年一月にGHQ労働課のスタンダーは運動の中心であった労働組合婦人部にたいして、婦人部の存在は組合の統一を阻み、組合権利の二重の行使であると批判し、四九年には同じく労働課のスミスが労組内の男女別意識をすてよと、執拗に婦人部の存在を攻撃している。後述するが、同年女性団体の育成指導を担当していた民間情報教育局ウイード中尉は婦人の日は共産党の宣伝にのらず、四月一〇日を祝えと発言している。

婦人平和大会

このような情勢、米ソ対立の固定化、米国支配下の日本、日本人の民主化運動の米日政府による抑圧のなかで、女性団体の動向はどうであったろうか。

浜田の行動と思想はどうであったか。

四八年六月に新日本婦人同盟は全国組織をもつ女性団体、平和及び国際親善を目的とする女性団体、労組、政党婦人部に、平和大会の呼びかけと平和宣言を送付した。賛成団体二十余で大会準備の会合を五回重ねた。同盟委員長藤田たき（公職追放の市川房枝にかわって藤田たきが代表に就任）は戦前の全日本婦選大会が再現したようだという。参加団体がもちより合意した平和スローガンは、1、世界の平和は心の平和から、2、平和は世界の婦人の手で　3、世界平和は武力放棄から　4、父を夫を子を奪う戦争はいやです　5、世界平和は飢餓の解放から　6、ポツダム宣言完全実施　7、戦争のもとになる低賃金反対である（『婦人有権者』Vol.3No.6、1948・8・1　藤田たき「婦人平和大会の提唱団体たる事を打切るにあたって」）。参加団体は新日本婦人同盟、民主婦人連盟（神近市子、平林たい子などによって組織された団体、のち山川菊栄が参加）、婦人民主クラブ、産別婦人部、民主保育連盟、キリスト教婦人矯風会、YWCA、婦人平和協会（矯風会系、久布白落実など）、日本協同組合婦人対策部、労働総同盟婦人部、東京都地域婦人団体協議会、引揚者団体全国連合会、母子問題懇話会、日本女子勤労連盟、友の会、大学婦人協会、衣生活合理化協会、日教組婦人部、社会党婦人部、民主自由党婦人部、国民協同党婦人部、共産党婦人部などである（「婦人民主新聞」85・89号、1948・6・24、7・22）。日本女子勤労連盟も参加している。

　が、大会当日の議長の人選で民婦協系は松岡洋子を、新日本婦人同盟系は植村環を推薦して妥協が成立せず、新日本婦人同盟、YWCA、矯風会、婦人平和協会、民主婦人連盟、総同盟婦人部などは家政学院で八月一四日に平和集会をもち、緊急動議「講和会議《ママ》即時締結」が採択された。民主婦人協議会系はあらためて準備会を結成して八月一五日に日比谷で平和大会を開催した。

　女性がおかれている現状認識が一致し、戦争を否定し平和を望む気持ちも一致していたが、統一した集会はできなかった。新日本婦人同盟の藤田たきは平和にかんしては全婦人でやっていきたい、日教組や婦人民主クラブが調停にたってくれたら保守系の団体を説得できたと語る。調停が期待された婦人民主クラブは、「平和は心の平和から」という最初の決議を採用することは、一般の女性に祈るだけで平和を実現できると錯覚させてしまうのでできなかったという声明をだしている。民婦協系組織も平和概念が異なっている団体と共同できないと語る（「婦人民主新聞」91号、1948・8・5）。議長人選での対立はスローガンを否定するための意図的なものであったということになる。矯風会機関誌『婦人新報』五八一号（1948・7月号）では、「ぜひとも乗り切ろう　婦人平和大会」を掲載し、女性の大同団結が可能に思われた平和大会が分裂したことは残念と感想を記している（ペン・ネームs・mは千本木道子か）。以後数号にわたってこの時期に「平和」特集を組んでいる。

私は新日本婦人同盟が馘首反対、低賃金反対など女性労働者の要求に賛同したのは、特別の理由があるかと考えていた。同盟の綱領草案は若い事務局員によって、婦人参政権を獲得しこれを有効に利用して、「勤労無産大衆婦人の立場にたち、久しき間婦人をしばりつけてきた封建制の鉄鎖と、婦人を搾取してきた金権的な支配から婦人を解放」し、「然《しか》もそれ等の運動は勤労大衆婦人の参加の下で、できるだけ若き青年婦人の手によって自主的に行われんことを希望」すると記され、市川は「政治と台所の直結」を付加したという（前掲『覚書・戦後の市川房枝』、伊藤康子「戦後女性運動の源流―新日本婦人同盟を中心に」『「戦後革新勢力」の源流』）。同盟は勤労無産大衆婦人の立場に立っていたのであった。

この平和大会に関しては日本女子勤労連盟の名前は、新日本婦人同盟の呼びかけの賛同団体以外、私の見た限りではでてこない。一方、四八年の浜田の日記には戦争と平和、原子力についての感想が多く記されている。

四八年一月に浜田は今年の仕事として、一つ創作、一つお店（自宅での古本屋）の経営。一つ連盟の仕事をあげている。浜田の自己規定は創作・作家であるが、この数年は思想の営みと社会活動に埋没していた。精神生活の荒廃が続くと嘆いている。日にちは日記が破られているためわからないが、四八年の一月に浜田は、「血と争いにあきている、そしてとうとうと社会主義への社会を希《のぞ》む思想に流れている」と社会主義社会を展望し、「原子爆弾で恐喝するよりか、原子力で人類を幸福にすることを考えることこそ、アメリカの文化であり、思想である」と原子力の平和利用に触れ、ソ連は国を外部に閉じないで開放せよ、私は不自由は嫌いだ、私が欲するものは自由だと記す。五月以降にはソビエトの水爆実験などに関連して、今こそ全世界の婦人が戦争を拒否し、平和を叫ぶべきと記す。八月に訪ねてきた、社会運動に従事する青年が、共産党宣言は資本家階級にたいする労働者階級の羨望と話したことについて、この考え方で二十世紀の労働者の指導をするつもりだったら大間違いだと憤慨している。

戦後日本の女性の社会進出や地位向上を記念する日は、三月八日の国際婦人デーか、選挙権を行使した四月一〇日か、女性団体や女性の間で議論があった。日本社会全体の改革や社会主義を志向する人びとは国際婦人デーを、日本社会の女性の地位向上を志向する人びとは四月一〇日を望んだ。浜田は女性団体が婦人の日の設定日をめぐって対立するのは情けないと日記に記す（1949・2・26）。戦後の国際婦人デーは第一回の集会が四七年に女性を守る会（米軍MPによる性病追跡調査の検問に強制的に連行された女性を励まし、検問に反対する集会をきっかけに発足した会）が主催して開催され、四八年にはソビエト、中国、朝鮮の代表を来賓に迎えて労働基準法の完全実施、安心して食べられる配給、六・三制完全実施、乳幼児完全施設設立、世界平和の確立を訴えて、開いている。四九年には「家庭・職場をまもろう」、「子供の健康と教育をまもろう」、「世界の平和をまもろう」をスローガンに、馘首反対、行政改革による婦人少年局廃止反対などを要求した。一万五〇〇〇人が参加した。ＧＨＱウイード中尉は前述のように四月一〇日に参加せよという声明をだしている。

婦人の日大会

実はこの年四八年二月、榊原千代政務次官就任を記念する会の席上、婦人の日設置の提案が婦人少年局からだされた。新日本婦人同盟　民主婦人連盟、ＹＷＣＡ、総同盟婦人部など一三団体は四月一〇日案を、婦人民主クラブ、産別婦人部、民婦協などは三月八日案を支持し、国際婦人デーをすでに開催していた。

一方、婦人少年局主催による第一回婦人週間が四月一〇日から一六日まで開催され、翌四九年四月一〇日には婦人の日大会が、四〇団体が参加して開催されたのである。このいきさつを浜田は主催者団体、日本女子勤労連盟として詳細に記録した（「一九四九年　第二回婦人の日大会　準備会反省会記録　日本女子勤労連盟」）。浜田は記録魔である。が、記録の余白に参加者の似顔絵などを描いている。私がお会いした方はほとんどいないが、エッセイなどで浮かび上がってくる人物の特徴をよくとらえているようだ。

婦人の日大会準備のために「婦人の日大会協議会」が設定された。その趣意書は、初の選挙権行使にとどまらず、さらに婦人の経済的、社会的、政治的向上のために闘う、政治権利は婦人の生活の実質になってこそ、民主主義であり、国際的地位の回復のために婦人の進出は必要であるとしている（前掲資料）。二月二三日からはじまった打ち合わせ会は浜田の記録では一四回に及んでいる。大会スローガンは参加団体が持ちよって討議した。女子勤労連盟は「行政整理・企業整備に伴う性別的婦人の首切り絶対反対」である。産別労組が提案した婦人の日大会「平和宣言」案は、日本の婦人は選挙権を行使したが、低賃金、首切り、食糧不足、不十分な教育施設などに悩んでいる、悲惨な戦争に反対し、父や兄弟を戦地に二度と送らない、戦争の危機に日本のすべての婦人は腕をむすぶと記す。

この案にたいして新日本婦人同盟が別の案を考えることが、産別労組の承諾をえて決まり、四月三日に出された。婦人同盟案は、今日あらゆる面での男女同等の扱いが明白になったが、封建の遺風、低賃金、馘首など悪条件が山積みであり、今日の世界情勢では戦争放棄の宣言は空言として葬り去られることを杞憂する、敗戦国民としていかなる事態でも武器はとらない、平和の道によってのみ婦人の実質的解放が実現する、講和会議（条約）を締結し戦争防止にまい進するというもので、この案が採用された。

さらに、女子勤労連盟浜田から女性運動の先覚者、明治期堺ため子、大正期平塚らいてう、昭和期市川房枝に感謝状を贈ることが提案され、長文の提案理由を浜田が執筆している。浜田は不幸な晩年を送った福田英子の映画を見て、なぜ生前に感謝の言葉を贈ることができなかったかとの思いを抱き、女性の解放に力を尽くした女性を表彰しようとした。浜田は政治上の解放に焦点をあてた。女性の政治結社への加入・政談演説会の参加・スピーチを禁止した治安警察法の第五条の廃止運動を明治期に取り組んだ堺ため子、大正期には平塚らいてうを青鞜の刊行ではなく、治安警察法第五条二項政談演説会への参加を実現した新婦人協会の活動に携わったという理由から、市川房枝は婦人参政権獲得の運動に一貫して携わってきたことが表彰の理由である。

ここで問題が生じた。

戦時中言論報国会の理事として活動した市川の履歴が問われ、GHQから四七年に公職追放処分をうけている。公職追放中の人間を表彰することに関して、GHQのウイード中尉から呼び出しが何回か届いた。大会を中止にする、表彰をやめるなど、実行委員からさまざまな意見がでたが、浜田は日本人が日本のことをきめることに干渉するのは間違いだという姿勢を崩さなかった。今回の問題はなかったことにするというウイードの最終決定により、市川の表彰と市川の追放解除の請願が実現した。この間の事情を浜田は、婦人たちはアメリカ嫌いであったから一致団結できたと語っているが（「私のかかわった戦後初期の婦人運動」）、アメリカ嫌いの意味は、GH

Qの干渉を嫌ったということであろうか。浜田は、来賓のウイードの赤いハイヒールにあやまったふりをしてコップの水をかけて痛快だったとも語っている。浜田の面目、磊落さが躍如している。GHQの干渉にたいし、個人の独立と一国の独立を保持することが重要であり、そうでないと拠《よ》って立つ立場がぐらつくと記す。浜田のこの間の立場を明確に述べている。

当日の婦人の日大会は、司会総同盟、議長日教組高田なお子、副議長国鉄、民婦協、地域婦人団体。首切り反対、職場の男女平等、労基法の完全実施、六・三制実施など一五のスローガンを採択し、また大会決定として「戦争放棄にまい進することを誓う」を採択した。一八日に反省会をもっている。全逓から婦人戦線の統一ができたことはよかった、が、大学婦人協会の他団体への質問など進行にいろいろ問題があったと発言している。進行上の不手際は他の若干の団体からもでている。婦人の日大会が四十余の女性団体の、戦争の危機感による連帯によって実現できたことは、左派団体の前年の平和大会の反省があったこともあるが、女性たちが、自分たちも協力した戦争への拒絶感、血肉化した拒絶感、再び戦争がおきることにたいする危機感がどんなにあったかということを示している。

婦人の日大会は、浜田が日記に記しているように多くの女性団体が協力して、成功した。こうした協同を持ち続けたいと参加団体は、大会のための準備会を「婦人及び子供の生活・地位向上のための相互協力を必要とする場合は共同運動をするための連絡機関」として存続することに決定した。婦人平和大会は分裂した開催になったが、四九年五月二日、この準備会は婦人団体協議会として発足した。参加団体は四四団体、民婦協、婦民、日本女子勤労連盟、矯風会、新日本婦人同盟、民主婦人連盟、YWCA、地域婦人団体協議会、日教組・国鉄・全逓など労組婦人部、各政党婦人部などである。

婦人団体協議会

浜田はこの婦人団体協議会の存続を全力でもって図るのである。当時の日記には「疲れた」という文字が何回か記されている。

婦人団体協議会（略称婦団協）の活動と解散に至る過程は、浜田執筆資料「一九四九年十一月以降一九五〇年七月迄　婦人団体協議会記録　日本女子勤労連盟」に記録されている。以下の記述は断りのない限り、浜田資料による。が、この間のすべての活動が収録されてはいない。このメモ群もまた「朝鮮通信」などの印刷物の裏を利用している。当時の用紙不足を考慮しても、浜田は相当の節約家だったようだ。そういえば、市川房枝も印刷物や広告の裏、紙切れをメモ用紙として利用していた。

婦人団体協議会の規約はつぎの通りである（資料参考）。第一条　事務所は永田町一丁目におく（民主自由党本部の所在地か）、第二条は、この会は目的を共にする問題についての連絡協議機関であり、必要におうじて共同運動を行うことを、第三条で会の構成団体は婦人団体、労働組合、政党婦人部などであることを、第四条は全体会議は構成団体の三分の一で成立し、満場一致で議事を決定し、議長は構成団体のもちまわりにすること、毎月一回の定例会開催と臨時会議の開催（第六条）、任期三か月ずつの幹事の設定（第七条）、検討が必要な事項に関しては小委員会を設けること（第八条）などである。幅広い構成団体のゆるいまとまりをこわさない配慮と運動体である自覚がうかがえる。政党婦人部が構成団体であることに女性の政党加入自由が実現した戦後の新しい民主主義のあり方を感じる。

第一回定例会は五月一三日に開かれ、売春防止法案、性病予防対策、婦人少年局児童問題などがとりあげられている（三井礼子編『現代婦人運動史年表』）。叙述の時期を先取りするが、一一月には、主として①民婦協提案の朝鮮人学校閉鎖政策に伴い、日本の小学校分校として開校する運動支援の討議　②婦人少年局拡充の問題　③杉並婦人団体協議会提案の民生委員民主化の問題　④規約改正　の問題であった。③の杉並婦団協提案の民生委員の問題は、女性の民生委員を増やすとともに、女性を強姦するような人間ではなく弱者の世話をする仕事にふさわしい民生委員を選びたいという提案であり、各団体へのアンケート調査が付されている。④の規約改正は規約では総会成立は過半数の構成団体の出席が必要であるが、総会が成立しない事態がたびたびおきていたため、成立条件を緩める提案である。新日本婦人同盟は三分の一を提起している。

在日朝鮮人について日本政府は共産主義弾圧の対象と考え、在日朝鮮人の権利をなくす政策をとった。四五年一二月の選挙法改正による選挙権剝奪、四七年日本国憲法施行による外国人扱い（憲法第一〇条、日本国籍は保持）、五二年平和条約発効による日本国籍剝奪などである。四八年四月に全国六〇〇校の朝鮮学校で五万人あまりの生徒が学んでいたが、政府は日本の小中学校に就学しなければならないという通達をだし、さらに義務教育の児童生徒を対象にする各種学校も認可しなかったため、多くの都道府県では朝鮮学校にたいし閉鎖命令をだした。そのため民族学校を守ろうと、在日の朝鮮人は政府・占領軍とはげしく対立した。

民婦協の提案にはこのような背景があった。東京都では一六校の朝鮮学校を廃止、二校を存続するという方針をだした。婦団協は民婦協提案をとりあげるか否か、協議を重ねている。一一月に民自党婦人部、社会党婦人部、女子勤労の浜田が文部省初等教育局長などを事前に訪問し、意見を聞き、一五日の総会では都教育庁、朝鮮学校管理組合による説明、改組撤回、公立学校での集団教育、朝鮮人参加の協議機関設置、現在使用中の教科書、日本の教員資格がない現教員の続行、朝鮮語教育などを都に要求している。人民民主朝鮮女性同盟も同席している。朝鮮学校閉鎖にかかわる問題は解決しないまま、婦団協は解散に至ったと思われる。朝鮮女性同盟は五〇年四月の婦人の日大会に参加している。そしてこの参加が婦団協解散の理由の一つにされるのである。

浜田は一一月二四日の婦団協総会の議論について、その日の日記につぎのように記している。「朝鮮児童の学校問題についてもみにもみぬく。採択に至らぬ。提出団体民婦協の大譲歩に関らず賛成しようとせず、政府に善処を要望することすら取り上げられないほど日本人は骨抜きにされている。知らず知らずに。（略）全体として日本人はアメリカに気兼ねして朝鮮人を軽視している。日本人は苦労したことのない、苦しんだことのない民族だ。他民族の激しい征服下で呻吟したことの経験をもたない民族だ。（略）朝鮮の人々がいかに長い間母国の文化から去り苦しい茨の道を歩んできたことか。賛成者は共産党を除いて他は私と山崎道子氏（略）」。また、朝鮮半島の米ソによる分割支配について、「朝鮮民族のことは朝鮮民族の手に任せよ。朝鮮人の不幸と幸福は朝鮮人が一番よく知っている」と五〇年七月一三日の日記は記す。浜田宅には一時期朝鮮人が同居し、個人的に朝鮮人と交際していた。

②の婦人少年局の拡充の問題は新日本婦人同盟、婦人民主クラブ、民自、ＹＷＣＡ、民婦協、産別、社会党、女子勤労連盟による小委員会がつくられている。オブザーバーとして隅谷茂子が参加し、各府県に設置されている地方職員室の人員維持など具体策を提案した。婦人少年局へ地方職員室を重視すること、婦人少年問題審議会委員の民主化、予算の大幅増額などを要望している。山川菊栄が出席し、応答した小委員会もある。

日教組からは再三失業した定時制高校生徒の授業料免除が提案され、婦人民主クラブからは一二月に講和問題が提起された。

四九年はアジア地域の交戦国、共産圏の国やアジア太平洋の諸国が参加しない片面講和への動きが明らかになり、再び戦争の危機が迫ってくるなかで、「婦人の手で平和を守る会準備会」が新日本婦人同盟、ＹＷＣＡ、婦人民主クラブ、民主党、共産党など三十余名の女性たちによって五月二三日に結成された。平塚らいてうは「平和は世界連邦の建設によって実現しよう」という電報を送っている（「婦人民主新聞」132号、1949・5・26）。この準備会のその後の動向は不明であるが、翌六月三日に婦団協はあらゆる対立をこえて婦人団体が一本となって平和大会を開くことを満場一致で決定した（「婦人民主新聞」134号、1949・6・11）。婦団協は平和のうたを募集し、早川まつえさんの詩が当選、それに山田耕筰が曲をつけている。平和の詩はつぎのようなものである。〈嵐は去りぬ　とこしえに　戦いの日は過ぎ去りぬ　平和をつぐる鐘の音は　聴けしののめにこだまして　地の果てまでもひびけるを　地の果てまでもひびけるを。〉

以下の婦人平和大会宣言案を作成している。「総《すべ》ての人々の生活を破壊する戦争は、特に婦人の上に最も大きな負担を負わせて来ました。終戦第四回目の記念日を迎える今日、再び戦争の不安がかもしだされている事は、私達にとってもことに大きな問題であります。失業者は年々増える一方で給料の遅配・欠配や重い税金で生活は一層重くなるばかりか、子供の教育すら満足に行われていない現在の状況です。この様な苦しい生活に置かれて主婦たちは今、自分達の生活を守ることが平和を守ることだという叫びをあげて、強く戦争反対に立ち上がろうとしています。私達はこの様に生活を苦しめる原因を再び戦争を引き起こそうとするものが何であるかをはっきり掴んで平和を守る運動を起していかねばなりません。そして同時に平和を壊そうとするものに対してはあくまで私達の団結の力で反対していかねばならないのです。婦人と子供の生活を守る為にあらゆる婦人団体によって作られた婦人団体協議会は本日の平和大会にあたり次のスローガンの下に一致団結して婦人と子供の生活を守り祖国の平和と自由の為に今後益々強力に活動していくことを誓います。スローガン　一、世界の平和は婦人の手で　一、どんな戦争もこりごりです　一、講和会議を一日も早く　一、？（新聞の活字がつぶれて不明）愛する祖国を守りましょう　一九四九年八月一四日　婦人平和大会」（「婦人民主新聞」143号、1949・8・13）。
おそらくこの平和宣言案は民婦協が作成したものではないかと思われる。「婦人民主新聞」には平和大会当日の記事がない。正式な宣言がどのようなものであったか、『現代婦人運動史年表』には八月一四日平和大会開催の項目があるが、浜田の日記に記述はない。けれども、後述の浜田執筆「山川菊栄さんの転落」に「八月一五日の婦団協主催の（自由党婦人部さえイギなく共同した）平和大会に――」とあり、婦団協主催の平和大会は開催されたようである。地方においても広島などで婦人平和大会が開かれている（関千枝子「被曝と女性　ヒロシマから」早川紀代編著『戦争・暴力と女性3　植民地と戦争責任』）。

婦団協一九五〇年婦人の日大会・婦団協の解散

一九五〇年三月八日の国際婦人デーには婦団協は自由参加とした。各地で集会が開かれ、中央集会には一万人が参加し、全面講和、工場で武器をつくるなど一〇項目の決議、戦争反対、原爆・水爆禁止、失業反対など一三のスローガンを採択した。浜田は参加した。

婦団協は五〇年の婦人の日大会の準備を三月から四月にかけて七回もっている。今回は準備の段階から構成団体の間で意見が異なる事案がいくつかでてきた。一つは「婦人の日」の趣旨について、第二には大会プログラムの企画の一つである大会スローガンに関して政党党首の意見を聞くことについて（大会プログラム（案）は、資料をみていただきたい）、第三に大会スローガンにかかわるものなどであった。はじめの問題について、民主婦人連盟から四月一〇日を婦人解放の日として設定するという請願の提案であったが、一〇日は解放の日ではなく今後婦人が実質的に解放される道を考えることが必要という考えによって、この請願案は採択されなかった。

大会スローガンは各団体からだされた五八の課題を小委員会が、①平和の問題 ②教育・子供 ③婦人の実質的解放 ④労基法の完全実施 ⑤未亡人の問題の五つの柱に整理した。これらの要求の背景と理由について、大会に招いた政党党首に担当団体が説明し、党首が回答するという企画がだされたが、民主婦人連盟は政党に聞くのはよくないと発言した。民婦協の婦人議員に聞くという修正案が採用された。第三の問題は平和にかんするサブスローガンであった。女子勤労連盟は平和について、戦争は絶対にいやですという主スローガンと軍事基地化絶対反対、水爆・原爆製造禁止、全面講和を提案したが、サブスローガンは水爆・原爆使用禁止と「世界の平和は婦人の手で」になった。軍事基地化反対のスローガンは採用の可否をめぐって「もめにもめた」。サブスローガンの一つである水爆・原爆使用禁止に民主婦人連盟、その他の団体からクレームがでた。

また先覚者表彰に関して、候補者として高群逸枝（女子勤労、新日本婦人同盟、民婦協などが推薦）、山川菊栄（民主婦人連盟などが推薦）、久布白落実、ガントレット恒子（矯風会など）があがり、票数が最多の高群に決定した。その他に大会を男子が傍聴する可否など、四九年に比較してとくに平和スローガンに関して意見が分かれた。当時の政治状況を反映している。

平和に関するスローガンの説明の担当団体は矯風会であったが、ＹＷＣＡの武田清子が説明している。武田は世界の良識ある人びとは、日本の大部分の人びとが日本の軍事基地化を望むか望まないかを判断の基準としており、日本の政治家や国民はイエスマンになりすぎていないかと指摘、日本の婦人が今声を一つにして叫ぶことは、戦争は絶対にいやであること、したがって再軍備にも、水爆・原爆の使用にも反対であること。日本国憲法は非武装の平和国家としての道を選択した、私たちはすべての国と仲良くなりたい、それゆえに全面講和を求めるのだと述べている。当時、平和問題談話会の一員であった武田は、戦前ＹＷＣＡ青年部の国際的な活動家であった。

なお、市川房枝の追放解除請願書は浜田が執筆している。

五〇年四月一〇日の婦人の日大会は二〇〇〇人が参加し、議長は新日本婦人同盟と総同盟が担当した。「戦争はいやです」、「世界の平和は婦人の団結から」「婦人の差別的待遇撤廃」などスローガンと、大会宣言「全婦人の強固な団結により生活と平和を守りぬこう」を採択した。平和について武田が前述の内容をスピーチしている。けれども大会進行はスムーズにすすまなかった。日雇い労働の女性たちは議員の演説にヤジをとばして途中で退場し、行進の際には掲げないことを申し合わせていたスローガンのプラカードや組合旗を労働団体が掲げた。そのため矯風会や民主婦人連盟、その他の団体は行進に参加しなかった。大会から二週間以上経過してから開かれた四月二七日の反省会では、こうした問題が保守系団体から噴出した。けれども涙をためていた日雇いのおばさんをみかけて、よかったと発言した新日本婦人同盟の女性もいた。武田清子が大会の反省を婦人民主新聞に寄稿して、大切なことは全団体がまとまって戦争に反対することだと指摘している（「婦人民主新聞」178号、1950・4・22「婦人の日大会の反省」）

六月一九日に民主婦人連盟の平林たい子が解散を提案し、三〇日の会議をへて、七月五日の総会で婦団協は休会と解散を決定した。解散を主張した団体は自由党、民主党、社会党（社会党は講和条件をめぐる五〇年一月の左右分裂によって両派から参加の各婦人部）、民主婦人連盟、地婦連、矯風会、母子懇談会、総同盟など、存続を主張した団体は女子勤労連盟、民婦協、ＹＷＣＡ、新日本婦人同盟、婦人民主クラブ、日教組、国鉄、産別などである。解散にあたって、婦団協は「婦人団体協議会は昭和二四年五月に結成以来、婦人の要望による種々な問題について、活動をしてきましたが、様々な障害により休会せざるを得ない状態に立至りました。しかし最後に戦争はいやですの一点に於いては全参加団体の意見の一致を見ましたので、戦争はいやですの意志表示をして休会します。昭和二五年七月五日　婦人団体協議会」の声明をだした。この声明は平林たい子が原案をかき、日教組の高田なお子が修正し、さらに総会で修正を重ねたものである。

婦人団体協議会は発足以来、既述したように女性と子どもにかかわるさまざまな問題の解決を試みてきた。「婦人民主新聞」は一九四九年の回顧において四九年の婦団協の活動が狭い垣根をはずして非常に活発だったと指摘している（「婦人民主新聞」160号、1949・12・16）。その原点は戦争絶対反対であった。そのために婦人団体の統一を求めてきた。その要に浜田がいた。婦団協解散の背景はいままでも述べてきているが、民主婦人連盟の平林たい子など保守系の女性団体が、講和問題につながる再軍備や軍事基地化の問題、原水爆使用問題に関し、敗戦以来戦争を拒絶してきた女性としての立脚点を維持しつづけることができなくなったことにあるだろう。六月には朝鮮戦争がはじまり、日本国内では警察予備隊が創設され、共産党、労働組合、社会運動の活動家のレッドパージがすすんでいた。このような情勢のなかで、浜田が資料に記すように保守系婦人団体が共産党、左派系団体との共同行動をきらい、世界観の違いを強調したことも大きい要因であったと思われる。

浜田は七月八日の日記に「婦団協はとうとうつぶれた、右翼団体の強引な分裂戦術に崩壊した（略）背後にアメリカの意志が多分に右翼陣営に作用していたようだ」と記し、七月一〇日には「世界が狂っている、日本も狂っている、アジアも狂っている、私の家庭も狂っている（五年間一緒に暮らしてきた亀井倫との不仲のことであろうか？　あるいは経済的独立を求める兄との関係であろうか？）、婦人団体も狂っている（略）アメリカが狂人の製造器をつくっている、資本主義的矛盾のつまった現象（略）」と、絶望する。一二日には「暗黒の時代の日本に住む私、人間の文化性がすべて弾圧されている　軍隊の力、軍人の力で弾圧され殺されている、（略）武器、兵器、兵隊、軍人すべて全廃、どうであろう、現在これを世界の婦人が提起したらどうであろう、アメリカとソ連といずれの陣営がこれに反対するだろうか」と記し、武力廃絶を世界の女性が提案する考えにたどり着く。女性の手で世界の軍備を全廃する思想は、個人が国家にしばられない自由の国の理想となる（7月19日）。そして、ソビエト社会主義共和国憲法を学ぶ。

浜田は人びとが色も言葉も区別なく愛し合っていきたいと記し（1949・2・1）、自分は徹底したヒューマニストだと語る。この思想のもちかたはおのずと社会主義思想へとつながっていったと思われる。現実社会では四九年の総選挙で風早八十二に投票し、五〇年の参議院選挙では婦人有権者同盟（新日本婦人同盟改称）の藤田たきではなく、婦人民主クラブの櫛田ふきを応援し、市川などから批判されている。平林たい子は同盟から除名すべきと息巻いている。

浜田は『働く婦人』一九五〇年一月号、六月号に寄稿している。前者「正月は「動物園」への一里塚」は食糧をはじめ物資が豊富に出回るようになったが、一家心中や子の身売りがつづき、高い税額に庶民は苦しんでいる、この頃の政治はわれわれの生命と自由をすり減らす方向にすすんでいる。人間の尊厳を侵す法律と闘わねば、「人間動物園」になってしまうと警告する。後者はかつての社会主義者であり、女性解放理論家である山川菊栄は、四九年の婦人平和大会の際女子勤労連盟に共産党との共同主催を、現在自主的行動をとる民間婦人団体に止《と》めるよう働きかけてほしいと干渉するようになった。今年の婦人の日大会では民主婦人連盟から女子勤労同盟提唱の行進を共産党の発案だからやめるように勤労同盟に申し入れがあった。この申し入れは山川氏の意志を民主婦人連盟が取り次いだものと思われる。これらは女性団体をうしろしかみることのできない蛙に仕立てようとするものであると、山川を批判している（「山川菊栄さんの転落」）。山川はまた婦人の日は共産党が主張する国際婦人デーではないとも発言している。ただし、浜田は後年山川批判を若気の至りであったという趣旨の発言をしている。

3　一九五〇―一九五四年

講和問題

四九年後半から講和条約に関する占領軍、ＧＨＱ、米国政府の発言が、沖縄の恒久的軍事基地化を中心に活発になる。さらに対日講和条約を検討中との国務省言明、吉田首相の単独講和でも全面講和にいたる過程ならよろしいとの衆議院発言などがあり、それに対し一二月に社会党はすべての交戦国、植民地支配国との全面講和・中立・軍事基地化反対の平和三原則を決定した。国会の全婦人議員は全面講和の要望書を政府に提出する。翌五〇年一月にマッカーサーは日本の憲法は自衛権を否定しないと言明、南原繁などの平和問題談話会は全面講和・中立不可侵・国連加盟・経済的独立を声明した。吉田首相は南原を曲学阿世の徒と批判するなど、沖縄の軍事基地化、全面講和の去就について、国民の間でも議論が高まっていった。既述したように、五〇年三月の国際婦人デーは全面講和を決議し、四月の婦人の日大会準備会では講和条件をめぐって議論があった（当日武田清子が全面講和に言及）。

五〇年五月二五日には平塚らいてうの提唱によって、平塚、野上弥生子、ガントレット・恒子、上代たの、植村環の女性五人の連名で、離日直前のダレス米国国務省顧問に「日本女性の講和に関する希望条項」を提出した。日本女性の講和に関する希望とは、非武装、中立、全面講和、中国との友好、軍事基地反対、国際平和である。平塚たちは五一年二月講和条約打ち合わせのためのダレスの再来日の際にも「ふたたび日本女性の希望条項」を提出し、再軍備反対婦人委員会を結成した。

五〇年八月には平和を守る婦人活動家大会や社会党婦人対策部の平和決議、全労連平和を守る婦人活動家会議、青年婦人平和祭、婦人平和懇談会（婦民クラブ）などが開催された。五一年一月には婦人有権者同盟が、女性議員の報告を聞く会を持っている。高良とみ参議院議員は憲法を守る、厳正な中立を守る、防備のお金を貧しい暮らしの人にまわすと言明、考えが甘いという男性議員にはあなた方が戦場に立てと言っていると話した（「婦人民主新聞」218号、1951・2・4）。有権者同盟はまた二度講和に関する座談会を開き、一回分は「婦人有権者」に掲載されている。匿名の座談であるが、平和問題談話会声明にそった発言である。八月には「再び非武装国日本女性の平和声明」をだしている（「婦人有権者」1951・9・1）。

東京大田区の婦人会や子供の家母の会の主婦たちは、駅前で全面講和の投票をしてもらい、町のボスになぜ片面講和がいけないかと突っ込まれている（『新女性』1951・3月号「工場の町の主婦たちは語る」）。雑巾を縫って活動資金にしている中野区大和町の婦人会は、五〇年に浜田が女子勤労連盟の仲間と設立した中野平和婦人会に入会し、学習会をしている（『新女性』1951・1月号「雑巾横丁にあがる歌声」）。浜田は中野区の婦人会をあちこちまわって学習会を開き、七支部をもつ中野平和婦人会を組織している。新潟県巻町では講和をめぐる町民討論会が開かれている。

「婦人民主新聞」五一年一月一日号は「平和特集」を組み、市川房枝、宮本百合子、平林たい子、清水慶子とともに、浜田が「輝く先輩につづけ」のタイトルで、おおよそつぎのように語っている。戦争を憎み、平和を熱望するのは、人間の自然な欲求である、にもかかわらず原爆の被害者である日本の婦人の一部が平和運動に積極性を欠いているのはどうしたことだろう、客観的情勢が平和問題を語ることを難しくしていることは確かであるが、原子爆弾による人類滅亡の重大な岐路にたっているわれわれは、曖昧な態度や泣き寝いりはできない、スイスの作家セルマ・ラゲルレフ、ネルー首相の言葉のように、またエレン・ケイの「一切の婦人運動は平和運動に完結する」という至言のように、「ビッコ的講和」は自由と人権を抑圧する戦争への道、われわれを暗い墓穴に導くという。浜田が原爆使用の危機を語っているのは、トルーマン大統領の朝鮮戦争で原爆使用もありうるという五〇年一一月の発言によるものであろう。トルーマン大統領の原爆使用の発言に婦人民主クラブ、女子勤労連盟などがトルーマン、スターリンソ連首相、アトリー英首相に第三次世界大戦を防いでくださいという呼びかけをしている。

浜田は五二年一月二八日の日記に次の詩を書きつけている。「七七年生き給う御人　幼き日より今日まで　かずかずのいくさにあい給う　しぶのように陽にやけて　かさのように深いしわにうずまった　おだやかな仏さまのそのおんかおに　もう血なまぐさいたたかいのはなしを　きくもつらいこころだという」。後三連つづく。浜田の戦争に反対する闘志はふかく潜行して絶えることがない。

片面講和条約（サンフランシスコ講和条約）、ならびに日米安全保障条約、日米行政協定は五一年九月に調印され、翌五二年四月に発効した。発効時の「朝日新聞」世論調査では日本が独立したと考える人と独立していないと考える人は半々であった。米軍による永続的な軍事基地化になる沖縄、本土に七〇〇カ所以上の米軍基地を抱え、米国に従属したまま国民の自由と権利を保障する独立国家に日本はなった。

婦人団体連合会

参議院議員高良とみはサンフランシスコ講和条約発効の四月にパリのユネスコ会議に出席した後、モスクワで開かれていた民間の国際経済会議に参加した。財界人、経済学者、労働組合もこの会議に期待をよせた。国際経済会議から招聘された帆足計らに対して、政府は旅券を発行しなかったため、ひとり高良がパリ行き旅券で「鉄のカーテン」を突破した。高良はソビエトに抑留中の元日本兵の名簿を提出させている。会議終了後、デンマーク経由でモスクワに入った帆足たちと高良は中国を訪れ、日中貿易民間協定を成立させた。日本政府の社会主義国敵視の外交政策に真っ向から対決した高良の決断を支えたものは、イデオロギー、政党、宗教を超えて再軍備を食い止めるという断固とした姿勢であった。

高良の行動に全面講和や再軍備、軍事基地化に反対してきた女性たちは心から共感した。七月に開催された彼女の帰国歓迎会には一三団体四〇〇〇人が集まり、これをきっかけに新しい女性団体の統一組織、全日本婦人団体連合会が五三年三月に発足した。浜田は女子勤労連盟として、また中野平和婦人会として、この組織の準備会に参加した。会長に推された平塚らいてうの依頼もあり、らいてうが会長になることを条件に事務局長をひきうけた。副会長は高良とみである。婦人団体連合会には婦人民主クラブ、日本生活協同組合、中野平和婦人会、福島女子勤労連盟、関西主婦連合会、朝鮮女性同盟など四〇団体が加盟した。この連合会に一九四五年設立の国際民主婦人連盟から第二回世界婦人大会を開催するから一〇名の女性が参加するようにという呼びかけが届いた。この呼びかけに応えて五月に日本婦人大会を開催し、高田なお子、千葉千利世、赤松俊子、浜田糸衛など一〇人の代表団を選出した。六月、七〇か国から女性たちがコペンハーゲンの大会に参加して、女性の権利、子どもの生活、平和について討議した。しかし、旅券がなかなか出ず、日本代表は遅れて参加した（ガリ刷「世界婦人大会資料」婦人団体連合会所蔵）。代表は招待されて旅券なしに中国を訪問し、そのあとソビエトにまわって六週間後に帰国した。浜田は「婦人民主新聞」や「平和と幸福のために　世界婦人大会報告、決議」（婦団連発行）に社会主義国の生き生きと働く女性たちの姿や子どもの充実した施設などをやさしい調子で記している。国際民婦連は副会長に平塚を指名し、六人の評議員をだすよう依頼、浜田は評議員の一人になっている。五四年、浜田は療養のため西宮の実家に帰り、五六年に平塚らいてうの要請により上京して、国際民婦連の国内委員会の仕事をしている。

以上、浜田の行動と思想を軸に、敗戦後一〇年余りの日本の女性たちの動向を概観した。女性たちは戦争を再び起こさせないという熱い願望、戦争の拒絶にみちていた。さらに日常の暮らしから戦争への危機を察知していた。しかし、冷戦による米国の極東戦略と日本政府の米国の政策への同調と追随は、女性たちの間に亀裂をもたらした。四八年の婦人の日大会、婦人平和大会、婦人団体協議会の結成と休会に至る女性たちの動向、片面講和を経て、再び女性たちが規模を小さくして統一した婦人団体連合会の発足まで、浜田資料を中心に復元した。この復元によって今までの占領期女性史研究の不明な部分を具体的に、より明確にすることができたと思われる。

浜田は西宮滞在の間、一日一冊あるいは二、三冊の割合で読書をし、一冊ごとに長い感想を記している。浜田はアンドレ・ジイドが一番好きだと記している。日記にはカミュの「異邦人」に婦団協のゴタゴタのなかでよく言及している。人間が装う虚飾を否定する態度に共感するのであろうか。

妹の看病に全力をつくし、また飼い猫二匹の様子を五、六頁にわたって日記に描写する。浜田は、また、兄のヘルプなしに経済的に独立した生活を送ろうと古本屋を開いたり、株投資をして失敗したり、苦労している。

一方、実に詳細な運動のメモを作成し、苦しかった婦団協時代に新聞のニュースを書き写し、また詳細な歴史年表を作成している。一九二八、二九年の共産党への弾圧によって検挙された人びとの量刑や経歴などを実に詳しく調査もしている。驚くべき丹念さである。

浜田は戦争をしないためには個人の独立と一国の独立が必要であり、そのことによって朝鮮や中国に対する戦前の行為を謝罪することができると考えたのではないかと推量する。戦争をしないためにはすべての女性の団結が必要であると、女性団体の統一を保持しようと努力した。『新女性』一九五二年一二月号は「道はひとつに」と題して五二年の婦人の動きを各女性団体の代表に語らせている。浜田は婦人団体連合会の肩書きで参加しているが、共同運動をYWCA、矯風会、婦人平和協会、大学婦人協会と行っていくという有権者同盟の斉藤きえや、経済問題が活動の中心と語る主婦連合会の中村紀伊に執拗に共同をよびかけている。

敗戦から五四年までの浜田は、直情径行の熱情にみちた平和主義者であり、平和論は国際関係まで視野にいれた全体構造をつかもうとする総論の人であった。この思想は勉強・理論によって裏打ちされていた。浜田は自身のことを少女の頃から政治好きであり、文学好きだったと語っている。まったくそのままの人生、生活であった。戦前の浜田の思想が下巻の高良解説によって明らかになれば、敗戦後一〇年間の浜田の行動と思想はもっと膨らみをもったものになるだろう。

早川紀代（はやかわ　のりよ）日本近・現代史、女性史研究者。

一九四一年長野県に生まれる。一九七〇年都立大学大学院人文研究科（哲学専攻）修了、博士（文学）。早稲田大学・明治大学・横浜市立大学などで非常勤講師。

著作に『戦時下の女たち　日本・ドイツ・イギリス』『近代天皇制国家とジェンダー』『近代天皇制と国民国家―両性関係を軸として』。共著に『転換期の歴史学』『女性史研究入門』『日本女性の歴史』全三巻、『女と戦争』『アジア女性史比較史の試み』『戦後改革と逆コース』『女性キリスト者と戦争』『占領と性』。編著に『戦争・暴力と女性2　軍国と女たち』『戦争・暴力と女性3　植民地と戦争責任』。共編著に『歴史をひらく―女性史・ジェンダー史からみる東アジア世界』など。

総合女性史学会会員。二〇一二年～一四年、会の代表を務め、二〇一三年一一月一六、一七日「日中韓女性史国際シンポジウム―女性史・ジェンダー史からみる東アジアの歴史像」を青山学院大学において開催する。

浜田糸衛をよむ
——戦後の中国との関係を中心に

高良留美子

痛められた幼いものへの思いやり・女性への共感

浜田糸衛の原稿、とくに第I部の文章からわたしが感じるのは、自然と生きものと子どもへの愛である。とりわけ痛められた幼いものへの思いやりは、仔猫についても人間の子どもについても、特別のものがある（一）。II部の評論とエッセイには、女性への共感がみなぎっている（しかし「古本屋哲学」のアキーム観に見られるように、男性に対しても偏見はもっていない）。とりわけ一九四九年という戦後の早い時期に、「婦人運動について」において、欧米や日本を含む国々の婦人運動について詳しく書いていることには、驚嘆を禁じ得ない。英語に堪能でなかった著者が、南アフリカを含む英語圏やフランス語圏の女性解放運動をどのような資料を通して知ったのか、謎である。

この時期にはまた、敗戦まで日本の植民地だった朝鮮と在日朝鮮人についての反省と関心をみることができる。

一九五三年の第二回世界婦人大会とその後

晩年の高良真木にインタビューした新保敦子氏は、一九五三年の第二回世界婦人大会への日本代表団について次のようなことを記している。

社会主義圏を中心とする女性の全国的組織の大会ということで、政府は旅券の発行を拒否したが、結局発行された旅券には「この者は外貨を一銭も持っていないので、社会主義圏に入れない」と記してあった（『日中友好運動の過去・現在・未来――高良真木のオーラル・ヒストリーに依拠して」（『早稲田大学大学院教育学研究所紀要』No. 23、二〇一三年三月、以下「高良真木インタビュー」と略記）。

大会に間に合ったのは、原爆の図を持参した赤松俊子（後の丸木俊）だけだった。コペンハーゲンには六七カ国七〇〇〇人の女性たちが集まったが、その後「ぜひ、ソ連、中国に来てくれ」という要請があった。団長の高田なお子は日教組出身の社会党系であり、イギリスで開催される世界教員大会に行く予定をすでに組んでいた。高良真木によれば「若い参加者は行くところが無いし、会議にも間に合わなかったので、行きましょう、ということになった。この決定のために、二日間、激論した」という。浜田を団長として、赤松や高良ら七名がソ連に二週間、中国に二週間行った。ルーマニアのブカレストで会議があったので戻り、またコペンハーゲンに行った（同上）。

社会主義圏旅行の記録

この旅行について、著者は「日記　一九五三年　外国旅行」と題する詳細な記録を残している（博文館新社の「当用日記」、以下「海外旅行日記」と略称）。それによると往復の旅費は国際民婦連が出し、ソ連・中国行きは中国の招待だった。

一行は六月一〇日に羽田を発ち、沖縄、バンコク、ラングーン、カラチ、カイロ、ローマを経てアルプスを越え、ジュネーブ、フランクフルトを経て六月一二日夕刻デンマークのコペンハーゲンに着いた。米軍占領下の沖縄では、「米兵は右腰に短銃、左腰にピストル。この沖縄から朝鮮バクゲキが、ひっきりなしに続けられているかと思うと、楽しい旅が一瞬暗くなる」と書いている。

コペンハーゲン空港では出迎えもなく、政府の圧力で大会が二日間短縮されたため、大半の代表はすでに帰国していた。「暗い暗い谷底につき落された心」。その夜から中国・ソ連へ行くか否かで大論争が始まる。翌日、大会の記録ニュースを見せてもらう。

行くことに決めた七人は六月一四日、中国女性と同乗してタクシーで出発し、途中から船でドイツへ行く。「船中は12ヵ国の婦人代表（民族代表）のめずらしい話やうたごえで楽しく和気あいあい」。東ドイツの桟橋から七時間かけてバスでベルリンに向かう。「街の家々にまだ機銃そう射のあとが歴然と残っている」。人出不足で、「西ベルリンの人たちでさえ、東ドイツに働きに来ている」。六一年に東ドイツが建設した〝壁〟は、まだない。

一行は東ドイツ→ポーランド→ソビエト→アルメニア共和国へと旅し、再びモスクワからシベリアのバイカル湖とゴビ砂漠の上を飛んで蒙古人民共和国経由、中国に入る。ルーマニア→チェコ・スロバキアを経て再びコペンハーゲンに戻り、往路と同じ経路で日本時間の七月八日に帰国した。三ヵ月近い大旅行であった。高良は別便でスイス経由、絵の修業をめざしてパリへ発った。各国代表は英語で話し合うので、彼女の通訳が役に立った。

社会主義圏についての感想

自然描写や社会観察、各国の事情、団長としての挨拶、花や風景のデッサンまで含んだ「海外旅行日記」から、いくつかのポイントを拾ってみよう。

著者はベルリンで、「コペンハーゲンで会議にも間に合わず、ゆううつな気分も、これで吹っ飛んだ。若し中国の招待に応じていなかったら、我々は何をしに来たか分らない」、「今度の婦人大会で中国の果した役割は偉大であるらしい」などと書いている。

モスクワでは本を読む子どもたちに、レニングラードでは孤児の処遇に関心を示している。三月にスターリンが死去したが、そのことはひと言も語られない。毛沢東がスターリン追悼の「最も偉大なる友誼」を発表するなど、中ソ関係は良好だったが、中ソ両党の関係は最初から必ずしも円滑ではなく、毛沢東はソ連式の社会主義建設に批判的だった。

六月一七日に一行がベルリンで遭遇した暴動は、スターリン体制下の東ドイツ政府への反乱だったのだが、著者はデモ隊に手を振った自分を反省している。むしろ戦後まもない時期の「古本屋哲学」に書かれた「偉大なるかなロシア！　嘆なるかなロシア！」「ロシアの蛮刀今や全世界に侵潤す」などに、ソビエト体制への著者の批判的眼差が現れている。

一行は北京から南京へ向かう。「途中黄河を見る。黄褐色のドロ水。済南站ではホームに降り立つ。この地名をきいただけでも身ぶるいする。日本帝国主義の悲劇を。しかし中国人は日本帝国主義者と人民をはっきり区別している」。

七月二七日の朝鮮戦争休戦協定調印が迫っていた時期だった。一行は再び北京へ行き、「亀田氏との話し合いの結果、朝鮮へは行かぬ様にする。戦乱の地朝鮮へ行くことはスパイ戦のはげしい時に、双方共に気をつけるべき重大性のある問題である」。著者の北朝鮮への関心は高い。

北京では「女は人にならない」という男尊女卑の過去から「土地解放」まで、著者は中国婦人運動の歴史を講演で聞いて記録している。建国四年目の中国は徹底した反封建的な土地改革を行い、封建地主の土地を没収して貧農・下層中農に分配していた。

次のルーマニアの首都ブカレストでは、「この町は哀愁もなく殺風景で、樹木がこんなにあるのにどうしてだろう。私の気性に合わない」、「早く、この地をはなれたい。と切に切に思う」と書いている。チャウチェスク独裁政権下の国で、著者は何を感じたのだろう。しかし世界民主青年連盟の第四回世界青年学生平和友好祭の閉会式には、感動している。

再訪したコペンハーゲンでは、九月三日「赤松氏の原爆展本日より開催」とある。中国でも許されなかった原爆の絵の展示がようやくできたのだ。しかし「この国で、赤松氏の原爆展にクリスチャンが裸体画を問題にしたとは、いささかコッケイで不思議である。クリスト像の名画はつねに裸体である」と書いている。

旅行後の「中国の位置　世界をリードする位置にある。指導性をもっている」という言葉には、著者の中国への強い関心と期待がうかがえる。

日本での報告会

国内では、中国に行ったことで湧いていた。世界婦人大会の報告会が九月一七日に早稲田大学の大隈講堂で開催され、片方は東陣営、片方は西陣営（赤松・浜田はソ連、高田はイギリス）へ訪問した、ということで注目を集めた。以後、全国で五〇〇回に及ぶ報告会が開催され二五万人が参加した（「高良真木インタビュー」）。

「海外旅行日記」に挟まっていた「関西地方日程表」の写しによると、一〇月二日から一一日まで中之島公会堂での歓迎懇談会をはじめ、びっしりと予定が組まれている。「会の種類」は女性同盟、豊中市、電産（通産と合同）、教組、大津、女子大自治会、千里丘、高槻市、住友、全海運、平和連絡会、茨木、尼崎、姫路、神戸などだ。

一〇月七日には七ヵ所で報告会があり、赤松、浜田、高橋が手分けして出席。千葉の名前もあり、「全員」「二班にわかれる」という会もある。大阪と京都では「婦人民主クラブ」が、兵庫では「兵庫県教祖婦人部」が準備会を受けもった。社会主義国のことが知りたいという当時の労働者や女子大生、自治体の熱気がわかる。他のメンバーはそれぞれの地元で報告会を開いたのだろう。

一四年あまりの原稿の空白、一九六〇年代前半の著者

著者の原稿を時系列で追っていくと、一九五八年一一月の「一度無条件に服従すれば」から七三年春の「二十年の記念塔」まで、一四年以上の空白がある。その間の著者の活動と思想について、下巻に収録予定の久保田博子氏作成「浜田糸衛さんが選んだ道　１９０７～２０１０　浜田糸衛関係略年譜史稿」（以下「年譜」と略称）、本人の「１９７１年７月31日～１９７３年６月２日　約２年間の記録」（以下「記録」と略称）、前掲「高良真木インタビュー」、『世界大百科事典』（平凡社、一九八八年）、フリー百科辞典 Wikipedia などを参考にして考えてみたい。

著者は五五年五月に帰国した高良真木とその後再会、翌年七月末に西宮から上京して、高群逸枝との親交を深めながら創作に集中していた。しかし六〇年の反安保闘争でも活動している。同年一一月に童話『野に帰ったバ

ラ』を理論社から刊行。六一年養女の吉良桜子夫妻に太郎が生まれた。六二年一月熊本の高群逸枝「望郷の碑」除幕式に出席し、阿蘇、霧島まで旅行。六四年六月、高群逸枝逝去。この年「真鶴に転居」と「年譜」にあるが、著者は東京との二重生活をつづけた。

「真鶴　自1965・1月」と題した大学ノートには、「吉良家の増築はじまる。森子誕生、2月25日／Mは、(ブタと紅玉) さしえ (真鶴で) 私は、吉良家の家事のため (東京) にいる」と冒頭にある。著者は二作目の『ブタと紅玉』の原稿を完成し、理論社との交渉が進まないことに苛立ちながら、三作目となる『金の輪の少年』を書き進めていた。

年末の「この一年、何をしたか」は、「ベトナムに始まり、ベトナムに暮れる」で終わる。「戦後最悪の年であった1965年だ」、「中国の強大発展を　今日ほど熱望することあらず」。

日中の共産党の関係悪化——プロレタリア文化大革命の発動

一九六六年、中ソ対立と文化大革命を背景として、ソ連共産党指導部批判をめぐるベトナム支援問題路線での対立から、日本共産党と中国共産党関係が悪化した。

二月二八日～三月四日、日本共産党代表団 (団長・宮本顕治) は中国を訪問して中国共産党と会談、さらに上海で毛沢東主席と会談し、ベトナム支援の国際反帝国主義統一戦線の問題で鋭く対立した。毛は、中国共産党も日本共産党もソ連の修正主義を公然と批判しているのだから、はっきり名指しで批判するべきだ、といった。しかし日本側がこれに応じなかったため会談は決裂し、共同コミュニケは発表されなかった。日本共産党は理論的にはソ連共産党を修正主義として批判していたが、統一戦線にはソ連も含める必要があるとして、名指しでの批判には応じなかったのだ。以後、日本共産党は「自主独立」路線を中国に対しても実行することになる。

当時、毛沢東は五八年からの人民公社化と大躍進政策の重大な蹉跌によって国家主席を辞任していた。中国におけるプロレタリア革命の形骸化、中国共産党の官僚主義を憂えたかれは、社会主義下での不断革命の必要性を強調して、プロレタリア文化大革命という権力闘争を発動しつつあったのである。

その後、文化大革命が激化するなか、中国共産党は暴力革命こそが日本の革命の唯一の道であると北京放送や『人民日報』で報じ始めた。革命路線について日本共産党に干渉し始めたのである。[一一] 九月に日本共産党山口県委員会の一部が脱党し、以降「日本共産党山口県委員会（左派）」を名乗る。一部の党組織で脱党がくり返され、「日本労働者党」、「日本共産党（マルクス・レーニン主義）」（後の労働者共産党）が結成された。中国政府や中国共産党はこれらの団体と友好関係を結んだ。

著者は「私たちは山口派でもM・L派でもない。ノンセクトとして、日中会員（現実の）として協会を、どう運動化して強化するのか、ただそれだけだ」と「記録」に書いている。しかし後述する日中友好協会（正統）でも、著者はセクト主義や協会の分裂に苦しんだ。

日中友好運動の分裂——毛沢東への傾倒

日中の共産党決裂の動向を、日中友好運動は色濃く反映することになる。一九六六年、日中友好協会は北京放送の聴取者代表を中国へ派遣することになった。しかし「日本共産党が降りたため、枠があるので行って欲しい」という要請が協会の斉藤きえ（総務）から著者のところにきた（「高良真木インタビュー」）。そのため六六年九月〜一〇月、著者が「第三次北京放送聴取者代表団」の団長、高良が秘書長として参加することになった

（その直前の平塚らいてうをめぐる出来事については、下巻の解説でのべる）。著者の戦後二度目の訪中である。当時、中国では紅衛兵（毛沢東の指示のもとに全国的に組織された青年学生）が全国を大移動していた（経験大交流）。著者らの代表団はそれに同行しながら約四〇日間、北京→杭州→広州→井岡山まで行動を共にした。その後一〇月一日の国慶節に参加して帰国。著者はこの旅行で毛沢東思想に深く傾倒した（「新生事物の世界」参照）。

帰国後の一〇月二五日、日中友好協会は分裂し、文革支持派は「正統」と名乗る。以後、大衆団体である日本アジア・アフリカ連帯委員会、日本ジャーナリスト会議、新日本婦人の会、アジア・アフリカ作家会議日本協議会(三)も分裂した。浜田は一九六七年一月の中国婦人代表団歓迎を機に、日中友好協会（正統）の神奈川県本部設立に参加した。

六九年六月、小田原の蔦田英尾《ふさお》宅(四)に一〇名ほどの会員がつどい、日中友好協会（正統）西湘支部（後に西湘日本中国友好協会、略称「西湘日中友好協会」）を結成した（「西湘日本中国友好協会20年史『友好の長征』発刊にあたって」参照）。年譜によると著者は副会長を経て名誉顧問になった。

東大闘争、べ平連への共感

この前後、染みのため一部読めない手帳がある（以下「手帳」と呼ぶ）。一九六九年一月二四日、著者は「東大闘争(五)を人は敗北したという。私はそうは思わない。大学は建物ではない。大学を構成する主たる芯は人だ。学生だ。学生なくしての何の大学ぞ!!」と、東大闘争への共感を語る。

四月、「沖縄から、オキナワ解放の闘争県民が日本本土に上陸する。（略）出席できないのは残念至極」。著者は五月に兄正信を失い、その前後西宮に滞在していた。七〇年六月二二日、於西宮、「安保打破の大衆闘争が全国的に闘われている。T・Vは毎日、この闘いを報じる。東京におれば私も、これに参加していた筈だ。（略）新左翼（六）と、これを支持する青年、学生、インテリ、市民と反戦青年べ平連（七）。（略）反動派は、人民をバカにする。しかし、人民は必ず勝利する」。

八月一八日、マナヅル、「日中協会運動も四分五裂。（略）虚心に私心をおさえ（あえて捨てとは云わぬ）、私心を捨てることの如何に難しいことか。その証拠には、私心が第一の障害となって団結ができぬ。私心、私のセクト、党派性、私性、困ったことだ。（略）中国盲従者が実践に欠け、自主性ある者が実践実行する」。著者が「私心」や「私」として批判するのは、自分らしさや個性ではなく、「有名になりたい」「指導者になりたい」といった肥大していく欲望を指している。

七一年二月、「日中友好協会（正統）が全国的統一連合に進行している」。五月二六日、平塚らいてうの自宅葬儀に出席。八月四日、評論家の津村喬の論説を、「毛沢東研究学者？《ママ》は、ピンからキリまで、ずい分、日本にはあるが、津村の論説は、全く新しく特異で創造的である。得るところ深し」と評価している（「記録」）。

三里塚での三人の警官の死——学生運動への批判

著者は三里塚の成田空港反対闘争にも強い関心をもっていた。一九七一年九月一七日の「記録」には、犠牲者の生命をめぐって著者の運動観・生命観が表れている。

「三里塚の強制・攻守の代執行が昨日実行さる。警官3名死去。ヤグラを暴倒《ママ》したため、数人の学生重傷。双方に大きいギセイ者出る。三人の警官の死に野党の、市民の強批判出る。（略）党は一票が頭にある。市民の意見は耳を傾けなければならぬ。学生の運動の欠陥が如実に出た一つの例だ。人を殺すことは戦争でもよいことではない」。

「樺、山崎、柴野君等、つぎつぎに官けんに殺されていった。こんな例は、枚挙に苦労しない。一連の歴史的観点でものを見ないと、学生運動は批判できない。我々が今度の、ケイカンの死を残念に思い、その行きすぎの戦術の悪さを思うのも、ケイカンが運動家をムザンに白痴的に殺すことに怒りをもつからだ。反動権力の、原則は人民の生命をへとも思っていない。これは確実のことだ。而し一ケイカンは、反動権力とは云えない。そのケイカンの生命は、佐藤と同一視できない」。

九月二一日、著者は手の神経痛のため東大病院へ行く。「東大の病院玄関から見上げる時計台、あの東大闘争を偲ぶ。今は平静で空に雨ぐもが、切れて走り、ケヤキの大木は高く動かず秋をつげている。／学生運動も、いまのままでは前進はない。プラスはしたが、後に生れるものがない。プラスを更に深めることは、新しい戦略と戦術をつくり出すことである」（以上「記録」）。

東大闘争の敗北によって多くの学生たちが全共闘運動から離れていったが、一部の学生は過激化の道をたどった。

林彪事件と連合赤軍事件

その数日前の九月八日、中国で「林彪事件」が起こった。毛主席の後継者で副主席の林彪が毛沢東主席暗殺に失敗して国外逃亡をはかり、モンゴルで墜落死した事件である。

著者は翌一九七二年二月の「記録」に、「中国でも、あのように確信をもって信頼されていた林彪が排除される誤りを犯したとは。毛沢東の指導する共産党内部で。いたましい。人民はしかし健全である。革命は実践をはなれて他にないというが、林彪もエライ地位の中で大衆とはなれたのか。毛語録の前書きの通り彼は実践しなかったのか」と書いている。

二月二一日、ニクソン訪中。「日本は上と下とに大さわぎ。私はおどろかない。アメリカが、それほどに衰弱しただけだ。アメリカに追従してきた日本人があわてているだけだ」（「手帳」）。

日本では七二年二月にあさま山荘事件が起こった。連合赤軍（八）メンバー五名が企業の所有する軽井沢の別荘を占拠して起こした人質篭城事件で、銃器で武装した若者らが九日間にわたり警察とにらみ合い、警官二名と民間人一名を射殺した。その模様はテレビで中継され、社会に強い衝撃を与えた。

逮捕された赤軍派の供述から全貌が明らかになったのが山岳ベース事件で、連合赤軍のメンバーが警察の捜査網から逃れるため山中に山岳ベースと呼ばれる山小屋を建設して潜伏中、「総括」と称して内部で粛清を行ったもので、集団リンチを加えて一二名を殺害した。

翌七二年四月の「記録」にある「〇〇洋子」とは、森恒夫と共に山岳ベース事件の首謀者だった永田洋《ひろ》子のことだ。「昨日、新聞にのった、女指導者、〇〇洋子の手記は、一歩前進と見るべきだ。静かに現場から離れ、独居独考の中で、狂った、あの行為行動が、如何に間違い多いものであった、かということに気づき始めている。特に大衆から離れ、大衆に学ばず、と気づいたことは大きい前進だ。この裁判だけは、聴いておく必要ありと思う。（日共）が盛大に罵倒しているが、何のことはない。（略）何の痛みもうずきも彼らにはない。（略）痛苦あるということこそ、革命するものの人民への誠実の自然現象」。

連合赤軍は思想的には毛沢東主義を掲げていたのである。編注（八）に書いたように、連合赤軍は「赤軍」派と「京浜安保共闘」が合同して結成されたのだが、著者は後者の最高指導者だった永田と面識があったらしい。永田の行為に「痛苦」を感じている。

連合赤軍事件は新左翼運動が退潮する契機となっただけでなく、戦後日本の反体制運動に壊滅的な打撃を与えた事件であった。

その頃の著者

「年譜」によると、著者は一九七一年から沖縄返還（七二年五月）、日中国交回復（同年九月）、ベトナム反戦（七五年終結）を三大課題として積極的に行動した。後述するが、七二年九月には相模原で米軍装甲車の輸送に抗議して負傷し、第二の樺美智子と称されたという。

七一年夏の「記録」には西湘支部の記事が多い。一〇月二六〜二七日、中国の国連加盟を喜ぶ記述があり、「もし国連が生きかえることが出来れば、平和が来る」とある。著者はその年末、「亡兄の間接的な助け」により沼袋に小さな家を建てた。

七二年二月の「記録」には、「西湘支部の運動もMを中心に若い人々がたえまなく進めている。もう青年の時代である。私は満65才だ。／このごろ疲労をおぼえる。／神奈川県下の日中友好協会（正）の運動も、まがりながらも団結した。一つとなった」と書いている。Mとは高良真木のことだ。

番場明子氏によると、浜田と高良は日中友好運動を真鶴と東京の両方で進めようとしていたが、高良と小田原の蔦田英尾《ふさお》氏との出会いが大きく、西湘地区での活動が発展したという。

米軍戦車の出動に抗議し、機動隊により負傷

前述したように一九七二年九月、著者は相模原で米軍装甲車の輸送に抗議して負傷した。一一月四日の「記録」に次のような記述がある。

「曇、於東京　二ヵ月余りペンを執らずにいた。その内一ヵ月余りは、私の健康不全がある。9月9日の相模原での米軍輸送車、戦車搬出阻止運動で機動隊に蹴散らかされたのが第一回の（これまでか）。而し、その時は一週間位で、本復した。9月19日午前3時ごろの坐り込み群衆になだれ込んだ機動隊は私を生死の境というより、全く、（今度こそ、これまでか）と観念させた。それから1ヶ月余り、現在まだ本復しない私の体力。この体験は私によい教訓と思想を拾わせた。ありがたいことだ。実践↓理論↓実践↓　この法則は毛沢東思想者であれば、誰でも知っている。／私は、その実践と理論の中で、（感情の変化）がなければ、ただ、実践と理論を重ねても、それは思想、即ち生きた思想にならぬことを知った。単に理論が進化しても、それは人間の知識袋を大きくするだけである。生きた、みずみずしい実のある思想、切れば血の出る思想を掴むのは、感情の変化する実践がなければ、いけないと思った。正に私は、今度のケガする運動（実践）の中で、私のこれまでの感情に変化が生じた。一つの前進を喜ぶ」。

このときの事件については、「朝日新聞」連載の「新聞と9条」222〜223（２０１６・３・23〜24）参照。

「記録」には自分が食べるために働かず、「不労所得」で暮らしていることへの反省の言葉もしばしばみられる。

日中国交回復以後の活動

一九七二年九月、田中内閣が国交回復に成功し、新しい日中関係の時代が到来した。中国では林彪の死後、周

恩来を中心とする実務派官僚による脱文革＝正常化の動きが活発になり、七三年には鄧小平が復活した。しかし文化大革命はその後も継続され、文革派と脱文革派のせめぎあいの局面が出現した。七三年に始まった〈反潮流〉の動きは翌七四年の〈比林比孔〉運動にひき継がれるが、その矛先は周恩来に向けられていた。

七三年三月の「記録」には、「日中協会（正）の運動で、私は末森夫妻の主催する中野支部の仕事を手伝った。特に映画会（白毛女、長沙墳墓）は日中国交回復の記念上映だ」とある。七三年春の「二十年の記念塔」は、そのあと沼袋で書かれたものだ。

日中国交回復後、中国から訪日団がくるようになった。「日中国交回復以来、訪日中国代表団の来日は、多忙な日を重ねる。嬉しい、これは悲鳴である。が金のかかる歓迎は整理すべきだ。と思う。人民、庶民との交流を第一にすること。／大々的な歓迎もあってよし。最低生活、活動者層との交流に、本部は配慮すべきだ」（「記録」六月二〇日）。

日中友好神奈川県婦人連絡会（婦連）の結成

一九七五年三月八日、「日中友好神奈川県婦人連絡会」（以下、婦連と略称）が結成された経緯は、「歓迎夕食会あいさつ」の編注（一）に記した。著者が熱心に婦連の結成にうちこんだことは、「日中友好神奈川県婦人連絡　1975年3月8日」と題する翌年一月までのノートに示されている。

婦連は神奈川県下ではじめての日中友好をめざす女性の組織であり、六月の国連による国際婦人の十年[九]の呼びかけとも重なり、横浜、小田原や近郊の多くの女性の参加を得て、発展した。婦連は日中女性の交流、華僑・留学生との交流、日本軍「慰安婦」問題を中心とした歴史認識問題への取り組み、日中関係の学習会開催、募金活動など、友好・平和・女性のための事業を展開した（「高良真木インタビュー」および「資料編」掲載の婦連編『結成40周年記念　友好をめざして――友好・平和・女性テーマ別活動記録』参照）。

七五年二月に著者は中国の訪日団を迎え、四月に三度目の訪中をした。そして「歓迎夕食会あいさつ」から「一尺のびた手は……」までの五篇の文章を書いている。四篇目の「新生事物の社会」では、六六年の訪中で遭遇した文化大革命と毛沢東への熱い思いを語っている。

周恩来、朱徳、毛沢東の死

一九七六年一月、周恩来首相死去。四月五日、周首相追悼の花束が撤去されたのをきっかけに事件が起こり、鄧小平が再び失脚。同年九月九日、毛沢東主席死去。著者は「日記　1976年9月〜12月」（以下「日記」と略称）に、「哭して声　絶つ　空虚　果てなし」と大きく追悼の言葉を書いている。

九月一四日、「中国は今年に入り、周恩来（一月）、朱徳（四月）そして九月に毛主席を失った。延安の三大革命偉人がつぎつぎと亡くなる。そして、先き《ママ》の大地震、大きな試練が中国人民を襲う。必ず中国人民は強くなろう。／天安門広場での反革命分子の騒動は新中国の歴史に大きなキズを残した。矛盾の発展はよいことである」。

四人組逮捕、著者が受けた衝撃

一九七六年一〇月六日、江青・張春橋・王洪文・姚文元の四人組が逮捕された。毛沢東の死により、文革は実質的に終わりを告げたのだ。華国鋒が国家主席になる。

この事件は著者に激しい衝撃を与えた。以下、「日記」から引用する。「昨日から中国の異変に胸が重く晴れない。何故か、強い怒りがこみあげて、感情が重い。（略）今日に至り、四十名程を逮捕したという。／こんなことは、一日、二日でできるものではない。天安門事件のつづきとしか思われない。ソ連が加せいしたか。事情が何一つ明らかにされない。（略）歴史はいずれ正しい判断をいつかは下すだろう」（一〇月一三日）。

「昨夜は中国の変事で、それを想い夜も眠られず。天安門事件のつづきと思われる。反毛路線ではないか。（略）華国鋒の責任重大。中国への愛敬、すっとび、親愛感も失せる。中国運動に情熱を欠く」（一〇月一四日）。

「特に最近の事件は、徹底的に私を打ちのめし、天が砕けて落下してきた程の衝げきである。／心底から『もう中国へ行きたくない』と考えるほど、私を悲しみにおとし、憎悪に似たフンゲキが体内を煮たぎった。その感情は、日々変化しつつ、より一そうに確実化する。（略）／今日のT・Vでは、上海市では、工場が閉鎖されて、数十万の人民（労働者）が、江青批判に、町にくり出し、デモが盛んだと、いう。事件の発表を、チビリチビリと小出しに、それも、正式でなく、口つたえで、中国は出す。何故、きちんと全世界に系統的に発表せぬか」（一〇月一九日）。

「齢七十才を目前にして、気があせるが、もうどうでも、（波）に身を任そう。（略）「中国の事件」も、一年、二年を見つめることしかない。日本人は大陸的に、宇宙的に、自分をおくことが出来ないようだ」（一〇月三一日）。「中国の華新体制の路線はますます、経済主義的方向に傾む《マ》く《マ》。もう中国のことは余り考えないことにする。軍部が華を冠りにして、天まで持ち上げて、路線を偏向させていくようなキグにおそわれる。反四人組が、声を大にして騒ぐ。四人組側は寂として声ひそむ」（一一月四日）。

「昨日、小林義男先生が、マナヅルに来られ、中国のことを話されたが、やはり、四人組の大衆支持が多くなかったことを指摘された。文革中の軍人が、各方面に支配されていたことも。林彪の軍下であったであろう。／

そして江青女史が、大塞での暴言なども真実らしい。／毛主席も妻縁には恵まれていなかったか」（一一月五日）。

著者の苦しい妥協――文革終結宣言

「日記」には書かれていないが、このとき日中友好協会（正統）神奈川県本部は中国の訪日団を迎えていた。「日中平和友好条約締結の大輪の花を――閉会の言葉」（七六年一一月六日）は、その歓迎会での著者の閉会の辞である。「中国の婦人は、偉大な指導者、偉大な教師、毛沢東主席の思想にはぐくまれ、導かれて華国鋒主席のもとに団結し、……」というところに、著者の苦しい妥協が表れている。

一二月一〇日、日本から訪中団が出発する。「今日、松岡洋子団長外百余名が訪中する。見送りのはずが、M風邪発熱でダメとなり、電報を松岡団長に打つ」。

政変によって日本駐在の中国大使等の交代があったようだ。一二月一五日、「今日は、陳楚中国大使夫妻と、米国欽参事官の離日お別れの会のためMと私が招待されている。Mは行くが、私は、どうしようかと迷っている。もう身体不良で久しく、一般会ギも集会も出ていない。それでパーティに出席すると他に、相すまぬ気もする。而し一方、私は、日中運動の諸関係の中で最近、中国の事件（四人組タイホ）もあり、考えること多く、気が重い。而し、一方又、どうでもよい、出席せよ。という気にもなる。他を周囲を気にする必要もなし。という大きな気もする。私は元来、『気にする』たちだ。これが私の決断をいつもニブらす」。

翌七七年七月、鄧小平再復活。八月、文化大革命の終結宣言が出される。七九年、著者の姉・槙尾が死去。「中国婦人代表団歓迎」以下の文章は八二年以後のものだ。

（一〇）天安門事件での武力行使に抗議――交流をつらぬく

一九八九年六月二日、中国で天安門事件が起こる。「親愛な中華全国婦女連合会の皆さんへ」の編注（一）に書いたように、婦連は中国共産党の武力行使に対して、民主的討議を経て「抗議文」を送った。日本中で抗議文を出したのは婦連と埼玉日中、他一ヵ所の三ヵ所だけだったという（「高良真木インタビュー」）。

しかし翌九〇年、婦連結成15周年のさい、著者は中国婦女連から代表団を招請することを主張した。どんなことがあっても交流すべき、というのが著者の考えだったが、婦連のメンバーは呆れたという。中国側も「文句を言った所が招待したので驚いた」が、三人が来日した（同上）。

宿泊先で次のようなやりとりがあったという。団長「浜田先生は鄧小平が嫌いだそうですね」。浜田「売られた喧嘩は買いましょう。あの広場に若い人たちがいた。なぜそこに自分から出ていって対話しないで武漢にいったのか。人民を恐れて何の共産党か」。団長「あの時、台湾、香港のスパイが多数いました」。また返礼宴で団長が「私が討論に勝ちました」というと、浜田は「日本には遠来の客に花をもたせる、という言葉がある」と答えた（高良真木インタビュー」）。

文革否定の代表団は、天安門事件に抗議した婦運が呼ぶというので想定問答まで勉強してきた（「高良真木インタビュー」）のだが、浜田は手の平を返して中国に迎合する姿勢はとらなかった。当時は、お金のもうかる日中友好貿易のために中国のいいなりになる日本人が多かったのだ。「中国を想う（会長あいさつ）」と「日中両国婦人の友情は永遠に」に、著者の思いが語られている。

著者は四人組逮捕時の苦しみをのりこえて、間違いは批判しながらもどこまでも中国との交流を続ける境地に至ったといえるだろう。

著者の理想

著者は周恩来総理について「世人一般のように、彼を高くは評価しなかった」といい（「日誌」七六年四月一九日）、専ら毛沢東とその思想に傾倒した。その理由の一つは、毛が農村の出身であり、〈農村から都市へ〉の革命を構想し実現したことにあるのではないだろうか。「母の血をうけて、私は農、工、自然から離れては生きられないようだ。そして父の血をうけて、人生に懐疑的で、虚無的で悲かん的だ。／自然は確かだ。大地も動かない。植物は、うそがない。不動のものに私はあこがれる。不動と云っても成長のない停止は好かぬ。停止だと私の感情は動いてくれない。もえない。すくすくと育つたしかな変化」（「日誌」七六年五月一二日）。

またグローバリズムの支配する現在では考えられないことだが、当時はアジアやアフリカの国々が資本主義を通らずに社会主義や共産主義を実現できるのではないかと多くの人が考えた時代だったのである。

わたしは六六年八月一二日に娘を生み、子育てに忙しい時期だったが、新聞は読んだ。しかしわたしの心は比較的平静だった。皆が同じ方向を向いて旗を振る学生たちに、戦争中の自分たちを見る思いがしたのかもしれない。毛沢東の『実践論』や『矛盾論』は学生時代に読んでいたが、わたしがもっとも信頼していたのは周恩来首相だった。

高良とみが五二年に訪中したときも、周首相は日中の国交がなかったため表面には現れなかったが、廖承志や孫平化の背後でしっかり指揮をとっていたのである。ちなみに高良とみは、中国で共に日中民間貿易協定に署名した当時の人民銀行総裁・南漢宸が投身自殺したことを伝え聞いて以来、文革には批判的だった。このことは文化大革命の後半頃に高良真木から聞いた。

文革で近衛兵が発揮した極端な暴力性は、新聞によっても、また文革中に中国を訪れた「正統」の会員からも、著者には伝わらなかったのだが、もし伝わっていたら、テロリズムやセクト主義と闘っていた著書の文革観は、どうなっていただろうか。その後の日記類に文革のことは一切出てこないが、「中国を想う（会長あいさつ）」には毛沢東の偉大さを称える言葉がある。著者の毛主席への敬愛の念は、終生変わらなかったのではないだろうか。

先の引用に続く言葉が、著者の究極の理想を語っている。「『人間は素晴しい』というが、人間がすばらしい生きものになるには、この社会はあまりにもウソと矛盾が多く深すぎる。私は今日『ほんとうに共産主義の世界が将来実現するだろうか』と考えた。疑いが深く私を捉える。／けれども、パスカルが『神が存在すると思って生きる方が、存在しないと思って生きるより気持が楽だ』と云う意味に於て、私も未来の共産主義の世界を信じて生きよう」。

編注

(一)土佐の農村で自然児として育った著者の幼少時代については、自伝的児童小説『あまとんさん』（農文協、一九九五年）に詳しい。

(二)日本共産党と中国共産党の関係が修復されたのは、ほぼ三〇年後の一九九八年であり、ソ連はすでに九一年に崩壊し、中国は国連加盟や文化大革命解消を経て、社会主義市場経済という形でソ連型社会主義から脱皮していた。日本共産党も資本主義国内の議会制民主主義政党に変貌していた。九七年「朝日新聞」に掲載された中国共産党側からの内部問題不干渉原則違反を反省する旨の関係修復への非公式なサインを、日本共産党側が見のがさず、両党は九八年に関係を修復したのである。このときの合意文書で、中国共産党が文化大革命時の日本共産党への干渉について非を認めた。

(三)アジア・アフリカ作家会議日本協議会……日本協議会は一九五〇年代後半から活発に活動し、六一年には東京緊急大会を開催した。六六年、中ソ論争と文化大革命が起こり、中国は六月二七日から北京緊急大会を開いたあと、激化する文化大革命のなかで国際アジア・アフリカ作家運動との関わりを一切停止してしまった。そのため日本協議会は国際統一戦線を主張する人たちと、ソ連指導部を敵と規定する「北京派」と、日本共産党の「自主独立派」とに分裂し、しかも三派とも機能不全に陥った。七月三〇日、日本協議会は中国の立場を支持する委員の発案によって、総会を待たずに解散した。

一〇月、アジア・アフリカ作家会議カイロ事務局の手紙が長谷川四郎氏のもとに届き、氏がそれを新日本文学会の常任幹事会で披露した。それはソビエトが再建した翌年三月のベイルート大会のためカイロで一一月七日から開かれる準備会に、日本からの代表派遣を要請する手紙だった。氏は八月、カイロ事務局が北京集会に対抗して開いたバクーでのベトナム支援集会に、安部公房らと共に出席していたのである。これは実質的にソ連作家同盟の主催する会議であった。議長の花田清輝が「準備会に代表を送ろう」と提案し、誰が行くかという話になったとき、わたしの夫・竹内泰宏に「竹内くんはどうかね」といった。それを受けてかれは急遽カイロへ出発し、それ以来アジア・アフリカ作家会議に深く関わることになったのである。

帰国後、会の国際部内にアジア・アフリカ作家会議小委員会が設けられ、またAA作家会議の連絡事務所（リエゾン・コミティ）が置かれた。リエゾン・コミティはそれ以後国際的なAA作家運動に一貫して参加し、精力的にAA文学を日本に紹介するなど、内実をともなった活動を展開した（「回想（アジア・アフリカ編）」および「アジア・アフリカ作家運動年表 上（一九五六〜六九）」（共に『竹内泰宏著作全集』第6巻所収、御茶の水書房より近刊予定、参照）。

ベイルート大会では、長谷川団長がこの大会が分裂のための大会になることを望まないと演説し、中国とインドネシアのための空席を作ることを提案した。帰国後、竹内はアラブ文学研究者の協力を得て国際部内に「アジア・アフリカ文学研究会」を作り、それは野間宏責任編集『現代アラブ文学選』（創樹社、一九七四年）の刊行へとつながった。

　ベトナム戦争終結後の七四年、リエゾン・コミティを解消して日本アジア・アフリカ作家会議が設立され、堀田善衛、野間宏、長谷川四郎をはじめ大江健三郎、小田実、井上ひさし、島尾敏雄、栗原幸夫、針生一郎、李恢成、竹内泰宏、高良留美子ら多くの文学者が参加した。わたしは堀田、島尾、大江、中薗（英助）、竹内ら諸氏と共に七〇年のニューデリー大会に出席して以来、パレスチナなどアジア・アフリカ・アラブの詩を翻訳し、のちに『アジア・アフリカ詩集』（土曜美術社、一九八二年）を刊行した。

　竹内は「AA作家運動の目的はどこまでもアジア・アフリカ・アラブとの文学交流だ」と考えていたが、初期の七年間の運動をほとんど一人で支えざるを得ず、ソビエト作家同盟、新日本文学会、日本共産党という三組織の関係のはざまで大いに苦労したのだった。
(四)蔦田英尾《ふさお》……日中友好運動の運動家。女性。山林、ミカン山、田畑を五町歩ほどもつ由緒ある禅宗の古寺に生まれた。暮れになると檀家や小作人が年貢を納めにくる習慣が、敗戦まで続いた。結婚し、息子が中学に進むと同時に保険会社に勤めた。寺には中国の掛軸や香炉、本などが多くあり、とくに中国の嵩山少林寺で達磨大使が面壁九年、座禅を組み、中国の大学者・之可大師に教え、大師によって禅宗が生まれ日本に伝えられたと聞かされた。子どもの頃から中国に親しみをもっていたので、日中友好協会（正統）を知り、ためらいなく入会した。婦連の会員にもなり、その訪中団に参加した。西湘支部結成に参加してその支部長を務めた。
(五)東大闘争……一連のベトナム反戦闘争後、学生運動は一九六八年から六九年にかけて再び高揚期を迎えた。ベトナム戦争や学費の慢性的値上げ、マス・プロ教育の進行による大学の教育状況の破綻、学生管理の強化など内外の状況に対する学生の憤懣が連鎖反応的に爆発し、燎原の火となったのである。六八年のピーク時、全国大学の八割に当たる一六五校が紛争状態に入り、その半数の七〇校でバリケード封鎖が行われた。東大闘争は登録医・インターン制など医学部教育体制の改革要求に端を発し、二〇億円の使途不明金問題をきっかけとした日大闘争と共に、その頂点となったが、六九年一月一八日、学生の立てこもる安田講堂が二日間の機動隊との攻防で〈落城〉した。学生闘争は警察力によってしだいに沈静化させられていった。

(六)新左翼……一九六〇年代以降、欧米などの先進国と同様、日本でも従来の日本共産党や日本社会党などを既成左翼と呼んで批判し、より急進的な革命を掲げて、直接行動や実力闘争を重視した諸勢力が、とくに大学生などを中心に台頭し、安保闘争やベトナム反戦運動などに大きな影響を与えた。著者が支持を表明したのは六九年四月だが、七〇年に日米安全保障条約が自動継続されると、内部の内ゲバや爆弾闘争などのテロリズムも起こり、大衆の支持を失い影響力は低下していった。

(七)ベ平連……正式の名称は「ベトナムに平和を！　市民連合」。一九六〇年代後半から七〇年代にかけて活動したベトナム反戦の市民運動体。代表は作家の小田実。事務局長は六六年から解散まで吉川勇一。六五年のアメリカ軍による大規模な北ベトナム爆撃の開始に抗議し、四月二四日、小田実、開高健、鶴見俊輔、いいだもも、高畠通敏らの呼びかけたデモが東京の清水谷公園で行われ、〈ベ平連〉が発足した。その後、徹夜ティーチイン、「ニューヨークタイムズ」紙への反戦広告掲載、日米市民会議、反戦脱走兵への援助、米軍基地内での地下反戦組織の結成、『週刊安保』の発行、毎月一回の定例反戦デモなど、ユニークな活動を展開した。組織は会員制をとらず、自主性を重んじ、六八〜六九年には全国に三〇〇以上のベ平連グループができた。六九年六月一五日にはベ平連など市民団体が中心になり、反戦青年委員会や全共闘、新左翼諸党派などを結集する七万の反戦デモを組織、政府や既成革新勢力に衝撃を与えた。ベ平連の運動と組織は、それ以後のさまざまな市民・住民運動の運動や組織形態に大きな影響を与えた。七三年一月二七日に南ベトナムと北ベトナム、アメリカなどのあいだでパリ協定が調印され、アメリカ軍が全面撤退したことを受けて七四年一月二六日に解散した。

(八)連合赤軍……一九七一年から七二年にかけて活動した日本の武闘組織、新左翼組織の一つ。新左翼の諸組織は七〇年安保以降過激化、武装化への急激な飛躍をみせながら細分化していくが、連合赤軍は七一年七月、「赤軍」派

（共産主義者同盟赤軍派）と「京浜安保共闘」（日本共産党〔革命左派〕神奈川県委員会）が合流して結成された。七二年には山岳ベース事件、あさま山荘事件などの重大事件を起こした。

（九）国際婦人の十年……一九七五年六〜七月、メキシコシティで国連が開催した国際婦人年世界会議で、世界各国の代表が集まり、向こう十ヵ年を国際婦人年とし、「世界行動計画」を立て、世界各国、各機関、各団体が女性の地位向上のため、それぞれの地域に応じて目標を選び、その達成のために行動することを呼びかけた。

第2回は一九八〇年にコペンハーゲン、第3回は八五年ナイロビで、五年ごとに開催されてきた。アジアではじめて開かれた九五年の北京会議では、政府間会議と並行して、認証を得た二〇〇〇のNGOが参加して「NGOフォーラム北京'95」が開催され、さまざまなワークショップがもたれた。日本からは六〇〇〇人が参加し、婦連はその一翼を担った。

（一〇）一九八九年の天安門事件……「親愛な中華全国婦女連合会の皆さんへ」の編注（一）参照。

高良留美子（こうら　るみこ）詩人・評論家・作家。

一九三二年東京生。東京藝術大学美術学部、慶應義塾大学法学部に学ぶ。一九五六年海路フランスに短期留学。九冊の詩集、二冊の選詩集、自選評論集全6巻、評論集『世紀を超えるいのちの旅―循環し再生する文明へ』『恋する女―一葉・らいてうとその時代』『岡本かの子　いのちの回帰』『樋口一葉と女性作家　志・行動・愛』。ほかに三篇の自伝的小説と『わが二十歳のエチュード―生きること、愛すること、女であること』『花ひらく大地の女神』共編訳詩集『アジア・アフリカ詩集』高良美世子著・高良留美子編著『誕生を待つ生命―母と娘の愛と相克』。近刊予定に現代詩文庫『続・高良留美子詩集』および詩論集『女性・戦争・アジア―詩と会い、世界と出会う』。

多くの国際詩人会議で詩を朗読する。一九八九年〜九六年城西大学女子短期大学客員教授。九七年女性文化賞を創設。第一三回H氏賞、第六回現代詩人賞、第九回丸山豊記念現代詩賞受賞。日本現代詩人会、日本文藝家協会、新・フェミニズム批評の会、日本女性学会、総合女性史学会会員。

メガネおばさま——浜田糸衛の二つの顔

吉良森子

浜田糸衛は私の祖母藤子の姉に当たり、藤子が三九歳で死んだとき、私の母櫻子を養女としたので、戸籍上は祖母に当たる。私たち家族は浜田のことを「メガネおばさま」と呼んでいた。誰も意識はしていなかったと思うが、浜田の「メガネ」は「おばあちゃん」のメガネ、ではなく、「物書き」のメガネで、それは活動家で児童文学を執筆していた浜田の、家族の中での位置付けだったように思う。浜田から送られてくるハガキにもサイン代わりに小さなメガネが記されていた。

もう四〇年以上も前の、私が小学校低学年だったころの記憶をたどっていくと、二つの対照的な浜田の姿が浮かび上がってくる。一つは、大勢の女性活動家たちとタバコの煙が蔓延した部屋で、侃々諤々論争する浜田。エネルギーに溢れ、社交的で、チャーミングに笑っていることが多かったが、烈火のごとく怒っている姿もよくみかけた。もう一つの姿は、一心不乱に何時間もしゃがみこんで庭の雑草を抜いたり、我が家の居間のカーペットの上に新聞を広げて隅々まで読んでいる浜田だ。声をかけるのもはばかられるような、静謐な空気に包まれていて、人といるときの浜田とはまるで別人のようだった。

浜田は、東京の私の実家の隣に建つ小さな家と、パートナーの高良真木の真鶴の家を行き来して暮らしていた。私の両親は二人とも医師として病院に勤めていたので、浜田が東京の家にいるときには、小学校から帰ると私は彼女の家に居座って、一緒に相撲を見たり、『人民中国』を読んだり、毛沢東バッジで遊んだりしていた。そんなときに女性活動家たちがやってくる。タバコの煙の雲の上の喧騒は私にとってはある種の日常だった。

私の母は、はっきりとは言わないけれど、仕事もせずに運動にかまけている浜田に心なしか批判的なところがあった。大学の研究医だった父は家のことなどあまり気に留めていなかったが、自分の世界とは無縁な人だと思っていたのではないだろうか。そんな両親の浜田に対する距離感を私は幼少期から感じていて、後に浜田といろいろな所に旅行するようになってからも、浜田の生き方や運動の世界を肯定して良いのかどうか、喉がつかえたような思いがどこかにあった。

父と浜田は決して不仲だったわけではないが、浜田はよく「お前のお父さんは保守的だ」と言っていた。おかげで、保守的というのがどういう意味かわからないころから、父は保守的なのだと私は思っていた。私が三歳のときから母は近くの病院で内科医として働き、私は保育園に預けられていた。父は、母は働かずに家にいて子供の世話をするものだと考えていたのだが、母が鬱気味になり、精神科医をしていた高良真木の父、高良武久から働いたほうが良いと言われ、「でも子供たちの世話はどうしたらいいんですか」と父が言うと、「あなたが家にいて面倒を見ればいいでしょう」と浜田が言い放ち、父は保育園とお手伝いさんを探したのだと、後に高良真木から聞いたことがある。

同じ世代の男性に比べれば、父は決して保守的ではないと私は思う。休日には文句を言いながらも必要に迫られて家で掃除機をかけていた。でも実質家事を行っていたのは同じようにフルタイムで仕事をしていた母で、浜田に批判的なところがあった母もこの不平等には全く納得していなかった。しかし保守的と名指しされながらも、長い時間をかけながら、父は変わっていったのだと思う。母だけでなく、父も私の人生の選択に対して批判的だったことは一度もなく、常にサポートしてくれた。同世代の多くの友人たちが仕事や結婚などのことで家族との意見の相違に苦しむ姿を少なからず見てきたので、こういう両親を持ったことがどれほど幸せなことであるか、私はよくわかっている。浜田の影響があったからだ、とは断言できないけれど、父の心を開くきっかけにはなったのではないだろうか。

浜田は家族の話をよくしてくれた。姉様おばさまと呼ばれ、モナリザによく似ていたという一番上の姉槙尾、若くして亡くなった浜田が大好きだった変わり者の兄、正辰《まさとき》、身体が不自由だったが文学と哲学に生きようとしていた次姉、美雪、おしゃれで、母が生まれてからも人とすれ違うと子持ちだと思われたくなくて、赤ん坊だった母を浜田に手渡した妹藤子。真面目で、浜田に言わせると保守的な、後に淀川製鋼の社長になった次兄、正信。浜田は四人姉妹二人兄弟だったのだが、結局女性で結婚したのは母の母藤子だけで、その藤子も母が三歳のときに祖父に三行半《みくだりはん》をつきつけたという、なんとも破天荒な一家の話は面白くてたまらなかった。

こういう話を聞いていたから、私は一人でオランダに渡って設計事務所を開くことになんの抵抗もなかったのかもしれないと思うこともある。浜田の話の中で特に印象に残っているのは父親の話だ。浜田は高知県の伊野（現いの）町出身で、父親はお遍路さんがやってくると必ず泊めて、その度にお遍路さんのお話を家族全員で聞いたのだそうだ。当時のお遍路さんは様々な不幸や不運に見舞われた結果、お遍路さんとなる人が多く、そのような人たちの体験をよく聞きなさいと父親に言われたのだと浜田は何度も話してくれた。ハンセン病の生田長江の最後の弟子であり、生涯様々な社会活動を行った浜田の生き方の基盤には父親の存在があるのではないかと思う。

作家、社会運動家、フェミニスト。私は浜田をなんと呼んで良いのか正直なところよくわからない。浜田の経歴をそれほど詳しく知っているわけではない。家族の一人だった浜田を客観化して捉えたくないという気持ちもある。しかし、浜田ってどんな人だったんだろう、と亡くなった後、折に触れて考えるようになった。

子供のころから近くにいて、たくさんの時間を過ごしてきたのに、いろんな姿を見てきたのに、たくさんのことを話したのに、でも浜田の存在はどこか抽象的だった。とても社交的なのに、同時に、とても内向きな、どこか遠くをみているようなところがあった。人といる浜田はとても親しみやすく、フェミニストとか運動家という理屈っぽさはこれっぽっちもなかった。父を保守的と言いながら、その保守的な父を育てた、それこそ「保守的」の代表格のような祖母とも仲良くやっていたように、子供でも大人でも、政治に興味がある人もない人も、インテリでも商売人でも関係なく、誰でも受け入れ、同じ目線で接していた。人間愛に溢れた、と言ってしまうと、なんとも教科書的で嫌なのだが、浜田が多くの人に慕われ愛されていたのは、どんな人でもその人そのままを自然に受け止めていたからなのだと思う。

私たちの世代は、戦後の高度成長期に生まれ育ち、教育の仕組みや職業や趣味によってグループ分けされた社会に生きていることに気づきさえしない。かなり「意識」しないかぎり、国籍、人種、学歴、職業を意識せずに「分け隔《へだ》てなく」人と接することができない自分自身を垣間見るたびに、浜田が亡くなって時間が経つほど、浜田はあの自然さ、心の広さをどうやって獲得したのだろうかと思うようになった。

一九八八年、大学院時代にオランダのデルフト工科大学に留学していた私を浜田と高良真木が訪ねてきたことがあった。当時私は、アムステルダムの歴史的市街地の、一七世紀に建てられた小さなレンガ造の建物に住んでいた。一階が合法的にマリファナを売るコーヒーショップで、その上のアパートだった。浜田はとても急な木造の階段をよじ登り、よっこらしょと小さな居間のソファーに座ってタバコに火をつけると、お前はよくこんな石と石の壁の間に住めるね、私はこんな所では息ができないよ、と言った。何気ない言葉だけれど、これはヨーロッパの石やレンガを積み重ねた壁で作られた閉じた建築と、アジアの木造の柱と梁で作られたオープンな建築の根本的な違いを示唆している。そのときは浜田はヨーロッパの建築をあまり経験したことがないのだな、と思っただけだったけれど、ヨーロッパに住めば住むほど、そして建築家として仕事をすればするほど、石やレンガの壁の家特有の空間の重さに、私自身もどうしても馴染めないのだ、と自覚するようになり、そのことは自分が設計する上で重要なスタートポイントであり、今でも私が設計する上で重要なテーマだ。そういう感覚の鋭さ、自由さが浜田にはあった。オランダからベルギーやイタリアの街や美術館を一緒に訪ねて、浜田の本能的な感覚を改めて意識するようになった。

浜田が熱心に行っていた日中友好協会の旅行に同行したこともあった。団長としてスピーチする浜田も私は全く知らない浜田だった。ユーモアに溢れ、メッセージは明確で、とにかくうまかった。今まで私が見たことがなかった運動家の浜田を垣間見たような気がした。のちに淀川製鋼の社長になった兄の正信が自民党から国会議員に立候補した時は、スピーチが苦手だった正信にかわって、政治的理念は全く異なるというのに、浜田が地元の高知で選挙演説をしたのだ、という話を聞いたことがあったが、中国で数々の浜田のスピーチを聞いて、さもありなん、と思った。正信はのちに自民党三木・松村派に所属、早くから日中貿易を提唱した。

真鶴の土地を高良真木が相続したあと、高齢者のためのグループホームを作ろうと仲間たちを集めて計画していたときには、もう九〇歳を超えていたと思うのだが、話し合いに参加する人たちの話やプロジェクトの展開を真木のそばで何も言わずに聞いていて、私たちだけになるとグループを作っていく上で適した人かどうかを、一言二言でアドバイスしていた。それがとても本能的かつ客観的な診断で、これも私が全く知らない浜田の一面だった。

私がこのエッセイを書いているのは二〇一六年。とても先行き不透明な時代だ。高度成長とバブルで育って、そのあとずるずると後退する社会に生きてきたとはいえ、これまで私たちが生きてきた時代は正しいことは正しいと社会の大多数が同意できるような幸せな時代だった。でも明らかにこれからは難しい時代になる。それは日本だけでなく、ヨーロッパも、そしてアメリカもそうだろう。戦後展開してきた社会と構造がもうどうしようもなく矛盾だらけになっている。そういう意味では私は今とても悲観的だ。同時に、浜田が生まれ育ってきた時代の困難を考えると、そしてその困難の中で浜田や多くの同志の人たちがやろうとしてきたことを考えると、私の悲観なんて甘やかされた子供の悲観だとも思う。歴史はいつでも上り坂と下り坂があって、多くの先人のおかげで、私たちはこれまでとても長い上り坂を謳歌することができたのだ。これから下っていくことはどう考えても必然だと思える。そして厳しい下り坂の時代に、浜田や同じ思いを持っていた人たちのように国籍、人種、宗教などの枠組みにとらわれずに、先入観なく、ヒューマニティーをすべての人の権利だと思って、一人ひとりが行動できるかどうか、私たちは試されているのだと思っている。浜田の父は一八七二年に生まれた。私が浜田のように長生き出来れば、二〇六〇年くらいまでは生きることになる。四世代の、二〇〇年の時間の奥行きは浜田のおかげで私自身の実感として把握できるような気がしていて、それは、これから自分がどう生きていくのか、を考える上でのとても大切なインスピレーションだ。

(建築家、オランダ在住)

浜田糸衛の家族

父　惣次（一八七二〜一九二一）

浜田家の末子でありながら家督を相続した。地主として、小作料が生活基盤だった。惣次は常にお遍路さんを家に泊め、子供たち皆にその話を聞くようにいっていた。お遍路さんはハンセン病を病んだり、不幸で恵まれない人が多かったけれど、そういう人の話を聞くことが大切だと教えたという。糸衛の言「父は世界一の父だと思っている」、「父の笑い顔を見たことがない」。結核と糖尿病を併発し、数え年五〇歳で死去。

浜田糸衛ののちの経歴、人を助けようとする思いは、父から学んだものが多かった。ハンセン病に苦しんだ生田長江に最後まで師事したのも、そういう教育があってのことだったと思える。

母　春尾（一八七四〜一九五三）

伊野（現いの）町に近い越知町の材木商で、熱心な天理教信者の娘。惣次は最初の妻を愛していたが、ほぼ一年後に母に追い出され、それから性格が変わったといわれる。春尾は働き者で姑に愛されたが、夫婦の仲はあまり良くなかった。春尾は楽天的でユーモアに富み、終生、天理教を信奉した。

長姉　槙尾（一八九八〜一九八五）

長女として大事に育てられた。土佐高等女学校卒。美人で静かな女性だった。濱田槙尾の名前で詩文集『乱夢』(春秋社、一九三二年一〇月)と『素朴』(洛陽書房、一九三五年一一月)を出版し、生田長江に師事した。また高群逸枝を訪れた。後年、逸枝は槙尾について糸衛に「若い日に長江を通じて知り合い、一日語り合った。この人と同時代に生きている幸せを感じた」と話した。終生結婚せず、弟正信の子供たちを育て、家計をみた。晩年、熱海居住を経て姪の家に移り、その子供たちに見守られて逝った。

長兄　正辰《まさとき》(一九〇〇~一九二八)

自由な精神をもち、大正デモクラシーのなかで成人して文学や哲学に傾倒した。高知県立一中を毎年落第、弟正信の下になるのは気の毒と中村の二中に転校。一中の天皇太子〔皇太子〕手植えの松を坊主にしたり、山に入って断食し蛙を食べたりなど、逸話が多い。東京に出て早稲田大学で西条八十の講義を聞いたり、寄席の呼びこみをやったり、実家に帰省中、興行師に置き去りにされたアイヌの旅芸人一座を家に逗留させたりした(家族と一緒に撮った写真がある)。結核を病んだが、最後まで牛乳や卵をふくめ動物性蛋白食品を拒否。昭和天皇即位の大礼の年、博覧会を見に京都へ行き、数え年三〇歳で死去。二〇歳前後の作品「二本の松」がある。糸衛は一九七一年にこれを読み、日記に書いている。「青春の苦悩、哀寂が、骨に刻まれるようにつづってある。若き青年の病苦での失意、幼年時への切ない思慕、魂の放浪時代、父の死による慟哭の悲嘆、そして、この作品は幕をとじる。最后の父の死の情況は私の胸をしめ、涙を流した」。

次兄　正信(一九〇二~一九六七)

真面目な勉強家。高知県立一中では特待生で月謝免除。末は大臣になるといわれた秀才だった。高知高校一期生。京都大学英法科卒後、京都市役所勤務を経て、一中時代の親友宇田耕一と淀川製鋼を設立、のち社長。一九五八年、高知県から衆議院議員に選出され、二期務める。自民党、三木・松村派。早くから日中貿易を提唱した。二男二女をもうける。

次姉　美雪（一九〇五～一九五三）

母の妊娠一二ヵ月で、誕生のときかん子《し》でひっぱり出された。そのため病弱で、小学校時代から手や視力が衰えたりした。のちに脊髄空洞炎と診断された。頭がよくがんばりやで、高知県立高女卒。母とともに弟正信一家と生活、晩年は手が動かず、口にペンをくわえて哲学的な執筆をした。母の死後、数カ月で逝く。

糸衛（一九〇七～二〇一〇）

妹　藤子（一九〇九～一九四八）

末子として可愛がられて育つ。高坂高女卒。遠縁の浜田義郎と結婚し、一女櫻子を産むが数年後離婚。戦前から尾上紫舟について歌道を学び、歌を詠んだ。戦後、尼崎で婦人運動をする。姉糸衛思いの妹だった。藤子の死後櫻子は糸衛の養女となる。浜田櫻子は東京女子医大卒、同じ医師の吉良枝郎と結婚し、一男一女を産む。

（高良真木・吉良森子作成）

あとがき

資料と編集方針について——高良真木の臨終に際して

浜田糸衛は一種の記録魔であり、膨大な日記を残している。その日記や原稿、関連資料をほとんどすべて保管し、聞き書きなどを記録して著作集の出版の準備をしていたのは、高良真木である。そこには平塚らいてうと高群逸枝からの手紙や葉書も数多く含まれていた。

二〇一一年二月一日、突然のように訪れた真木の臨終に際して、わたしはこの作業を引き継ぐことを姉に伝えなければならないと思った。それが彼女の心を安らかにする何よりの手立てだと思えたからだ。「浜田さんの著作集を作ってあげる」と告げると、真木は苦しい息の下で強くうなずき、すぐ紙をとって著作集のプランを書き始めた。そのためかどうか、病院から真鶴の「木の家」に戻った遺体の顔は、とても安らかで満ち足りているように見えた。

真木の死後、わたしはすべての資料を自宅に運び、まもなく著作集の編集作業にとりかかった。真木の編集プランでは、多くの人びとが浜田氏について語り、書いたことが焦点の一つになっていたが、この『浜田糸衛 生と著作』上下二巻は、浜田糸衛の書いたものを年代順に並べるという編集方針をとっている。原稿には編注をつけ、団体の趣意書、規約、記録、声明などは上巻の「資料と意見」の章にまとめた。

小説『雌伏』（春秋社、一九三二年）と四冊の童話は単著として出版されているため入れなかったが、一九三〇年に井元直衛のペンネームで「読売新聞」の懸賞短篇小説に入選した「黙殺」と、未刊の長編「双道の彼方」、平塚らいてう、高群逸枝の手紙などは下巻に収録することにした。

解説と新資料発見

幸い上巻の解説は、最適の日本近・現代史と女性史研究者の早川紀代氏に執筆をお願いすることができた。「戦後初期の婦人運動については、詳細にみていくと不明なところが多く、女性史通史などでは簡略に記されてきた。浜田資料によって不明な点が判明し、通史記述の間違いなども発見することができたことは、女性の歴史にとって、また研究の発展にとって資すること、大である」と氏はいわれる。

早川氏はまた、日本女子勤労連盟の「宣言・綱領・規約」、『新女性』発表の原稿、「婦人民主新聞」の複数の記事など、いくつもの新資料を見出してくださった。下巻の解説はわたしが書くことになった。

著者が設立と活動に深く関わった「西湘日本中国友好協会」（略称「西湘日中友好協会」）と「日中友好神奈川県婦人連絡会」（略称「婦連」）の刊行物に掲載された著者の原稿は、「婦連」の共同代表兼事務局長の番場明《めい》子氏のおかげで入手することができ、また編注に記したさまざまな事情をうかがうことができた。さらに「婦連」の活動記録「友好・平和・女性――テーマ別活動記録」（『結成40周年記念　友好をめざして――友好・平和・女性』二〇一五年一〇月所収）を、「資料編」に転載させていただいた。おびただしい編注は、中村則子氏とわたしが作成した。

一四年間の原稿の空白を埋める

著者の原稿には一九五八年から七三年春まで一四年余りの空白があり、その間の著者の思想と行動を調べないと全体像が明らかにならないことがわかってきた。六〇年代後半の中国の文化大革命から七二年の日中国交回復にかけては、戦後史を画するさまざまな出来事が日中をめぐって起こった時期であり、著者はその都度日記に感想を記し、行動を記録している。五三年の世界婦人会議とその後の社会主義圏への旅行についても、詳細な日記を残している。

それらの日記と、高良真木にインタビューした新保敦子氏の「日中友好運動の過去・現在・未来――高良真木のオーラル・ヒストリーに依拠して」(『早稲田大学大学院教育研究所紀要』No.23、2013年3月)などをもとにして、わたしは戦後の著者の中国との関係を中心にして、上巻の解説をもう一つ書くことになった。

女性の仕事はまだ発掘段階にある

著者の姪で養女・吉良桜子氏の長女でオランダ在住の建築家・吉良森子氏には、編集委員への参加と共に、著者の思い出を書いていただいた。その過程で、わたしは著者の姉・浜田槙尾氏の二冊の詩文集と出会うことができた。吉良家に保存されていた『乱夢』と『素朴』である。前者は劇詩の構成をとっているようで、この時代には稀有な朝鮮への関心がみられる。機会があれば文学と思想の両面から論じてみたい。

槙尾氏は生田長江に師事した人であり、著者が長江の知遇を得たのも槙尾の縁であった。

また二〇一五年七月に早川氏をご案内した真鶴の家で、高良真木の自由学園小学部一年から女子部三年までの絵日記を見出した。家族についてはもちろんのこと、山本鼎らが学園で実践した児童の自由画教育、戦争中の学園の教育、米軍爆撃によって動員学徒の最初の死者を出した中島飛行機武蔵工場における学徒動員などについての貴重な記録であり、近い将来出版できればと考えている。

浜田糸衛氏の仕事についていえることだが、女性の書いたものは未だ発掘段階にあることを痛感した二つの経験だった。

中国の影響の大きさ

この本を編集し、とくに解説「浜田糸衛をよむ――戦後の中国との関係を中心に」を書きながら、わたしが最も強く感じたのは、日本と日本人にとっての中国の存在の大きさである。影響の大きさといってもいい。かつて花田清輝は戦前の日・中・米の関係について、「日本は中国の関数に過ぎない」といったが、この言葉は現在も生きている。影響はもちろん相互的なのだが……。

現在の日中関係を考えるとき、広い意味での中国の影響を、集団的自衛権の行使容認、平和憲法の改悪、〝愛国〟といった低い鞍部《あんぶ》で受け止めるのではなく、日本と日本人が過去の侵略を反省して平和国家として生きつづけることと、中国が覇権を行使しない、人権を尊重する国になることとが、不可分な関係にあるというヴィジョンをもって、その道を探りたい。そのためにも著者たちがその道を歩んだように、人間の交流を盛んにしていくことが何より大切だと思う。そして一人ひとりの中国人とのあいだに、互いの国家の枠組を超えた価値を共有しあうことを望みたい。

謝辞

著者が晩年の日々を高良真木と共に過ごした真鶴のミカン畑のなかの「木の家」は、現在「一般社会法人 まなづる森の家」として、木幡佳子理事長をはじめ理事の方々および木幡啓志氏によって、地域の文化に貢献しつつ立派に運営されている。感謝に耐えない。

最後になったが、この著作集は『高良とみの生と著作』全8巻、『写真集 世界的にのびやかに 高良とみの行動的生涯』（共にドメス出版）などに続いて、数年にわたる編集作業のあいだひと方ならぬお世話になった生方孝子氏と、ドメス出版のおかげで世に出ることになった。心からお礼を申し上げたい。

高良留美子

二〇一六年三月二五日

『浜田糸衛　生と著作』下巻　平塚らいてうと高群逸枝の手紙・小説

浜田糸衛（はまだ　いとえ）
文学者・社会運動家

1907年高知県吾川郡伊野町（現いの町）生まれ。県立高女卒。京都府立三条隣保館に勤め被差別部落の保育・生活指導をするかたわら、1930年、短篇小説「黙殺」が読売新聞の懸賞に入選。小説『雌伏』（1931年、春秋社）出版。上京し生田長江の最晩年の弟子となる
戦後、平塚らいてう、高群逸枝と強い信頼関係を結び、平和・女性運動に携わる。1953年、日本婦人団体連合会事務局長としてコペンハーゲンの第2回世界婦人大会に出席、ソ連、中国、東欧を歴訪、帰国後全国的な報告活動を展開する
文学に回帰し『野に帰ったバラ』（1960年、理論社）をはじめ4冊の長編童話を発表。また1966年、文化大革命を機に、歴史認識、「従軍慰安婦」問題、天安門事件など激動する日中関係において一貫した平和、友好活動を推進した
神奈川県日中友好協会顧問、日中友好神奈川県婦人連絡会名誉会長
後半生の多くと晩年は神奈川県の真鶴に住み、2010年6月13日、東京中野の病院で老衰のため死去、102歳

浜田糸衛 生と著作　上巻
戦後初期の女性運動と日中友好運動

2016年7月26日　第1刷発行
定価：本体4200円＋税

編　者　高良真木・高良留美子・吉良森子
発行者　佐久間光恵
発行所　株式会社 ドメス出版
東京都文京区白山 3-2-4
振替　0180-2-48766
電話　03-3811-5615
FAX　03-3811-5635
http://www.domesu.co.jp
印刷・製本　株式会社 太平印刷社

ISBN978-4-8107-0825-7　C0036

高良とみの生と著作　全8巻

［編集］青木生子・一番ヶ瀬康子・高良留美子

1 愛と模索　368頁　本体四五〇〇円
一九一五〜二二年　原口鶴子女史の葬儀に列して／ニューヨークまで／故国を出でて満一年／学窓にありて見たる戦時の米国／日本婦人の覚醒／元気な米国の女学生／メキシコと日本人／ほか　解説＝青木生子

2 社会への船出　434頁　本体五〇〇〇円
一九二二〜二四年　婦人国際連盟大会／婦人だけの集まり／世界大戦後のヨーロッパを旅して／欧州の現状／人としてのジェーン・アダムズ女史／病める日本の家庭生活／排日問題と婦人問題／ほか　解説＝杉森長子

3 女性解放を求めて　504頁　本体六〇〇〇円
一九二五〜三五年　国家と市町村と婦人参政と／普選と公娼制度についての断章／世界の母／婦人運動の世界的デモクラシーを提唱す／男女共学問題について／母性保護法制定運動に寄す／ほか　解説＝一番ヶ瀬康子

4 新体制運動へ　456頁　本体五五〇〇円
一九三六〜四一年　アジアの姉妹へ／新興印度を旅して／生活の科学化／天幕託児所の意義／大政翼賛運動指導者たちへの要望／未刊の単行本原稿＝婦人の健康と体力／新体制に関する婦人間の意見／ほか　解説＝高良留美子

5 敗北の時　436頁　本体五〇〇〇円
一九四一〜五〇年　戦争と女性の決意／国家・社会・家庭／中央協力会議に出席して／翼賛選挙と女性につき／女子教育／戦災女性へ贈る／敗戦前後／インド旅日記―戦後／共に手をたずさえて／ほか　解説＝高良留美子

6 和解への道　516頁　本体六〇〇〇円
一九五一〜五四年　緑のヨーロッパから／国境を超えて／絹のカーテン潜って／シベリアで日本人捕虜を慰問し、北京へ／平和の統一戦線をつくろう！／謎のソ連を訪れるの記／祖国の婦人に訴える／ほか　解説＝小林登美枝

7 使命を果たして　464頁　本体五五〇〇円
一九五五〜九二年　日本人の平和への決心／原水爆実験に反対する決議文／インドの独立／マハトマ・ガンジーと賀川豊彦の愛情あふれる思い出／アジアの流血を、苦しむ／核の傘で脅すな／ほか　解説＝高良留美子

8 母と娘の手紙／年譜・著作目録　496頁　本体六〇〇〇円
Ⅰ母と娘の手紙／Ⅱ和田邦子の歩み①評論・エッセイ　洋装のすすめ②矯風会・婦人参政権関係の記録　林歌子先生九州巡回記③蚕の村に生まれて　解説＝高良留美子

●体裁＝A5判上製